-ky, mit bürgerlichem Namen **Horst Bosetzky**, wurde 1938 in Berlin geboren. Seit 1973 ist er Professor für Soziologie an der Berliner Fachhochschule für Verwaltung und Rechtspflege. Seine knapp zwanzig Kriminalromane wurden in mehrere Sprachen übersetzt und zum Teil verfilmt. 1988 erhielt er den französischen Kritikerpreis für den besten ausländischen Kriminalroman, 1992 von der Vereinigung der deutschen Krimiautoren den Ehrenglauser für sein Gesamtwerk.

Bei rororo thriller liegen von -ky vor: Blut will der Dämon (Nr. 43091), Da hilft nur noch Beten (42883), Feuer für den Großen Drachen (42672), Friedrich der Große rettet Oberkommissar Mannhardt (42725), Ich wollte, es wäre Nacht (42951), Ein Mann fürs Grobe (43246), Mitunter mörderisch (42383), Ein Toter führt Regie (42312), Unfaßbar für uns alle (43174), Einer muß es tun (43312).

-ky

MEIN LESEBUCH

Das Beste aus 25 Jahren

Rowohlt Taschenbuch Verlag

rororo thriller
Herausgegeben von Bernd Jost

Originalausgabe
Veröffentlicht im Rowohlt Taschenbuch Verlag GmbH,
Reinbek bei Hamburg, Februar 1999

Redaktion Wolfram Hämmerling
Umschlaggestaltung Notburga Stelzer
(Foto: Isolde Ohlbaum)
Satz aus der New Baskerville und
DIN-Eng Alternate Postscript (PageOne)
bei Dörlemann Satz, Lemförde
Gesamtherstellung Clausen & Bosse, Leck
Printed in Germany
ISBN 3 499 43335 4

INHALT

Ein Vorwort vor dem ersten Mord

«… **ein Mann ist immer ein Geschichtenerzähler,** er lebt, umgeben von seinen und den Geschichten anderer, durch sie hindurch sieht er alles, was ihm zustößt. Und er versucht sein Leben so zu leben, als ob er es erzählte.»

So hat es Jean-Paul Sartre in *Der Ekel* gesehen, und je älter ich werde, um so überzeugter bin ich, daß er recht hat. Ich sammle alle Geschichten, von denen ich höre und lese, und ich gebe sie im Hörsaal weiter und schreibe sie nieder. In *Brennholz für Kartoffelschalen* und den weiteren drei Bänden der «Manfred-Tetralogie» schlachte ich sogar mein eigenes Leben aus und zerlege es in viele einzelne Geschichten. Und bei jeder Lesung merke ich dann, wie sehr die Zuhörerinnen und Zuhörer «runde» Geschichten mögen und nichts lieber tun, als zu glucksen. Daß sie das bei den hier versammelten Geschichten auch tun werden, wünsche und erhoffe ich mir.

In diesem Vorwort soll nun, ehe es so recht um Mord und Totschlag geht, kurz erzählt werden, wie jede einzelne Geschichte in meiner eigenen Lebensgeschichte verortet ist.

Es beginnt mit dem Jahre 1976, meine erste Geschichte ist aber bereits 1962 gedruckt worden, und zwar im Berliner *Telegraf*, einer bald darauf eingegangenen Zeitung. Daß da ein ursächlicher Zusammenhang besteht, gilt in der politologischen Forschung als noch nicht ganz gesichert. Es ging darum, wie Westberliner im Sommer vor dem Mauerbau über den Müggelsee und über andere Ostberliner Gewässer gepaddelt sind und dann nicht mehr durften, was an sich noch keine Kriminalgeschichte ist – oder doch …? Jedenfalls hätte ich ohne den Mauerbau wahrscheinlich nie einen Kriminalroman geschrieben – und die hier abgedruckten Stories auch nicht. Wie das? Ganz einfach: Schmöckwitz, mein Paradies, lag auf Ostberliner Territorium, und mit dem 13. August 1961 hatte ich es verloren, das heißt, es war nichts mehr mit Wochenend und Sonnenschein und stiller Faltbootfahrerromantik. Mir blieb nur meine Gabriele, meine einzigartige Geliebte, meine große Leidenschaft. Wenn ich sie neben meinem Bett stehen sah, dann gab es nur eins: sie aufzudecken und loszulegen, es so lange mit ihr zu treiben, bis die Nachbarn um Mitternacht «Aufhören!» riefen und drohten, die Polizei zu holen. Ich kam nicht mehr los von ihr, und die ersten beiden Kinder, die wir zeugten, waren die Rowohlt-Thriller *Zu einem Mord gehören zwei* und *Einer von uns beiden*, und nie wieder habe ich eine Schreibmaschine gehabt, die ich so geliebt (und so gehaßt) habe wie meine Gabriele, und mein herzlicher Dank gilt ihren Erbauern in der Firma Triumph.

Nun könnte man denken, auch die erste hier abgedruckte Geschichte wäre auf der Gabriele entstanden, doch dem ist nicht so. «Ein Mord zur rechten Zeit» war nämlich zuerst ein Hörspiel, mein erstes Hörspiel, gesendet am 28. 11. 1973 vom WDR, und das hatte ich, unerfahren in diesem Metier, mit Kugelschreiber auf kariertem Papier geschrieben und zum Abtippen nach Reinbek geschickt. Dort saß Frau Fröhlich, Irmgard Fröhlich, die Sekretärin von Richard K. Flesch, «Leichen-Flesch», dem legendären Promotor des neuen deutschen Kriminalromans, verdiente sich gerne ein paar Mark dazu und fungierte zudem noch als heimliche Oberlektorin. Irgendwann 1975 rief mich Flesch dann an. Den Tag weiß ich nicht mehr, aber die Stunde: es war genau 18 Uhr 14. Wenn er anrief, dann immer im ungünstigsten Augenblick, anders konnte er nicht, und 18 Uhr 14 war besonders ungünstig, weil ich da mit meinem Sohn «Sesamstraße» sehen mußte. Wäre das nicht gewesen, hätte ich gerade mit heftigem Durchfall auf dem Klo gesessen, 41,9 Fieber gehabt oder aber unsere Nachbarin, die sich aus dem Fenster stürzen wollte, noch gerade eben am linken Bein gehalten. Flesch also regt an, einen Kurzgeschichtenband zu machen. Ich zögere: «Mir fällt nur alles aus: Haare, Zähne – aber nichts mehr ein.» (Kleiner Hinweis für die Kritiker, die mich nicht lieben, und das sind ja eine ganze Menge: Bitte notieren Sie und verwenden Sie es gegen mich, daß das schon vor fast einem Vierteljahrhundert so gewesen ist.) Flesch weiß wie immer Rat: «Schreib doch deine Hörspiele um.» Ich zögere abermals: «Aber das werden doch dann keine Kurz-, sondern Langgeschichten.» Diesen Einwand läßt er nicht gelten, was zur Folge hat, daß wir hier aus Platzgründen von den ersten vier Geschichten nur eine nehmen können: «Ein Mord zur rechten Zeit» (1976). Deren Mehrfachverwertung war aber damit noch kein Ende gesetzt, denn der Hessische Rundfunk hat später aus ihr einen «Tatort» gemacht: «Schattenboxen». Ich lese immer «Schattans boxen» und denke, pathologisch assoziierend, an meine Mutter, als die noch ein Mägdelein war, meine Schmöckwitzer Oma, meinen Großvater Oskar, seinen Bruder Richard und dessen Sohn Gert – beides Fußballschiedsrichter bis hin zur 1. Bundesliga – und noch einige andere, weil die alle den Namen Schattan tragen bzw. trugen. Das Hörspiel war vor allem deswegen so aufregend, weil man den WDR in Berlin nur auf der Mittelwelle empfangen konnte, mit meinem alten Apparat sehr schwach und von kräftigem Pfeifen, Rauschen, Zirpen und Zischen gestört, und ich bei der Erstausstrahlung mein Ohr so fest an die Bespannung vor dem Lautsprecher preßte, daß sie riß.

Die zweite Geschichte ist das Ergebnis eines Ehebruchs. Seit 1968, dem ersten Kontakt mit Flesch, war ich ja mit dem Hause Rowohlt verlobt und mit dem ersten Roman *(Zu einem Mord gehören zwei)* seit 1971 auch verheiratet. Anfangs waren es sehr glückliche Jahre, bis es dann mit dem «Wedeler Aufstand von 1978» die ersten Trübungen gab. Mehr Geld wollten wir damals, vor allem aber mehr Werbung für uns. Wir, das waren: Hansjörg Martin, Friedhelm Werremeier, Irene Rodrian, Felix Huby, Michael Molsner, Thomas Andresen, Richard Hey und ich (obwohl damals noch getarnt). Unser

Aufstand scheiterte natürlich, war aber die große Chance für andere, die Lücken, die einige von uns in Reinbek hinterlassen hatten, flugs zu schließen. So hat alles seinen Sinn, und das SYNDIKAT, dessen Sprecher ich bin, zählt nun schon an die zweihundert Krimischaffende. Was blieb, war ein permanenter Verdruß, und so war es denn kein Wunder, daß ich fortan gern bei den Heyne-Jahresbänden mitmachte, zumal mich mit Bernhard Matt, dem Münchner Macher, die Liebe zur Leichtathletik verband. «Mein fünfter Mord» (1984) ist eine der extra für die Heyne-Jahresbände geschriebenen Stories, die ich immer wieder gern lese, das heißt vorlese, weil sie auch etwas mit mir zu tun hat, mit der Zeit, als noch niemand wußte, daß sich hinter dem -ky nicht Walter Jens, Helmut Schmidt oder Bruno Kreisky verbirgt, sondern nur einer von 35000 deutschen Professoren. Es war eine schöne, eine aufregende Zeit. «Ach, wie gut, daß niemand weiß, daß ich Rumpelstilzchen heiß.» Am 1. April 1981 war es dann aus mit dem verdeckten Leben, da hatte mich Regina Ziegler mit all ihrem Charisma dahin gebracht, mich in der Sendung «Titel, Thesen, Temperamente» zu enttarnen, um ihrer Kinoverfilmung meines Romans *Kein Reihenhaus für Robin Hood* zum besseren Start zu verhelfen. Auch Flesch war dafür, alles mit großem Echo platzen zu lassen, «denn es wissen eh schon viel zu viele, wer sich hinterm -ky verbirgt». Ich darf mich auch an dieser Stelle noch einmal bei allen entschuldigen, daß nur ich es war. Die Kritiker, die mich am meisten lieben, sind der Meinung, ohne diesen PR-Trick mit dem -ky hätte mich nie einer zur Kenntnis genommen, und nehmen mir's noch heute übel. Wenn sie wüßten, unter welchen anderen Pseudonymen, auch weiblichen, ich von ihnen hochgelobte und mit Preisen bedachte Kriminalromane geschrieben habe ... Ich leide ja bekanntlich unter einer schweren Form der Graphorrhöe, wie der bekannte Berliner Psychologe Prof. Dr. Peter Heinrich Anfang 1998 konstatiert hat (vgl. *Mord und Totschlag bei Fontane*), der krankhaften Schreibsucht, und da reichen mir zwei

Autorennamen (-ky und Horst Bosetzky) selbstverständlich nicht.

Die dritte Geschichte stammt dafür aus der Antwort des rororo-thriller-Lektorats auf die Heyne-Jahresbände, dem Magazin mit dem Titel *Schwarze Beute.* Ausgangspunkt für «Ich – ich – ich!» (1987) waren die Vorwürfe meiner (damaligen) Ehefrau, einen erheblichen Teil meiner ehelichen Diskussionsbeiträge mit dem Worte «ich» zu beginnen. «Nun», wandte ich ein, «das ICH ist in Freuds Instanzenmodell die entscheidende Größe, der vermittelnde Faktor zwischen Über-Ich, Es und Realität, und bei Erik H. Erikson ist die Ich-Identität das, was uns recht eigentlich überleben läßt, ganz abgesehen einmal von der Transaktionsanalyse, wo die Welt ja nur dann in Ordnung ist, wenn wir sagen: Ich bin okay, du bist okay, wir sind okay.»

In der nächsten Story, «Fast genial» ist ihr Titel, geht es auch um Liebe – und zwar um eine erloschene und eine, die um so heftiger lodert. Es ist die Variation des Themas, das mein Freund Peter Heinrich und ich im Briefroman *Die Klette* so genüßlich angepackt haben: Junge Studentin klammert sich bedingungslos an älteren Professor. In der hier abgedruckten Kurzgeschichte ist es ein junger Mann, der von einem hohen Berliner Senatsbeamten nicht lassen will und kann. Zuerst ist «Fast genial» 1989 in einer Serie des *Zeit*-Magazins erschienen, womit ihre Geschichte aber noch nicht zu Ende war. Seit langem nämlich wurmt es die deutschen Krimischreiber/innen, daß man in den angelsächsischen Ländern von ihnen keine Kenntnis nehmen will, und so beschlossen einige von uns, die Initiative zu ergreifen, die Stories aus dem *Zeit*-Magazin ins Englische übersetzen zu lassen und zu versuchen, in den USA und/oder im UK einen Verlag dafür zu finden. Uwe Friesel bot sich als Organisator an, und Heyne veröffentlichte unsere Geschichten in einem Sammelband mit dem Titel *Das Syndikat* (1991). Ich freute mich, daß ich meiner Tochter, als sie 1993/94 ein Jahr in Massachusetts die Schule besuchte, etwas von mir Geschriebenes mitgeben konnte, auf daß es die Gasteltern in ihrer Landessprache läsen und sich darüber freuten. Das taten sie aber mitnichten, und die Reaktionen der angesprochenen Verlage waren nicht minder negativ. Den Teil der deutschen Krimikritik, der sich mit seiner ostentativen Inländerfeindlichkeit zu profilieren sucht, wird es freuen.

«Mir kommen die Tränen». Das ist nun kein weiterer Kommentar zu dieser Angelegenheit, sondern der Titel der nächsten Story, die in Bramme spielt (1989) und sich in einer Hardcover-Anthologie findet, die Bernd Jost, der Flesch-Nachfolger in Reinbek, und Peter M. Hetzel herausgegeben haben. Wenn man so will, ist Bramme, im Land der niederen Sachsen gelegen, die Wiege des Sozio-Krimis, als dessen Begründer ich gelte, dafür anfangs in den höchsten Tönen gelobt und später, als Hedonismus, Voluntarismus und die ganze apolitische Designer-Kultur den Zeitgeist zu prägen begannen, um so heftiger gescholten. *Kein Reihenhaus für Robin Hood, Es reicht doch, wenn nur einer stirbt* und *Ich lege Rosen auf mein Grab* sind die bekanntesten der insgesamt sechs Bramme-Romane. Worin lag nun für mich die Faszination Brammes? Einmal war es so, wie es Ulrich Greiwe in *Pardon* geschrieben hat: «Bramme ist überall.» Die Stadt steht mit ihren etwa 90000 Einwohnern stellvertretend für viele Dutzend bundesdeutscher Kommunen, und man kann an ihr wunderbar aufzeigen, wie die Machtstrukturen beschaffen sind (siehe insbesondere *Stör die feinen Leute nicht*) und was Filz bedeutet, aber auch angewandte Soziologie betreiben, das heißt, mit dem Vehikel Kriminalroman das an Welterkenntnis «rüberbringen», was mit der dröge-esoterischen Soziologie nicht recht gelingen will. Ist nun Bramme eine fiktive Stadt? Ja, denn ich habe sie ebenso am Reißbrett entworfen wie meine Modellbahnanlagen; nein, denn sie ist die Widerspiegelung meiner drei Jahre in Bremen (1970–72), und so, wie aus einer Zigarre eine kleine Zigarette abgeleitet ist, so wird bei mir aus Bremen Bramme.

Und außerdem, im Falle Bramme kann ich mich fühlen wie (ein) Gott: Es ist meine Schöpfung, und ich kann Menschen das Leben schenken und sie ebenso schnell wieder eliminieren. Und das ist für die psychische Gesundheit eines armen und immer wieder angepinkelten Krimischreibers ebenso wichtig wie für die eines Soziologie-Professors an einer Fachhochschule, dem quasi jeder bürokratische Dumpfmeier in seiner Fachaufsicht hirnrissige Weisungen geben kann: endlich Omni- statt Impotenz!

Als die Bramme-Zitrone ausgelutscht war, kam zum Glück die Wende – und als neuen spannenden Mikrokosmos hatte ich nun die Stadt Oranienburg, im Norden Berlins gelegen, und konnte meinen bewährten Ersten Kriminalhauptkommissar Hans-Jürgen Mannhardt dorthin in Marsch setzen, um die brandenburgische Kripo zu missionieren (vgl. u. a. *Blut will der Dämon* und *Unfaßbar für uns alle*). In Bramme hebt nun eine neue Ära an, die des Thomas Catzoa, von dem es im eigens ihm gewidmeten Story-Band in der rororo thriller-Reihe im Vorspann heißt: «Die Klassenkameraden wundern sich, daß ausgerechnet Catzoa, der Klassenbeste, zur Polizei will. Doch er hat nur ein Ziel: ‹Ich will Ordnung schaffen; die Macht haben, bestimmte Leute zu eliminieren.› Und so beginnt er, systematisch seine Karriere bei der Kripo aufzubauen. Vor nichts schreckt er zurück, solange man ihm nichts nachweisen kann: ob er nun einbricht, um Beweise zu finden, ob er Leute erpreßt, um sein Ziel zu erreichen, oder einen Verbrecher erschießt, um einen Fall elegant zu lösen.» Aus dem Catzoa-Band haben wir «Ausgerechnet Achternholt» (1990) in dieses Lesebuch übernommen, weil ich an diese Geschichte besonders intensive Erinnerungen habe …

Ursprünglich war auch sie ein WDR-Hörspiel, und wie das Leben so spielt: Eine junge Berliner Filmemacherin hat das Radio eingeschaltet, ist sofort weg von dieser Geschichte und beschließt, das Hörspiel zum Drehbuch umzuschreiben und ihren ersten Kinofilm in Angriff zu nehmen. Als sie so viel Geld zusammenhat, daß aus dem No-budget- immerhin ein Low-budget-Film geworden ist, ruft sie mich an. Ich habe zu dieser Zeit mein Hochschullehrerbüro hoch oben im Ku'damm-Karree, im fünfzehnten Stockwerk, und verabrede mich mit ihr um 14 Uhr in der Mensa, die in der achten Etage gelegen ist. An sich dauert meine Lehrveranstaltung nur bis 13 Uhr 45, aber ausgerechnet an diesem Tage gibt es im Anschluß daran viele Fragen der Studenten, zu Referaten, zu Hausarbeiten, zu mündlichen Prüfungen, und ich bin erst fünf Minuten nach zwei im Büro zurück. Schnell werfe ich meine Unterlagen auf den Schreibtisch, schließe ab und laufe zum Fahrstuhl. Vor dem aber stauen sich die Massen der Studenten, die trotz allen Aufstiegsstrebens abwärts wollen. Ich pralle zurück, denke an die Filmemacherin, die mit ihrem halbfertigen Drehbuch unten wartet, und wende mich zur Treppe, zum Notausgang. Dabei vergesse ich aber, daß ich keine Bergsteigerstiefel oder Turnschuhe anhabe und nicht einmal normale Treter, sondern schwarze Clogs, wie sie damals in der Szene üblich sind. Und so rutsche ich schon auf der ersten Stufe ab, knalle auf den Rücken und rase auf den scharfkantigen Stufen so nach unten wie ein Skispringer auf der Schanze. Nirgendwo gibt es einen Halt. Meine Hände rudern zwar wild, doch ich habe keine Chance, das Geländer zu erwischen. Als ich auf dem ersten Podest angelangt bin, ist mein T-Shirt zerfetzt und der Rücken furchtbar aufgeschrammt und blutig. Aber das und der Schmerz sind nicht einmal das Schlimmste, Panik erfaßt mich erst, als ich merke, daß ich die Füße nicht mehr bewegen kann. Du bist gelähmt! Das schießt mir durch den Kopf, und ich sehe mich schon im Rollstuhl sitzen. Als Studenten mich finden und mir hochhelfen, geht es aber wieder. Gott sei Dank! Der Arzt konstatiert nur Hautabschürfungen, und ich muß, als sei ich nicht schon gestraft genug, einen langen Fragebogen ausfüllen. Wegen der möglichen Spätfolgen und der vorzeitigen Pensionierung.

Aus dem Gespräch mit der Filmemacherin wird nicht mehr viel. Als wir uns später in einem Restaurant am Anhalter Bahnhof treffen, erzählt sie mir, daß sie das Projekt «Ausgerechnet Achternholt» erst einmal auf Eis legen müsse, da sie inzwischen schwanger sei. Dort liegt es heute noch, zehn Jahre später. Es muß ein sehr dauerhaftes Eis sein.

Ich bin von Hause aus an sich ein fauler Mensch und könnte meine Tage mühelos mit Darts, Minigolf, Tischtennis, Wandern (durch die Mark Brandenburg, siehe Theodor Fontane), Basteln von S-, Straßen- und U-Bahndioramen und vor allem dem Betrachten von Sportereignissen auf allen möglichen und unmöglichen Fernsehkanälen verbringen – wenn nicht immer wieder das Telefon klingeln würde. So auch am 12. April 1994. Ein Dr. Norbert Jaron (nie gehört) aus dem Argon Verlag (ebenfalls noch nie gehört), und ich assoziiere sogleich vorpathologisch: Ah, der Jason mit seinen Argonauten – wo ist denn das Goldene Vlies diesmal abzuholen? Aus Kolchis doch wohl kaum, gibt es doch mit dem Ende der UdSSR keine Kolchosen mehr. «Ja, bitte …?» Ob ich nicht ein Buch über Dagobert schreiben möchte, den Kaufhauserpresser? «Nein …» Zwar sei für sein Vertrauen in die Qualität meiner Produkte herzlich zu danken, aber gegen die Journalisten, gegen die ich dabei anzutreten hätte, wäre ich wohl chancenlos. «Die sind doch schon fertig, bevor ich den ersten Buchstaben in den Computer gehackt habe.» Und außerdem seien da ja auch noch die Exklusivrechte, die seine Argonauten sicher nie bezahlen könnten. Jaron oder Jason, wie auch immer, läßt sich nicht abschrecken: «Aber eine Anthologie mit Dagobert-Geschichten müßte doch möglich sein. Sie sind doch Präsident des SYNDIKATS und kennen alle.» Ich lasse mich breitschlagen und überrede elf Kolleginnen und Kollegen, sich an den *Phantastischen Wahrheiten über Dagobert* zu beteiligen. Die zwölfte Geschichte – «Das Dagobert-Bedürfnis» (1994) – steuere ich selber bei. Da Dagobert alias Arno Funke aber wenige Wochen vor Erscheinen des Buches gefaßt wird, verpufft unsere Phantasie so ziemlich, und der Verkaufserfolg hält sich in (den Berliner) Grenzen.

Und dennoch ist das der Beginn meines zweiten literarischen Lebens. Ohne Dagobert gäbe es weder *Wie ein Tier* noch *Der letzte Askanier*, *Brennholz für Kartoffelschalen* mit seinen drei Nachfolgebänden und meine Straßen-, S- und U-Bahnerinnerungen. Wie das? Ganz einfach: Nach der letzten Dagobert-Besprechung essen Dr. Jaron und ich im *Wintergarten* in der Potsdamer Straße, und anschließend, es ist 23 Uhr 35 geworden, sagt er, daß ich als S-Bahn-Narr doch ganz sicher mit selbiger nach Hause führe. «Nein, ich bin doch nicht lebensmüde.» – «Wieso?» – «Ich bin zwar ein Mann, aber … Haben Sie denn noch nie etwas vom Berliner S-Bahn-Mörder gehört?» Nein, hatte er, aus Kiel beziehungsweise der Gegend um Baden-Baden kommend, bislang noch nicht. Ich erzähle ihm die Geschichte von Paul Ogorzow – und es wird ein Buch daraus – *Wie ein Tier* –, das ich mit *Einer von uns beiden* für mein bestes halte. Ich bin dabei von einer tiefen Erkenntnis Diderots ausgegangen, festgehalten in *Rameaus Neffe*: «Man spuckt auf einen kleinen Schelm, aber man kann einem großen Verbrecher eine Art Achtung nicht verweigern. Sein Mut setzt Euch in Erstaunen, seine Grausamkeit macht Euch zittern, man ehrt überall die Einheit des Charakters.» So habe ich den «S-Bahn-Mörder» Paul Ogorzow wieder aus der Versenkung hervorgeholt, denn mit acht vollendeten Morden und sechs Mordversuchen hat er das Recht, in die Ahnengalerie der deutschen Serienmörder aufgenommen zu werden.

Kaum lag *Wie ein Tier* in den Buchhandlungen, kam die Frage, ob ich nicht noch etwas für Argon hätte. «Nein, tut mir leid …» Eher zufällig stoße ich dann auf ein angefangenes Manuskript, das seit bald zehn Jahren bei mir auf dem Dachboden vergilbt war: die Geschichte des Schlüsselkindes Manfred Matuschewski im Nachkriegsberlin. Schamhaft und eigentlich nur, um meinen guten Willen zu zeigen, lasse ich es bei Jaron zurück, und auch er ist anfangs nicht eben begeistert, realisiert aber dennoch *Brennholz für Kartoffelschalen.* Heute ist es für eine bestimmte Generation geradezu ein Kultbuch und liegt in den historischen Museen. Und das alles wäre nicht geschehen, wenn Arno F. nicht versucht hätte, Karstadt zu erpressen ... Emile Durkheim verdanken wir die Erkenntnis, daß das Verbrechen die aufrechten Gemüter vereint – in diesem Falle aber möchte man noch weitergehen.

Als nächstes, sehr verehrtes Publikum, finden Sie in diesem Band etwas aus der Abteilung «Sport ist Mord» beziehungsweise «Sport und Mord». Die Geschichte «Macht sie alle!» (1995) gehört zur Gattung Wendekrimi und ist ein Ausfluß meiner Sportseh(n)sucht, speziell meiner Liebe zum Eishockey. Ich fand, das war ein Wahnsinnsthema, habe auch einen «Tatort» daraus gemacht und ein Hörspiel. Doch weder die Redakteure des SFB wie des Deutschlandfunks wollten es «machen», und wenn ich das «warum nicht» ehrlich kommentieren wollte, müßte ich wohl, nachdem das Unterlandesgericht Berlin sein Urteil gefällt hätte, mein Bußgeld säckeweise in die Büros des Roten Kreuzes und anderer wohltätiger Organisationen tragen, denn bei «Laienspielschar» hätte ich es kaum belassen. Der Trost ist nur: Anderen geht es ebenso.

Bei «Einmal im Leben» (1997) bricht dann wieder der Kriminalsoziologe in mir durch, was in diesem Falle auch so sein mußte, da diese Geschichte zuerst in einem Band erschienen ist, in dem die Entstehung und Bekämpfung der Kinder- und Jugendkriminalität zur Debatte steht. Da ist er dann auch wieder: der reformerische Ernst aus den ersten Zeiten des Sozio-Krimis wie etwa in «Ein Mord zur rechten Zeit», der ersten Story, die wir hier wieder aufgewärmt haben.

Die drei letzten Geschichten – «Und wieder saust die Guillotine nieder» (1998), «Die Tochter des Senators» (1998 und extra für diesen Band geschrieben) und «Das Licht in der Mitte des Tunnels» (1998, ursprünglich für den legendären, aber leider verblichenen Paul Michael Filter des Magazins der *Süddeutschen Zeitung* geschrieben) – lassen sich am ehesten mit dem Schlagwort Galgenhumor charakterisieren. Ich sehe den Galgen für unsere Gesellschaft, insbesondere für die Hauptstadt Berlin, schon aufgebaut – und kann vor lauter Ernst schon nicht mehr anders als nur noch scherzen, spotten und satirisch sein. Daß die ganze Welt nur Bühne ist, wissen wir ja mit Shakespeare schon lange, nun aber wird alles zur Farce. Und wo man mit Karl Marx die politischen Protagonisten früher noch vergleichsweise anspruchsvoll «Charaktermasken» nennen durfte, bleibt heute oft nur der Begriff der Knallcharge, und der Sozio-Krimi, der ja aufklären und verändern wollte, funktioniert mittlerweile am besten als absurdes Theater. Der übliche Krimi langweilt mich so ziemlich, und ich kann ihn «recht eigentlich» nicht mehr schreiben. Überschrift: «Die Déjà-vu-Erlebnisse waren sein Tod». Die große philosophische Frage ist: Wie lange kann man das Rad immer wieder neu erfinden? Antwort: Solange es Mechanismen gibt, ältere Autor/in/nen der Vergessenheit anheimfallen zu lassen. Dafür, daß Rowohlt mit dem vorliegenden Band diesen Prozeß des Eliminierens durch Nicht-mehr-Drucken ein wenig aufhalten will, darf ich mit meinen inzwischen 60 Jahren herzlich Dank sagen. Und Ihnen, liebe und treue Leserinnen und Leser, ganz besonders. Seien Sie umarmt! Und viel Spaß bei der Lektüre.

Herzlichst Ihr
-ky = Horst Bosetzky
(Mai 1998)

Ein Mord zur rechten Zeit

Unten in der Stadt mischte sich die Fanfare der Tagesschau mit den Schlägen der Turmuhr. Der E 741, planmäßige Abfahrt 19 Uhr 59, kroch in die Dämmerung.

Schon schwitzend begann Moldenhauer mit seinem Gymnastikprogramm. Wie immer in der Mitte einer kleinen Lichtung; genau da, wo auf dem zerstampften Boden längst kein Gras mehr wuchs. Fast wütend ließ er den Kopf kreisen, erst links herum, dann rechts. Als er viel zu schnell das ewige Angstgefühl verspürte, plötzlich enthauptet zu sein, hörte er auf und massierte sich die Nackenwirbel, bis die Fingerspitzen schmerzten. Nachdem er die Arme einige Male wie Dreschflegel herumgeworfen hatte, lockerte er seinen Körper, schüttelte sich, hüpfte, tänzelte schließlich wie zu Beginn eines leichten Kampfes. Dann streckte er sich und wurde, mit den Fingern nach unsichtbaren Reckstangen greifend, immer länger. Die nächsten Übungen galten Rumpf und Hüfte. Er drehte sich eine Weile wie ein Diskuswerfer, tippte, mühsam nachfedernd bei schlecht durchgedrückten Knien, mit den Fingerspitzen auf den Boden und suchte anschließend, nachdem er sich mit gespreizten Beinen hingesetzt hatte, mit jeweils einer leichten Rumpfdrehung beide Hände an die Zehen des linken und dann des rechten Fußes zu schlagen. Dabei keuchte er. Noch mehr quälte er sich, als er, wacklig im nassen Sand sitzend, die Beine, mal grätschend, mal anziehend, an die sechzig Sekunden über dem Boden hielt. Schließlich sprang er fluchend auf und wischte sich den Schweiß von der Stirn. Unter den Achselhöhlen hatten sich die Ärmel seines Trainingsanzugs bereits dunkel verfärbt. Den Kaugummi ausspuckend, ließ er sich in den Liegestütz fallen. Er pumpte ein Weilchen wie ein startbereiter Käfer. Beim zwanzigsten Versuch gab er auf.

Es war ein mieser Tag für Martin Moldenhauer.

Gleich am frühen Morgen hatte er sich aufregen müssen. Da hatte so ein komischer Linker Flugblätter verteilt. MACHT DIE FLIESSBÄNDER KAPUTT, EHE DIE FLIESSBÄNDER EUCH KAPUTTMACHEN! Dann ein Zitat von diesem Wallraff: *Das Zermürbende am Band ist das ewig Eintönige, das Nichthaltmachenkönnen, das Ausgeliefertsein. Die Zeit vergeht quälend langsam, weil sie nicht ausgefüllt ist. Sie erscheint leer, weil nichts geschieht, was mit dem wirklichen Leben zu tun hat.* KOLLEGEN, FORDERT MENSCHENWÜRDIGE PRODUKTIONSMETHODEN! Da hatte er diesen linken Spinner gepackt und angeschrien: «Hau ab, Mensch, eh ich Hackfleisch aus dir mache! Wenn ihr weiter so stänkert, machen die den Laden hier zu! Und dann? Dann sitze ich auf der Straße – und du Arschloch, du bist dann längst Beamter!»

In der Mittagspause hatte ihm dann Domagalski – das war sein Kumpel – wortlos die Sportzeitung rübergegeben. Schöne Überschrift: DER DEUTSCHE BOXSPORT IST K. O. Zum Schluß hieß es dann, und das war die größte Schweinerei: *Die Trainingsbedingungen unserer Amateure sind weithin so miserabel und der Vorsprung der Kämpfer aus dem Ostblock und aus Kuba ist derart uneinholbar, daß man unseren Jungens beinahe raten möchte, die Handschuhe so rechtzeitig an den Nagel zu hängen, daß sie noch etwas von ihrer Jugend haben. Am schlimmsten aber sind wohl diejenigen Geschäftemacher, die mehr oder minder mittelmäßigen Leuten – wie Martin Moldenhauer etwa – einreden, sie könnten nach ihrem Übertritt ins Profilager ein zweiter Schmeling oder Bubi Scholz werden. Moldenhauer dürfte schon bei seinem ersten Profikampf das sein, was er immer bleiben wird: Fallobst!* Er hatte die Zeitung zerrissen, aber Domagalski hatte gebrummt: «Vielleicht hat der recht …?»

Das dritte Ding hatte er dann eine halbe Stunde vor Feierabend unten am Band einstecken müssen. Beim Einbau der

Laugenpumpe hatte er ein Kabel herausgerissen. Und ausgerechnet in dieser Sekunde hatte ihm der Meister über die Schulter geblickt. Grund genug für ihn, gleich loszutoben.

«Mensch, Moldenhauer, Sie alleine machen ja mehr Ausschuß als der ganze Betrieb zusammen! Trainieren Se mal 'n bißchen hier und nich dauernd am Sandsack!»

«Ich hab's satt, Tag für Tag eure Scheißlaugenpumpen in eure Scheißwaschmaschinen einzubauen!» hatte er zurückgeschrien und vor Wut seinen Schraubenschlüssel auf den Boden gefeuert. «Das is ja was für drei Irre, Mensch!»

Dann hatte ihn Domagalski beruhigt: «Beeil dich, sonst haben wir wieder zehn Mark weniger auf der Kralle. Dann wird's nischt mit unserer eignen Werkstatt, eh wir hundert sind.»

Darauf der Meister: «Sehn Se, Molle, hörn Se nur immer schön auf Domagalski. Aber jetzt: dalli-dalli!»

Darauf er: «Das is wirklich zum Kotzen hier!»

Darauf der Meister: «Heb den Schraubenschlüssel auf, und laß die Fisimatenten, sonst fliegste – aber nich zum Weltmeisterschaftskampf nach New York, sondern raus! Wenn's hier mit den Entlassungen losgeht, dann bist du garantiert bei den ersten bei – Großmaul!»

Aber er hatte nicht nur das schlucken müssen, es war noch dicker gekommen. Zu Hause hatte Lona – das war seine Frau – am Telefon gehangen und mit irgendeiner Bekannten gesprochen. So laut, daß er im Nebenzimmer mithören konnte und vielleicht auch sollte.

«... ja, ja ... ich hab auch die Schnauze voll, ich laß mich scheiden. Wir leben zwar noch in derselben Wohnung – so schnell findet man ja nichts, aber – ja, ja ... Das ist doch ein Schlappschwanz. Wenn der in zwei Wochen um Geld boxt – der liegt doch in der dritten Runde auf den Brettern, wetten? Nicht mal *die* Chance kann der nutzen. Bleiben uns die paar Mäuse, die Molle aus der Fabrik mitbringt. Aber davon kann doch kein Schwein leben. Außerdem steckt er noch bis zum Hals in Schulden. Der Idiot hat sich doch neulich besoffen ins Auto gesetzt und drei Pkw gerammt. Die Versicherung kommt nicht dafür auf, da muß er selber blechen. So ist es doch! Und wenn er abends nach Hause kommt – als hätt ich 'n Eunuchen geheiratet. Wie sag ich immer: *Bei Moldenhauer geht auch reineweg gar nichts mehr!*»

Dies alles ging ihm pausenlos im Kopf herum, als er jetzt schwer atmend und so verkrampft wie Zatopek durch den Stadtwald lief, immer rechts um den Schwarzen See herum. Nach einer längeren Hitzeperiode war vor zwei Stunden ein heftiger Gewitterregen niedergegangen, und die noch immer heiße Erde schwitzte das Wasser jetzt aus. Es war feucht-schwül, und ihm war, als liefe er durch eine riesige Duschkabine. Die Sonne war längst untergegangen, außerdem zog vom Westen her ein neues Gewitter herauf. Die Sicht war schlecht, und plötzlich wurde es so bläulich-düster, daß er unwillkürlich schneller lief. Den letzten Spaziergänger hatte er vor zehn Minuten getroffen. Er spurtete, bis er einen leichten Brechreiz verspürte. Wohl oder übel mußte er ein wenig verhalten.

Und dann ging alles so schnell, daß er es kaum registrieren konnte.

Hinter ihm heulte der Motor eines schweren Wagens auf.

Er sprang zur Seite, gab den schmalen Fahrweg mit den beiden tief eingefurchten Spurrinnen frei, verfing sich in einer Brombeerhecke.

Der Wagen dröhnte vorüber, war unheimlich schnell hinter einer leichten Biegung verschwunden. Das Motorgeräusch wurde schwächer, irgendwie dämpfte die Luftfeuchtigkeit, dann mußte der Fahrer heftig auf die Bremse getreten sein.

Moldenhauer, der vor Liebespaaren im allgemeinen mehr Angst hatte als diese vor ihm, fand linker Hand einen Pfad und trabte leicht gebückt, den herabhängenden Ästen ausweichend, in eine Richtung, in der er die beiden im Wagen bestimmt nicht stören würde.

Da hörte er den Schuß.

Der Nachhall dröhnte ihm die ganzen Sekunden in den Ohren, in denen er wie gelähmt stehengeblieben war.

Danach absolute Stille.

Dann heulte ein Motor auf. Räder drehten durch. Eine Wagentür wurde aufgerissen und wieder zugeknallt.

Moldenhauer jagte in die Richtung, aus der der Schuß gekommen war.

«Halt! Stehenbleiben!»

Das galt der Gestalt, die knapp vor ihm durch das Unterholz preschte.

Er kam näher, suchte.

Da bewegten sich die riesigen Farne vor ihm.

Zwei Schüsse peitschten durch den Stadtwald. Die Kugeln schlugen in die Erlenstämme, grünliches Holz splitterte.

Moldenhauer flüchtete.

Wieder ein Schuß.

Währenddessen saß Domagalski in Moldenhauers Wohnung, Quelle-Katalog Herbst und Winter 70/71 vor sich, goß sich sein zweites Bier ein und wartete. Seit längerer Zeit hatte er einen Schlüssel zu Moldenhauers Reihenhaus, einem schwärzlichen Backsteinbau, der ihrer Firma gehörte.

Er hatte gerade ein paar Platten aufgelegt, Evergreens wie *La Paloma* und *Tiritomba*, als das Telefon schrillte. Er wartete ein paar Sekunden, hoffte, daß Lona noch auftauchen würde, nahm dann den Hörer vorsichtig ab und sagte sehr förmlich: «Hier bei Moldenhauer …» Als dann eine männliche Stimme zweimal langgezogen «Wer …?» fragte und abrupt auflegte, schnauzte er: «Idiot verdammter!»

Da stand Lona in der Tür. «Für mich?»

«Keine Ahnung», antwortete Domagalski, «der Arsch hat sich nicht vorgestellt. War wohl 'n Freier von dir, was?»

«Und wenn! Du kümmer dich mal um deinen eignen Dreck. Was hängste eigentlich hier rum?»

«Ich warte auf Molle.»

«Der wird wieder irgendwo saufen sein.»

«Na und? Darf er das vielleicht nicht?»

«Meinst du, ich laß mich jede Nacht von seinem Gebrüll wachmachen?»

«Dann zieh doch endlich weg.»

«Hast du vielleicht 'ne Wohnung frei für mich?»

«Ja – meine. Mit Bett ...» Domagalski grinste und wippte auf der Couch auf und ab.

Lona lachte abfällig. «Wenn ihr abends vom Band kommt, ist doch zappenduster bei euch. Und Kohle habt ihr auch keine.»

Domagalski richtete sich auf. «Wenn wir erst unsere Werkstatt aufgemacht haben – Reparaturen, Haushaltsgeräte und so, Waschmaschinen, Wäscheschleudern, Geschirrspülautomaten ... Und dann noch so 'n paar Sachen nebenbei verkauft – Mensch, ich sag dir!»

«Ihr mit euren paar Piepen!»

«Wir machen noch drei Jahre Akkord, dann haben wir's geschafft.»

«Hm – geschafft, auf'n Friedhof zu kommen.»

Domagalski drehte die Musik lauter. «Red nich so viel, setz dich lieber her zu mir ...»

Lona schlug ihm leicht auf die Finger. «Ich hab dir schon x-mal gesagt, laß meinen Plattenspieler in Ruhe!»

Er drückte auf die Stopptaste. «Bitte sehr, Frau Moldenhauer.»

«Ich geh jetzt ...»

«Wieder 'n neuer Kunde, was?»

«Halt's Maul!» Sie warf die Tür hinter sich zu und lief nach unten.

«Die sackt auch immer weiter ab», murmelte Domagalski und legte von neuem *La Paloma* auf.

Kaum war die Platte abgespielt – … *auf Matrosen, ohé!* –, da wurde die Tür aufgestoßen, und Moldenhauer stand da, umklammerte die Klinke, starrte Domagalski an, sah auf seine zerfetzten Trainingshosen herab.

Domagalski ruckte kurz nach oben, fiel wieder auf die Couch zurück. «Mensch, Molle, was ist denn mit dir …? Du …»

Moldenhauer war noch völlig außer Atem. «Sie ham … Sie ham auf mich ge – schossen …»

«Geschossen …? Wer?»

«Ich mach doch jeden Abend meinen Waldlauf …»

«Wer hat denn geschossen?»

«Hinten am Schwarzen See … Ein Mann wohl, 's war schon ziemlich dunkel …»

«Hier, trink erst mal …» Domagalski sprang nun endlich auf, öffnete eine Bierflasche, drückte sie ihm in die Hand und schloß die Tür.

Moldenhauer schüttete das Bier hinunter. «Kann auch 'ne Frau gewesen sein – bei dem Licht schwer zu sagen. Ich glaub aber: lange Haare und ziemlich jung …»

Domagalski guckte. «Und warum hast du …? Hast du …?»

«Ich hab gar nichts. Ich lauf da, plötzlich rast ein Mercedes die Schneise lang, den geschotterten Weg da. Vorn ham wohl zweie dringesessen.»

«Und?»

«Und! Und! Der Wagen bremst, ich lauf weiter, da ballert einer von denen los.»

«Auf dich?»

«Quatsch – einer der Wageninsassen auf den andern.»

«Und das konnste hören?»

«Die hatten wohl 'n Fenster runtergekurbelt.»

«Kann sein …»

«Ich Idiot lauf jedenfalls hin; hätt ja sein können, daß … Muß man doch tun. Da springt der eine – wenn's überhaupt 'n Mann war – aus dem Wagen und feuert auf mich. Zweimal, aber gezielt. Ich krieg 'n Schock und hau ab, der aber auch. Es kann aber auch 'ne Frau in Hosen und 'nem langen Mantel gewesen sein. Ja …» Moldenhauer setzte sich endlich.

«Und da seid ihr beide weg?»

Moldenhauer setzte die Bierflasche auf den Tisch. «Sag ich doch!»

Domagalski überlegte. «Wenn wirklich zweie im Wagen waren, is der andere tot – oder?»

Moldenhauer sprang auf. «Komm, geh mal zur Seite, ich muß die Bullen holn!»

«Das wird 'ne ganz schöne Scheiße geben. Die verhörn dich, aufs Gericht mußte auch …»

«Der wollte mich umlegen.» Moldenhauer begann zu wählen. «Eins … Eins …»

Da war Domagalski bei ihm. «Halt mal!» Blitzschnell drückte er auf die Gabel.

«Du bist wohl vom wilden Affen gebissen – hau ab!» Moldenhauer suchte Domagalski zur Seite zu schieben.

Der wehrte sich, hatte aber, schmächtig-hager, wie er war, gegen Moldenhauers Halbschwergewicht keine Chance. Aber geschickt war er. Und das Telefon, das er gerade noch gepackt hatte, ließ er nicht mehr los. «Denk doch mal nach, du Blödmann du!»

Moldenhauer sah ihn verdutzt an. «Worüber denn?»

«Das war 'n dicker Mercedes – und da liegt mit Sicherheit 'n Toter drin?»

«Ja – und …?»

«Und außer dir gibt es keinen Zeugen?»

«Nee … Bei dem Wetter.»

«Und der, der auf dich geschossen hat, der hat die Hosen voll – hast du doch gesagt, oder?»

Moldenhauer lachte. «Der hat völlig durchgedreht, der hatte mehr Angst als ich.»

Domagalski blickte ihn an. «Meinst du, der läßt sich da

noch mal blicken, wo er, wo er – also der muß doch ganz sicher sein, daß du sofort die Polente geholt hast – oder?»

«Ja …» Moldenhauer sah ihn hilflos an.

«Also …?» Domagalskis Augen leuchteten.

«Was heißt hier also?»

«Tu mal was für dein'n Zwirnskasten! Der Tote da hat bestimmt 'n paar Braune oder 'n paar Blaue in der Brieftasche. So 'n dicker Mercedes. Der hat auch noch seine Uhr bei sich, Ringe, vielleicht auch'n Scheckbuch.»

«Mensch, bei 'nem Mord, da …» Er schluckte unwillkürlich.

«Was wir dem da abnehmen, können wir nicht in drei Jahren zusammenkratzen. Ich sag dir, da können wir schon nächstes Jahr unsre Werkstatt aufmachen. So 'n Glück – das bietet sich nie wieder. Wir wär'n ja verrückt, wenn wir nich mal nachsehen, was da zu erben is.»

Moldenhauer zögerte. «Ich weiß nich so recht …»

Domagalski höhnte: «Ich weiß – du stehst ja gerne jeden Morgen am Band. Immer die gleichen Handgriffe, immer der gleiche Gestank, immer die gleiche Hetze – klar! Und der Scheiß-REFA-Mann im Hintergrund – wieder den Akkord gedrückt. Bis an dein Lebensende. Wennde Spaß dran hast – bitte!» Mit einer heftigen Bewegung drückte er auf die UKW-Taste und ließ Moldenhauers Hi-Fi-Lautsprecher aufheulen.

Keine halbe Stunde später kämpften sie sich tatsächlich durch das regenfeuchte Unterholz, gerieten, da sie die Fahr- und Gestellwege mieden, des öfteren in sumpfiges Gelände, verloren ihre Schuhe. Durchnäßt, die Gesichter von herabhängenden Zweigen zerkratzt, näherten sie sich der Stelle, die Moldenhauer im Gedächtnis hatte. Es gab kaum Geräusche, die sie erschreckten. Mal ein Käuzchen, höchstens eine Fledermaus, das war alles. Erst als über ihnen eine Sportmaschine rot-grün blinkend dahinzog, schraken sie zusammen.

«Halt die Hand vor die Taschenlampe!» fauchte Domagalski. «Oder willste das Flugzeug oben anstrahlen …?»

Moldenhauer bog die Büsche zur Seite. «Mensch, hier muß es doch irgendwo gewesen sein …»

«Vielleicht ist doch schon einer gekommen und hat die Karre abgeholt – mit der Leiche drin …?»

Moldenhauer sah sich um. «Auf keinen Fall die Bullen – dann wär hier 'n bißchen mehr los.»

«Oder du spinnst …» Domagalski sah ihn an.

«Da drüben ist der Unterstand, und hier ist der Stein, wo die Jagen draufstehn … Wenn der Weg hier langgeht, dann muß es da rechts am Schwarzen See gewesen sein.»

Sie gingen weiter. Wortlos.

Endlich traf ihr Lichtstrahl auf etwas anderes als auf Blätter und Äste: auf Chrom.

«Da ist der Schlitten ja!» rief Moldenhauer, und Domagalski drückte ein paar junge Birken zur Seite.

Sie machten ein paar schnelle Schritte auf den Wagen zu, und Moldenhauer leuchtete hinein.

«Tatsächlich 'n Toter!» stieß er hervor.

Domagalski stellte sich so, daß Moldenhauer nicht zurücktreten konnte. «Nu kotz bloß nicht gleich. Satter Kopfschuß. Komm, reiß dich zusammen.»

«Ich hab so was noch nie … Sieht ja scheußlich aus.»

«Mußt dir mal 'n Farbfernseher zulegen. Oder mal 'ne Weile auf'm Schlachthof arbeiten, wie ich früher.»

«Das ist doch 'n Mensch hier, kein Schwein.»

«Umgekehrt!»

«Was quatschst du da …?»

«Das ist der dicke von der Lieth.»

«Wer?»

«Nicht der Erfinder des Lidschattens: L-i-e-t-h – Horst von der Lieth. Mitinhaber unserer Firma, zu dreißig Prozent wenigstens. Der hat doch neulich 'n ganzes Aktienpaket gekauft. Du mußt mal inner Werkzeitung lesen.» Domagalski steckte sich eine Zigarette an und war clever genug, das Streichholz wie später auch die Kippe nicht auf die Erde zu werfen.

«Werkzeitung?» fragte Moldenhauer. «Bin ich denn bekloppt?»

«Zieh erst die Handschuhe an, eh du den Wagen aufmachst!» kommandierte Domagalski.

«Ja doch!»

«Den hat's also erwischt ... Der hat doch noch vor vierzehn Tagen bei uns am Band rumgestanden und dumme Sprüche geklopft.»

«Da muß ich gerade beim Betriebsarzt gewesen sein», sagte Moldenhauer.

«Der hat bestimmt was bei sich, das lohnt sich.»

«Wer den wohl erschossen hat?»

Domagalski wurde ungeduldig. «Geht uns doch 'n feuchten Kehricht an. Los, nu mach schon, und dann nichts wie ab.»

Moldenhauer zögerte. «Ich weiß nich ...»

«Ach, halt den Schnabel! Das ist doch eigentlich unser Geld, was der da inner Tasche hat.» Er zog sein Hemd aus der Hose und klinkte damit die Wagentür auf. Doch dann zuckte auch er zurück, denn ganz in ihrer Nähe bellte ein Hund. «Molle, schnell, knips die Lampe aus – der Förster, dieser Arsch ...!»

«Wenn der uns ...»

«Schnauze!»

Sie hielten den Atem an, rührten sich nicht. Irgendwo ein kräftiges Husten. Offenbar ein Mann. Der Wind, der plötzlich stärker wurde, ließ die Blätter rauschen. Wortfetzen drangen herüber, es klang nach *such!* oder *suchen.* Ein Mann, dem niemand antwortete. Minuten vergingen. Vom Wagen tropfte Öl auf den Boden. Alle Sekunden ein Tropfen. Mücken kamen, und sie konnten nicht nach ihnen schlagen.

Langsam entfernte sich das Hundegebell.

Sie bewegten sich wieder.

«Gott sei Dank!» sagte Moldenhauer aufatmend.

«Mach schnell», drängte Domagalski.

Moldenhauer knipste die Lampe wieder an und zog dem Toten Paß und Brieftasche aus dem Jackett.

«Mal sehen ...» Domagalski blätterte im Paß. «Tatsächlich – Horst von der Lieth, geboren am 10. 3. 1922 in Erkner bei Berlin. Und was hat der Herr wohl in der Brieftasche?» Ein geschickter Griff: «Scheiße, alles nur kleine Scheine.»

Moldenhauer zählte schnell. «Nich mal ganze tausend Mark.»

«Und 'n Scheckbuch hat er auch nich bei sich. Wenn der nich schon tot wär, hätt ich ihn jetzt ermordet.»

Moldenhauer zertrat mit dem Fuß einen Steinpilz. «Nicht mal genug, daß ich meine Schulden bei dieser Versicherung bezahlen kann ...»

«Vernünftige Ringe hat er auch keine. Und die Uhr kriegste geschenkt, als Zugabe, wennde für 'n Groschen Petersilie kaufst.»

Moldenhauer leuchtete nach hinten. «Da auf'm Rücksitz liegt noch 'ne Aktentasche.»

«Holse schon, machse auf.»

Nach einigen Verrenkungen hatte Moldenhauer das Ding erwischt. «Da ist nichts weiter drin – 'n Tonband und 'n paar Akten.»

«Is ja zum Kotzen! Zeig mal das Band her.»

Moldenhauer gab es ihm, und Domagalski las vom Aufkleber: «Horst von der Lieth ... Vortrag vor der Industrie- und Handelskammer am 25. Mai ...» Er lachte. «Brauchste 'n Tonband?»

Moldenhauer verneinte. «Ich hab gar kein Gerät zum Abspielen.»

«Ich auch nich.» Domagalski warf das Band in die Aktentasche zurück. «Komm, eh deine Taschenlampe leer is.»

Moldenhauer blätterte noch in den flüchtig zusammengefügten Papieren, die zweimal geknifft im mittleren Fach der

Aktentasche gesteckt hatten. Er hatte ein bißchen Ahnung von diesen Dingen, denn sieben Jahre lang war er für den PSV, den Polizeisportverein, gestartet. Gute Leute nahmen sie immer, auch wenn man kein Beamter war. Da hatten sie Bereitschaftspolizisten in der Staffel gehabt, Streifenbeamte, Kripoleute und auch mal Zöllner. Und bei den Auslandsreisen war immer Zeit gewesen, über die interessantesten Fälle zu reden. Daher war er jetzt so schnell im Bilde …

«Du, Dommi, du, ich glaube, der hat Sprit aus dem Osten geschmuggelt, als Transitgut über die Grenze und hier den Zoll beschissen. Hier siehste! Der Alkohol kommt aus Ungarn, und an der Grenze, wo's nach Österreich reingeht, tun sie so, als wär Sonnenblumenöl in den Fässern. Unsre vom Zoll plombieren die Laster, weil sie glauben, da is Transitgut drin nach Holland.»

Domagalski lachte. «Mensch …!»

«Und die hier in Deutschland tauschen dann die Fässer aus, ohne die Plomben zu beschädigen. Der Lieth kennt die Tricks, der ja. 3000 Mark für 20 Fässer.»

Domagalski nahm ihm die Papiere aus der Hand. «Da kannste dir'n Hintern mit abwischen. Wenn der noch leben würde, ja, aber so … Erpreß du mal 'n Toten.»

«Heute läuft aber auch reineweg gar nichts!»

«Du sagst es.»

«Was nun?»

«So schnell wie möglich abhauen. Wirf den ganzen Klumpatsch in den Wagen zurück.»

«Das war vielleicht 'ne Schnapsidee von dir», brummte Moldenhauer.

«Red nich soviel, komm!»

Sie orientierten sich kurz, dann machten sie sich auf den Heimweg. Die Zweige waren wie die Drehkreuze in ihrem Fußballstadion: nur in einer Richtung zu passieren. Oder kam's ihnen nur so vor. Sie hatten jedenfalls viel Mühe.

Da blieb Moldenhauer plötzlich stehen und hielt Domagalski am Ärmel fest. Der reagierte unwirsch: «Was is denn los!? Haste vielleicht was liegengelassen?»

«Nee, aber ich hab 'ne Idee, wie wir mit einem Schlag aus dem Schneider sind.»

«Hast du schon mal 'ne Idee gehabt?»

«Hör mal, der Mord ist Gold wert für uns.»

«Hab ich eben gemerkt!»

«Laß mich doch mal ausreden!»

Domagalski schloß die Augen. «Bitte ...!»

«Der Mörder hält todsicher den Mund ...»

«Ja – und ...?»

Moldenhauer sprach noch hastiger. «Wir vergraben von der Lieth, lassen den Wagen im Schwarzen See verschwinden, tun so, als hätten wir ihn entführt – und fordern – und fordern, sagen wir ... 300000 Mark.»

«500000. Nich so bescheiden!»

«Meinetwegen. Wir haben das Band mit seiner Rede, da können wir das rausschneiden, so was wie: ICH LEBE UND BIN GESUND. ZAHLT DIE GEFORDERTE SUMME.»

Domagalski spuckte gegen einen Birkenstamm. «Wir haben ja nich mal 'n Tonbandgerät.»

«Das können wir uns von dem Geld kaufen, das wir ihm eben abgenommen haben. Das heißt, wir brauchen zwei – eins noch zum Überspielen des zusammengeschnippelten Bandes ...»

«Hm ...» Domagalski setzte sich auf einen umgestürzten Baumstamm.

Moldenhauer schaltete seine Lampe aus, um die Batterie zu schonen. «Dann nehmen wir noch den Paß mit und seine Armbanduhr oder seine Krawatte – als Beweis, daß er in unsrer Gewalt is.»

«Und wenn die die Polizei einschalten?»

«Werden sie nich, denn wir haben ja die Papiere mit dem Spritschmuggel und können den ganzen Laden auffliegen lassen.»

Domagalski schlug sich mit der flachen Hand gegen die Stirn. «Ich bin vielleicht ein Blödmann! Klar …»

Moldenhauer knipste die Lampe wieder an. «Na siehste …!»

Domagalski klopfte ihm auf die Schulter. «Du, das is einfach genial. Em-We – machen wir!»

Ungefähr zur gleichen Zeit, kurz nach 22 Uhr 30, kochte sich Bernhard Brendel, seit drei Jahren Prokurist bei Horst von der Lieth – mit seinen 39 Jahren der jüngste in der langen Geschichte der Firma –, seinen letzten Kaffee an diesem Abend. Das Konzept der Rede, die von der Lieth in zwei Tagen vor dem Unternehmerverband halten sollte, hatte er auf Band gesprochen. Horst von der Lieth pflegte seine Reden nie selber zu verfassen.

Noch während er das kochende Wasser in die Filtertüte laufen ließ, den Kessel in der linken Hand, tippte er mit der rechten Zahlen in seinen dunkelrot aufblinkenden Taschenrechner. Die Polen wollten Werkzeugmaschinen haben und Konserven dafür liefern, Heidelbeeren, Kirschen und anderes Obst. Die Frage war, was für ihn dabei heraussprang.

Als er sich die ausgeworfene Prozentzahl notieren wollte, klopfte jemand gegen die Bürotür, drückte die Klinke herunter, merkte, daß abgeschlossen war, und begann heftig daran zu rütteln.

Brendel schob unwillkürlich ein paar Papiere unter den Eingangskorb. «Wer ist denn da?»

«Ich – wer denn sonst!?»

Brendel lief zur Tür. «Moment.» Er schloß auf, musterte Frau von der Lieth einen kurzen Augenblick, die in dem neuen grauen Kostüm sehr vorteilhaft aussah – und ließ sie dann ins Zimmer.

«Also wirklich, Bernhard», sagte sie, «daß du dich auch immer abends einschließen mußt.»

«Im Büro nebenan haben sie vorige Woche alle Schreibtische aufgebrochen … Hier in Bahnhofsnähe …»

Frau von der Lieth ließ sich Feuer geben. «Sag mal, weißt du, wo Horst steckt? Ich such schon 'ne Stunde lang nach ihm, ich mach mir langsam Sorgen. Wir wollten um acht ins Theater – das hat er noch nie vergessen ...» Sie setzte sich, schlug die Beine übereinander.

«Oh, das hab ich glatt verschwitzt! Ich sollt dir ausrichten, daß er mit Petrescu im *Alten Krug* verabredet war. Da mußte er hin, ganz dringend.»

«Komisch, da hab ich doch eben von zu Hause angerufen – im *Alten Krug* ist er nicht.»

«Nicht? Er hat mich kurz vor acht oben an der Kreuzung mit dem Wagen abgesetzt und ist dann zum *Alten Krug* gefahren. Ich sollte mir doch noch die Tankstelle ansehen, die wir übernehmen wollen. Ich hab auch mit dem Besitzer ...»

Sie schlug nach einer Fliege. «Aber er war überhaupt nicht im *Alten Krug*!»

«Vielleicht steckt er bei Dr. Matzner oder bei Reichenbachs?»

«Eben nicht! Da hab ich es überall schon probiert.»

«Ist es denn so dringend?» fragte Brendel.

«Was heißt dringend – wir haben heute vor acht Jahren geheiratet.»

«Ach so ... Das ist wirklich komisch ... Soll ich mal ...?»

Sie dachte nach. «Ruf doch mal bei der Polizei an, ob es irgendwo einen Unfall ... Aber die hätten sich doch schon längst bei mir gemeldet ...»

«Mal den Teufel nicht an die Wand! Ich mach mir schon lange Sorgen, daß da mal ... Du, vielleicht ist er mit Petrescu ins *Tohuwabohu* gefahren, da haben sie ja schon öfter gesessen ...»

«Da hab ich noch nicht angerufen, stimmt.» Sie schob Brendel das Telefon hinüber.

«Ich versuch's gleich mal ...» Er bekam auch den Barbesitzer an den Apparat, der allerdings nur bedauern konnte.

An der Art, wie Brendel sich bedankte, konnte Ursula von

der Lieth seinen Mißerfolg erkennen. Sie sah ihn an: «Was jetzt?»

«Gar nichts. Warten wir erst mal bis zehn ab.»

«Warten, warten!» Das kam beinahe grob heraus.

«Uns bleibt doch gar nichts weiter übrig, Ursel. Ich hol dir 'n Cognac, das beruhigt.»

«Ja, und stell bitte noch das Radio an, damit wir 'n bißchen auf andere Gedanken kommen.»

Brendel griff sich sein Kofferradio und drehte so lange, bis er was Leichtes fand.

Für Moldenhauer und Domagalski war es ein hartes Stück Arbeit gewesen, die Leiche so zu vergraben, daß sie nicht gleich am nächsten Morgen vom erstbesten Schäferhund wieder ausgescharrt werden konnte. Zum Glück für sie hatten Domagalskis Eltern am Rande des Stadtwaldes eine kleine Parzelle mit einem Wochenendhäuschen drauf, aus dem sie das nötige Werkzeug holen konnten; Spaten, Harken und so weiter. Weniger mühevoll war es, den Mercedes im Schwarzen See verschwinden zu lassen, dann allerdings dauerte es Stunden, bis sie alle Spuren beseitigt hatten.

So wurde es zwei Uhr nachts, bis sie Gelegenheit fanden, bei von der Lieth anzurufen.

Kein Besetztzeichen, die Leitung war in Ordnung, die Nummer stimmte, doch es meldete sich niemand. Moldenhauer schlug auf die Gabel, wählte erneut und wartete wieder. Dann stellte er fest: «Bei dem ist keiner zu Hause.»

«Scheiße! Aber er selber is ja auch nich mehr in der Lage abzunehmen.» Domagalski lachte.

«Der war aber verheiratet, der hatte 'n Ehering am Finger.»

«Kluges Kerlchen! Ich gieß mir erst mal 'n Bier ein.»

«Ich will angerufen haben, ehe Lona zurück is.» Moldenhauer ließ nicht locker.

«Steht denn bloß eine Nummer im Telefonbuch drin? Vielleicht hamse noch irgendwo 'n zweiten Wohnsitz, 'n Stoßbunker oder so …?»

«Nur noch das Büro», antwortete Moldenhauer.

«Du bist auch zum Scheißen zu dämlich – dann ruf doch da an. Paß aber auf, daß de nich aus Versehn deinen Namen nennst.»

«Und wenn – die können uns doch gar nischt, die ham wir doch in der Hand …» Er sah in dem kleinen silbernen Notizbuch nach, das sie bei von der Lieth gefunden hatten, und wählte erneut. Diesmal mit Erfolg.

«Von der Lieth KG, Brendel …»

Moldenhauer verstand nicht so schnell. «Frau von der Lieth?»

«Nein, Brendel! Ich bin Prokurist, aber Frau von der Lieth ist zufällig hier. Wollen Sie sie …?»

«Nein, hören Sie zu. Keine Polizei, sonst fliegt ihr alle auf. Wir haben Beweise, daß ihr Sprit aus dem Osten …»

«Schon gut!» rief Brendel dazwischen.

«Geben Se mir doch lieber seine Frau», sagte Moldenhauer.

«Frau von der Lieth?»

«Ja! Aber ein bißchen dalli!»

Nach einigen Sekunden meldete sich Frau von der Lieth mit einem mehr gehauchten als gesprochenen «Ja …»

Moldenhauer blickte auf seinen Telefonblock, auf den er vorher schnell etwas gekritzelt hatte. «Wir haben Ihren Mann. Gekidnappt. Und die Papiere, die er bei sich hatte. Also keine Polizei! Ist das klar?»

Frau von der Lieth schluckte: «Ja …»

«Für 500 000 könn' Se ihn wieder haben, für 'ne halbe Million. Wir machen's preiswert.»

«Ich … woher soll ich wissen, daß Sie ihn …»

Moldenhauer unterbrach sie schnell: «Wir melden uns morgen wieder bei Ihnen, morgen früh, und sagen Ihnen, wo Sie ein Lebenszeichen von ihm und ein paar Sachen von ihm finden können … Damit Sie sehen, daß wir … Also, es hängt ganz von Ihnen ab, ob er am Leben bleibt und Ihre Firma auch.»

Frau von der Lieth erwiderte mit schwacher Stimme: «Gut …»

«Bis morgen!» Moldenhauer legte auf.

Domagalski sah ihn an. «Alles okay?»

«Und ob! Die ham angebissen.»

«Mensch, das müssen wir feiern!»

Ehe sie sich hinlegten – Domagalski schlief auf Moldenhauers Couch –, leerten sie noch eine Flasche Sekt. Lonas Hausmarke.

Im Hause von der Lieth ging, so schien es jedenfalls, alles seinen gewohnten Gang. Die Reinmachefrau, eine preiswerte Griechin, putzte gleichmäßig die unzähligen Fenster der oberen Etage; ein hochbezahlter Landschaftsgärtner war voll mit dem Anlegen eines neuen Steingartens beschäftigt. Frau von der Lieth erschien ihnen, wie allen gelegentlichen Besuchern und Lieferanten, ebenso arrogant zu sein wie immer, und wenn sie wirklich in einigen Situationen zerfahren und hektisch wirkte, so schrieb man das mit einer gewissen Schadenfreude der Tatsache zu, daß sie in wenigen Tagen ihren vierzigsten Geburtstag begehen würde. So bot die weiße Villa am Hang alles in allem nicht das geringste Anzeichen eines Ausnahmezustandes.

Der Fernseher lief seit Beginn des Vormittagsprogramms. Es war kurz nach zwölf, und Frau von der Lieth wartete auf Bernhard Brendel, «unseren Brendel», wie ihr Mann und sie ihn in ihrem Bekanntenkreis zu bezeichnen pflegten. Ihr Kater strich ihr um die Beine. Sie hob ihn auf den Schoß und streichelte ihn.

«Komm, Maximilian, komm, mein Kleiner. Du vermißt Herrchen auch, was …? Na, bald ist er ja wieder zurück. Paß auf, dann wird alles wieder gut …» Und als der Kater endlich schnurrte, fügte sie hinzu: «Siehst du.» Doch im nächsten Augenblick, als in der Diele die Klingel schrillte, viel lauter als sonst, wie es ihr vorkam, sprang er erschreckt auf den Teppich und lief aus dem Zimmer. Frau von der Lieth ging zur Wechselsprechanlage und schaltete sie ein. «Ja, bitte …?»

Aus dem winzigen Lautsprecher kam leicht quakend Brendels Stimme. «Ich bin's, Ursel. Darf ich …?»

«Hast du alles?»

«Ja.»

«Moment …» Sie betätigte den Kontakt, der das Gartentor freigab, und erwartete Brendel oben an der Treppe.

Brendel flüsterte: «Es lag alles an der Stelle, die sie uns genannt haben – an der Kronprinzenbuche, hinten am Schwarzen See.»

«Was denn?»

«Sein Ausweis, die Armbanduhr, hier …» Nachdem sie in die Diele getreten waren, gab er ihr beides.

Ihr genügte ein kurzer Blick: «Ja, das ist seine, ohne Zweifel, der kleine Sprung hier im Glas … Und das ist sein Ausweis. Dann haben sie ihn also wirklich. Furchtbar!»

«Ein Taschentuch mit seinem Monogramm hab ich auch noch.»

«Und das Tonband? Das Band mit seiner Stimme drauf?»

«Hier …» Er zog die rote, kaum handtellergroße Spule aus der Seitentasche seiner Clubjacke.

«Schnell, leg's auf, ich hab das Gerät schon vorbereitet.»

Nachdem Brendel die Wiedergabetaste gedrückt hatte, rauschte und knackte es ein Weilchen, schließlich hörten sie die Stimme des Mannes, der mit ihnen am Telefon verhandelt hatte.

STIMME MOLDENHAUER VOM BAND: Also los, Herr von der Lieth, sagen Sie Ihrer Frau, was sie tun soll! (Pause) Sie haben keine andere Wahl! (Pause) Ich kann auch abdrücken! (Es knackte, als würde jemand eine Pistole durchladen.) Ich zähle bis drei. Eins … zwei …

STIMME VON DER LIETH VOM BAND: Ich lebe, mir geht es gut. Zahlt die geforderte Summe. Ende.

STIMME MOLDENHAUER VOM BAND: Na bitte! Also, Frau von der Lieth, beschaffen Sie das Geld: 500000. Aber dalli! Wir rufen morgen früh wieder bei Ihnen an. Wiederhören.

Brendel stoppte das Band. «Mein Gott …!»

Frau von der Lieth verlor die Beherrschung. «Diese Schweine! Man sollte die ganze Brut vergasen.» Sie hatte, im Sessel sitzend, ihren Körper von Brendel weggedreht und preßte nun das Gesicht auf den rauh genoppten Stoff der Lehne.

Brendel bemühte sich um sie. «Bitte, Ursel, bitte! Wir müssen froh sein, daß er noch lebt.» Er kniete sich neben ihr auf den Boden und strich ihr beruhigend über Nacken und Schulter.

Sie stieß ihn weg. «Laß mich!»

«Wir dürfen jetzt nicht die Nerven verlieren.»

Sie richtete sich auf, wischte sich mit dem Mittelfinger der linken Hand die Tränen von der Nasenwurzel. «Du hast ja recht … Also, wo nehmen wir die halbe Million her – ohne daß es einer merkt? Könntest du vielleicht die drei Grundstücke an der Mozartstraße verkaufen? Horst hat mal gesagt, daß die ALGO darauf scharf wäre …»

«Grundstücke verkaufen? Jetzt in dieser Zeit? Das finde ich gar nicht gut.»

«Dann mach einen anderen Vorschlag.»

«Tja …»

«Also verkauf sie. Ich brauche das Geld schließlich. Und du glaubst wirklich nicht, daß wir die Polizei …»

«Auf keinen Fall. Wenn solche Typen sich in die Enge getrieben sehen …» Das Schrillen der Klingel unterbrach ihn.

«Wer ist denn das?» Frau von der Lieth fuhr hoch.

«Ach!» Brendel starrte auf das Foto in von der Lieths Paß, der vor ihm auf dem Tisch lag. «Sieh doch mal raus …»

Sie stand auf und ging zum Fenster, die Gardine vorsichtig zur Seite ziehend. «Nanu – es ist der Doktor.»

Brendel blickte auf. «Dr. Matzner – euer Rechtsanwalt?»

«Ja … Soll ich ihn reinlassen?»

«Mußt du wohl, der wird meinen Wagen erkannt haben.»

«Na schön …» Sie ging zur Tür, um zu öffnen.

Dr. Matzner kam im lässigen Schritt auf sie zu, strich sich über die gebräunt-fleckige Glatze und gab sich gekünstelt wie immer. «Guten Tag, gnädige Frau, oder um es zu präzisieren: einen recht schönen und gesegneten Mittag. Tut mir leid, daß ich störe, ich …» Weiter kam er nicht, weil sein Hund sich auf Frau von der Lieths Kater stürzen wollte.

«Passen Sie auf – der Kater!» rief Frau von der Lieth.

Dr. Matzner riß seinen Hund zurück. «Bronco, wirst du wohl!» Nur mühsam gelang es ihm, das laut kläffende Tier zu bändigen.

Auch Brendel griff ein. «Ab, Maximilian, in den Keller!»

Dadurch entdeckte Dr. Matzner ihn. «Ah, der Herr Prokurist ist auch zugegen.»

«Tag, Herr Doktor», sagte Brendel.

«Tag, mein lieber Brendel. Ich hab's brendeleilig: In der Firma sagt man mir, daß Ihr sehr verehrter Herr und Meister noch zu Hause sein muß. Ich habe da eine dringende Angelegenheit, und da ich gerade vorbeikam …»

«Herr von der Lieth?»

«Ebender – oder haben Sie die Firma gewechselt?»

«Nein, nein! Herr von der Lieth ist …»

Ursula von der Lieth kam ihm zu Hilfe. «Mein Mann ist eben zum Flughafen gefahren, um einen Geschäftsfreund abzuholen.»

Dr. Matzner war erstaunt. «Eben …?»

Brendel lachte. «Daß die Juristen es auch immer so genau nehmen müssen.»

«Eben – das heißt vor einer guten Stunde», erklärte Frau von der Lieth.

«Vor einer guten Stunde?» wiederholte Dr. Matzner.

Frau von der Lieth nickte. «Ganz richtig.»

«Merkwürdig, daß ich ihn da nicht getroffen habe ... Ich komme gerade vom Flughafen, hab über eine Stunde auf meine Schwiegermutter gewartet – Verspätung in London. Da hätte ich ihn doch unbedingt sehen müssen.» Dr. Matzner blieb beharrlich.

«Merkwürdig», mußte auch Brendel zugeben. «Übrigens, ich muß machen, daß ich ins Geschäft komme. Kann ich Sie irgendwo absetzen, Herr Doktor?»

Dr. Matzner schüttelte den Kopf. «Vielen Dank. Mein Wagen steht draußen. Aber lassen Sie sich nicht aufhalten. Ich hab noch eine Kleinigkeit mit Frau von der Lieth zu bereden.»

Brendel warf Ursula von der Lieth einen zögernden Blick zu. «Ja, dann ...»

«Ich ruf dich an», versprach sie.

Brendel nickte und verabschiedete sich.

Als die Haustür zugeklappt war, wandte sich Dr. Matzner an Ursula von der Lieth. Auf einmal klang seine Stimme gar nicht mehr so gekünselt und albern.

«Was ist los? Ich glaube, Sie verschweigen mir da etwas.»

Domagalski zielte sorgfältig. Sein Zeigefinger, rauh und zuverlässig, spielte lange mit dem Abzug, suchte den Druckpunkt, zuckte dann zweimal, und während Moldenhauer unwillkürlich aufschrie, stellte Domagalski erfreut fest, daß die beiden Kugeln genau ins Schwarze ihrer selbstgemalten Zielscheibe geschlagen waren. Ohne Zweifel, die Beretta, die sie im Handschuhfach des versenkten Mercedes gefunden hatten, funktionierte noch. Von der Lieth hatte offenbar etwas Wirksameres als eine Gas- oder Spielzeugpistole nötig gehabt.

Domagalski gab einen schmatzenden Laut von sich. «Mensch, so 'ne Beretta is schon 'n Ding.»

«Hoffentlich hat uns keiner gehört», murmelte Moldenhauer.

«Mach dir bloß nich in die Hosen! Is der Keller nun schalldicht oder nicht …?»

«Ja, aber …»

«Sind wir alleine im Haus oder nich …?»

«Ja, schon, nur … Du hättest das Ding gar nicht erst mitnehmen sollen», grollte Moldenhauer.

«Du bist vielleicht dußlig: Was willste denn machen, wenn der Brendel mit 'ner Knarre inner Hand ankommt oder seine Mafia zum Treffpunkt schickt? Die Schweine sind doch mit allen Wassern gewaschen.»

«Ich weiß nich …»

«Ich aber!» Domagalski machte ein paar Schritte nach vorn. «Mann, die Kugeln stecken vielleicht 'n Stück drin! Dein schöner Sandsack.»

«Komm, wir gehen lieber wieder rauf», drängte Moldenhauer nur.

Sie stiegen die Kellertreppe hinauf und kamen wieder in das kleine Wohnzimmer, in dem der Telefonapparat stand.

«Da liegt ja 'ne Zeitung!» rief Domagalski.

«Lona wird hiergewesen sein», sagte Moldenhauer.

«Das Miststück!» Domagalski nahm die Zeitung in die Hand.

Auch Moldenhauer war interessiert. «Sieh mal nach, ob was drinsteht, ob die nicht doch zur Polizei gegangen sind … Oder gib lieber her.»

Es entbrannte ein kleiner Kampf um die Zeitung, bis Domagalski nachgab. «Da, nimmse. Steht doch nichts drin, sonst hättense's vorhin schon bei den Nachrichten gebracht.»

«Haste die gehört?»

«Idiot! Würd ich's sonst sagen?»

Moldenhauer warf die Zeitung auf die Couch. «Steht tatsächlich nichts drin.»

«Die wärn auch schön verrückt, wennse die Bullen einschalten würden.»

«Weiß man's … Schließlich hamse jetzt meine Stimme auf'm Band. Wenn die zur Polizei gehen, kannste mich bald im Radio hörn.»

«Ach, halt die Schnauze und ruf Brendel an – ob der das Geld schon zusammenhat.»

«Wo denn – im Büro oder bei der Alten zu Hause?»

«Bei Madamm natürlich.»

Moldenhauer wählte von der Lieths Privatnummer und wartete, wartete weiter. «Scheint keiner dazusein. Mensch, ich werd verrückt, die ham sich alle abgesetzt!»

«Quatsch!»

«Oder die ham 'ne Fangschaltung gebaut, um uns …»

«Da wärnse schön bekloppt.»

Endlich meldete sich eine männliche Stimme. «Hallo …?»

«Herr Brendel …?» fragte er.

«Ja, am Apparat.»

«Wie stehn die Aktien?» fragte Moldenhauer.

«Das Geld ist da, aber wir haben noch eine Bedingung …»

«… 'ne Bedingung …?»

«Ja – wir brauchen Sicherheiten.»

«Was für Sicherheiten …?» Moldenhauer biß sich Haut von der Unterlippe.

«Bevor wir Herrn von der Lieth nicht sehen, bevor wir nicht genau wissen, daß er noch lebt, zahlen wir nicht.»

Domagalski wurde unruhig. «Was sagt er?»

«Sie wolln nich zahlen, bevor sie den Lieth nicht gesehen haben», flüsterte Moldenhauer ihm zu, die Sprechmuschel mit der Hand abdeckend.

«Gib mal her!» Domagalski riß ihm den Hörer aus der Hand. «Nun hörn Se mal zu, Herr Prokurist oder meinetwegen auch Generaldirektor: Sie kriegen Herrn von der Lieth nich, bevor Se zahln!»

«Wie soll denn die Übergabe überhaupt vor sich gehen?» fragte Brendel.

«Sie kriegn die Schlüssel von der Wohnung, wo der Lieth

sich aufhält, wenn Se uns das Geld übergebn», antwortete Domagalski.

«Für wie dumm halten Sie uns eigentlich? Nun mal ehrlich: Würden Sie sich auf so was einlassen?» Brendel verstand was von Menschenführung.

«Hm.» Domagalski mußte ihm recht geben.

Brendel stieß nach. «Ich kann Ihnen höchstens einen Kompromiß anbieten …»

«Was für 'n Kompromiß?»

«Sie geben Herrn von der Lieth frei, und er zahlt Ihnen dann die 500 000 Mark, wenn Sie ihm dafür die Papiere übergeben.»

Da polterte Domagalski los. «Du spinnst wohl, Männeken! Inzwischen habt ihr mit euern Rechtsverdrehern dafür gesorgt, daß die Papiere nischt mehr wert sind, und ihr pinkelt uns an! Aus dem Geschäft wird nischt! Eher legen wir den Fettsack hier um.»

«Moment mal …»

Plötzlich war Frau von der Lieth am Apparat. «Sind Sie noch da?»

«Meinen Sie denn, wir hätten uns hier in Luft aufgelöst?» gab Domagalski zurück.

«Ich habe einen anderen Vorschlag.»

«Schießen Sie los.»

«Wenn Sie meinen Mann töten, kriegen Sie keinen Pfennig. Im Gegenteil: Dann ist mir die Zukunft meiner Firma egal, und ich gehe mit dem Tonband zur Polizei. Sie können sicher sein: Innerhalb eines Jahres sitzen Sie wegen Mordes hinter Gittern – aber lebenslänglich!»

«Geschenkt!»

«… folgender Vorschlag: Sie bekommen 250 000 Mark, wenn Sie uns die Schlüssel zur Wohnung geben, in der sich mein Mann aufhält, und dann die zweite Hälfte, wenn wir meinen Mann haben und Sie uns die Papiere übergeben.»

Domagalski überlegte. «Hm …»

«Na, was ist?»

Domagalski wollte Zeit gewinnen. «Den Ton lassen Se man, den heben Se sich besser für Ihre Dienstboten auf.»

«Entschuldigung», sagte sie.

«300 000 als erste Rate», forderte Domagalski.

«Meinetwegen.»

«Okay. Wir melden uns nachher wieder und sagen Ihnen, wo wir uns treffen.» Er legte auf. «Verdammte Scheiße! Die hat vielleicht gepokert, die Alte!»

«Die is doch höchstens an die Vierzig», sagte Moldenhauer.

«Mehr als 300 000 sind nich drin. Die wollense uns zahlen, wenn wir ihnen den Schlüssel geben. Den Rest erst, wenn sie den Alten haben und die Papiere.»

«Die gehn doch zur Polizei, wenn sie merken, daß wir sie angeschissen haben», sagte Moldenhauer.

Domagalski kam in Fahrt. «Gehn sie nich! Die blufft doch nur. Der Mann is zwanzig Jahre älter als sie, die is froh, wenn se den alten Knacker los is! Nee, nee, die wird sich hüten, zur Polizei zu gehen – die kommt noch früh genug zu ihr, wenn der Alte nicht wiederauftaucht. Und dann wird sie ganz schön den Mund halten. Meinste, die schlachtet die Henne, die ihr die goldenen Eier legt?»

«Nee …»

«Na also! Und 300 000 sind auch 'ne ganz schöne Stange Geld. Mehr is einfach nich drin.»

«Tja … Auf alle Fälle müssen wir bei der Übergabe des Schlüssels maskiert sein.»

«Mach mal Musik!» sagte Domagalski.

Moldenhauer ging zum Plattenspieler. «Deine Scheißschlager hängen mir schon zum Halse raus!»

Kaum hatte Moldenhauer den Saphir auf die Platte gesetzt und Udo Jürgens zu singen begonnen, *Anuschka*, da stand Lona im Zimmer, noch in Make-up und Kleid, wie sie hinter der Bar gestanden hatte, und drückte langsam die Tür hinter sich zu.

«Hallo, ihr beiden Supermänner», sagte sie.

Domagalski sagte pampig: «Ich kann mich nicht erinnern, daß wir dich gerufen ham.»

Lona lehnte sich gegen die Tür. «Ich hab 'ne kleine Überraschung für euch.»

«Ziehste endlich aus?» fragte Moldenhauer.

«Nee.»

«Haste bei uns in der Firma angerufen und gesagt, daß wir gar nicht krank sind, sondern blaumachen ...?» wollte Domagalski wissen.

«Auch nich.»

«Was dann?» erkundigte sich Moldenhauer.

«Ich weiß, was hier gespielt wird», sagte Lona.

Domagalski lachte. «Kunststück – is ja auch deine Platte.»

«Tu nicht so, du weißt genau, was ich meine.»

«Ich verstehe nur Bahnhof.»

«Dann werd ich dir mal auf die Sprünge helfen», sagte sie ruhig. «Der Alte von der Lieth ist ermordet worden, und ihr habt die Leiche verbuddelt!»

Moldenhauer sog hörbar die Luft ein.

«Jetzt wollt ihr 'ne halbe Million für ihn haben», fuhr Lona fort.

«Für die Leiche, was?» lachte Domagalski. Es klang aber nicht ganz echt.

Sie blieb cool. «Nee, ihr tut so, als hättet ihr ihn entführt.»

Domagalski stieß einen Pfiff aus. «Und was willste damit sagen?» fragte er dann lauernd.

«Daß ich ein Drittel von der Beute abhaben will!»

Domagalski stand auf, umständlich, ganz langsam, und ging, die Füße irgendwie nachziehend, leicht geduckt auf sie zu. Plötzlich aber, als sie zurückweichen wollte, verlor er alle Schläfrigkeit, schnellte vor, packte sie mit beiden Händen, preßte ihre Schultern zusammen und schrie ihr ins Gesicht:

«Paß mal genau auf, was du abhaben kannst!» Schon glitten seine Finger zu ihrem Hals hinauf.

Lona wand sich, keuchte. «Hör auf, du erwürgst mich noch!»

Moldenhauer suchte Domagalski zu packen. «Dommi, laß sie los!»

Lona schrie jetzt um Hilfe. Schrill und langgezogen.

«Das hört doch keiner, schrei du nur!» preßte Domagalski hervor.

Moldenhauer stieß einen Sessel um, kam hinter Lona zu stehen und suchte Domagalskis Griff zu lösen. «Du bringst sie ja um! Schluß jetzt!»

Domagalski tobte. «Dieses Miststück! Molle, laß mich los! Verdammt!»

«Komm, beruhige dich.» Moldenhauer hatte jetzt Domagalskis Finger erwischt und bog sie auseinander wie verrostete Armierungen.

Domagalski ließ von Lona ab und blaffte jetzt Moldenhauer an. «Du hast es nötig! Die hat dich doch betrogen, nach Strich und Faden betrogen!»

«Wir können sie doch nicht einfach umbringen.»

«Wir können noch ganz was anderes!» schrie Domagalski.

«Bloß weil du im Keller rumballern mußtest», sagte Moldenhauer.

«Ich baller gleich mal hier rum.» Schon hatte Domagalski die Beretta herausgerissen.

«Bist du verrückt, steck die Knarre weg!» Lonas Stimme überschlug sich.

«Eher leg ich dich um, als daß ich dir was abgebe.»

Moldenhauer sah ihn an. «Sei doch vernünftig, es geht doch nich anders.»

«Klar geht es: Ich leg euch beide um und mach das Geschäft alleine.»

Moldenhauer wurde noch eindringlicher. «Dommi – seit zehn Jahren sind wir gute Freunde gewesen und …»

«Du hast wohl Angst um dein bißchen Leben – Mensch!» höhnte Domagalski.

«Halt mal, es hat geklingelt!» Lona drehte den Kopf zur Tür.

Doch dann hörten sie es alle.

«Das is ’n Bekannter von mir», sagte Lona. «Der will mich abholen. Wir wollen noch einen draufmachen.»

«Wenn wir ihr 100 000 geben, was bleibt denn da für uns?» fragte Domagalski.

Moldenhauer gab die Antwort. «Das reicht noch immer für ’ne eigne Werkstatt und ’ne sichere Existenz.»

«Hunderttausend – oder ich laß euch hochgehen!»

«Woher weißte das eigentlich alles?» fragte Moldenhauer sie.

«Woher ich das weiß?» Lona lachte. Sie klinkte die Tür auf und schrie über den Flur, daß sie gleich käme. «Woher ich das weiß? Ihr seid mir zwei feine Profis. Plötzlich zwei Tonbandgeräte inner Wohnung. Eins auf’m Hängeboden oben, das andere im Bettkasten unter der Couch da. Und überall so Tonbandschnipsel rumliegen lassen. Da wird man doch neugierig. Darum bin ich vorgestern nacht früher nach Hause gekommen und durchs Klofenster eingestiegen. Wollte doch mal sehen, was ihr so Geheimnisvolles treibt. Und da hab ich euch quatschen hören.»

Es klingelte immer stürmischer.

«Na, was is nu?» fragte Lona.

Moldenhauer nickte, den Kopf gesenkt.

«Okay!» knurrte auch Domagalski.

«Und keine Dummheiten, versteht ihr? Sonst stecke ich der Polizei, daß Molle ihn umgebracht hat. Hat er wahrscheinlich auch. Tschüs, ihr beiden Süßen!»

Lona verließ das Zimmer, wenig später klappte die Haustür.

Moldenhauer fiel in seinen Sessel. «Ich wünschte, ich hätte nie diesen Waldlauf gemacht.»

Domagalski zog ein schmutziges Taschentuch aus der Hosentasche. «Da, heul dich aus!»

«Is doch wahr! Um ein Haar – und du hättest sie umgebracht.»

«Um die wär's wirklich nich schade.»

«Ich hab keine Lust auf lebenslänglich», brummte Moldenhauer.

«Haste schon mal gelesen, daß nich jeder Mord aufgeklärt wird?»

«Wennde Pech hast, verlierste das Wasser aus der Kiepe.»

Domagalski lachte. «Dir geht ja ganz schön der Arsch mit Grundeis. Wenn ich ...» Unvermittelt brach er ab und überlegte einen Moment. «Sag mal», kam es dann leise und drohend, «du hast doch nich etwa den alten Lieth tatsächlich umgelegt? Im Auftrag von Madamm ...?» Er beutelte Moldenhauer an den Revers seiner Lederjacke.

«Laß meine Jacke los!»

«Die is hübsch, die Frau von der Lieth. Mit der steckst du wohl unter einer Decke?» Er lachte. «Der Bettdecke, was? Und jetzt ziehst du die ganze Schau hier ab, um das zu vertuschen.»

«Deine Phantasie möcht ich haben!»

«Doppelt kassieren, was?» rief Domagalski.

«Das ist doch Quatsch!» knurrte Moldenhauer. «Laß dir von der Zicke doch keinen Floh ins Ohr setzen! Mensch, Dommi, die Sache läuft doch. Ich ruf jetzt Frau von der Lieth an, und wir treffen uns heute nachmittag am Schwarzen See. Wir klaun inner Stadt 'nen Wagen und ziehen uns dann einen von Lonas Strümpfen über den Kopf.»

«Hm ...»

«Um 18 Uhr an der Kronprinzenbuche ... Ich hab noch 'nen Schlüssel von der Wohnung, wo ich 1965 einmal gewohnt habe. Und 'ne passende Adresse denken wir uns noch aus.»

«Meinetwegen; machen wir's ...» sagte Domagalski.

Es war 17 Uhr 15, als Frau von der Lieth Bernhard Brendel in das Wohnzimmer führte.

Wortlos begrüßten sie sich. Dann klappte der Prokurist sein Managerköfferchen auf.

«So – da wären die 300 000 Mark …»

«Eine ganz schöne Summe», murmelte Frau von der Lieth.

«Stimmt. Aber wenn wir deinen Mann dafür heil und gesund zurückbekommen … Sag mal, hat Dr. Matzner noch irgendwelche Fragen gestellt? Das mit dem Flugplatz war ja wirklich Pech.»

«Kein Wort. Und in der Firma hab ich Bescheid gesagt, daß Horst Hals über Kopf nach Amsterdam mußte. Da hat er oft zu tun; ich hab ihn manchmal begleitet.»

«Na, Gott sei Dank!»

Sie klappte den Aktenkoffer wieder zu. «Dann sollten wir wohl …»

«Was sollten wir …?» Brendel verstand nicht.

«Ach so: Die haben angerufen: Wir sollen um 18 Uhr an der Kronprinzenbuche sein.»

«In einer knappen Dreiviertelstunde schon?»

«Ja, sag ich doch!»

«Wollen wir beide hin?»

«Ich meine, ja.»

«Ist das nicht zu gefährlich für dich?» fragte Brendel.

«Ich hab ihnen gesagt, daß ich einen Zettel in meinen Tresor gelegt habe, worauf steht, was wir vorhaben.»

«Also: Ermordung zwecklos.» Brendel versuchte zu lächeln.

«Ist dir nicht gut, Bernhard? Du siehst so blaß aus, du zitterst ja, hast du Fieber?»

Sie wollte ihm die Hand auf die Stirn legen, aber er wich ihr aus.

«Keine Spur. Das ist bloß die Aufregung.»

Sie fuhr ihm durch die Haare. «Du bist wirklich rührend. Glaub mir, das vergesse ich dir nicht.»

«Ach Unsinn.»

Moldenhauer und Domagalski hatten wenig Mühe gehabt, einen geeigneten Wagen aufzubrechen, und zwar einen, der hinter dem Bahnhof in höchster Eile in eine Parklücke gequetscht worden war und auf einen Besitzer schließen ließ, der noch in letzter Minute seinen Zug erreicht hatte. Die Fahrt zur Kronprinzenbuche war ebenfalls ohne jeden Zwischenfall verlaufen, aber nun war es bereits 18 Uhr 21 – und sie warteten noch immer. Trotz des verhangenen Himmels hatte der herrliche Mischwald am Schwarzen See genügend Spaziergänger und Pilzesammler angelockt, die interessiert zu ihnen herüberblickten, wenn sie, eine kleine Gedenktafel mühsam entziffernd, um die Kronprinzenbuche herumschlenderten. So schien es Domagalski ratsamer, sich wieder in den Wagen zu setzen.

Dann starrte er verbissen durch die Windschutzscheibe. «Nun stehn wir schon 'ne halbe Stunde hier …»

«… und kein Schwein kommt!» Moldenhauer trommelte mit den Fingerspitzen auf dem herausgeklappten Deckel des Handschuhfaches herum.

«Die ham uns ganz schön verladen», knurrte Domagalski.

«Vielleicht war das falsch, der zu drohen, wir bringen ihren Alten um, wennse nicht blecht», meinte Moldenhauer zögernd. «Du hast doch selbst gesagt, sie is 20 Jahre jünger als der Olle – 'ne bessere Gelegenheit, den loszukriegen, findet sie so bald nicht wieder.»

«Blödsinn – schließlich haben wir ja noch die Papiere. Dann ziehen wir ihr die Daumenschrauben an.»

Sie schwiegen ein Weilchen.

Dann sagte Moldenhauer: «Vielleicht haben sie 'nen Verkehrsunfall gehabt oder sind inne Stockung geraten …?»

«Vielleicht habense sich auch beide beim Popeln den Finger inner Nase abgebrochen.» Domagalski tippte sich gegen die Stirn.

«Du glaubst also nicht, daß sie noch kommen?»

«Nee, jetzt nich mehr.»

Moldenhauer warf einen Blick auf seine Uhr. «Halb sieben …«

«Wir hauen jetzt ab – mir wird's langsam ungemütlich hier.»

Moldenhauer nickte. «Soll ich dann von der nächsten Telefonzelle aus anrufen?»

«Von wo denn sonst als vonner Telefonzelle aus!» Domagalski gab Gas, der Wagen schoß davon.

An der nächsten Telefonzelle, schon in einem der locker besiedelten Vororte, riß Moldenhauer die Wagentür auf, noch ehe Domagalski an den Bürgersteig herangerollt war. «Die Nummer hab ich im Kopf.»

«Is ja schön, daß de wenigstens etwas im Kopf hast», höhnte Domagalski.

Moldenhauer schlug die Tür zu, daß es weithin hallte, ging dann zur Telefonzelle, ließ die beiden bereitgehaltenen Groschen in den linken Schlitz fallen und wählte, die Ziffern dabei vor sich hin murmelnd. Die Sekunden vergingen, monoton erklang das Rufzeichen; niemand nahm ab. Zweimal rief er «Hallo!» und den Namen von der Lieth, dann hängte er ein. Langsam ging er zu Domagalski zurück. «Keiner da.»

«Verdammte Kiste! Komm, wir lassen den Wagen hier inner Seitenstraße stehen, eh sie uns damit erwischen, und gehn dann zu dir nach Hause. Da kannste's ja noch mal probieren.»

«Okay.»

Nachdem sie den Wagen abgestellt hatten – ihrer Meinung nach ungesehen –, gingen sie zu Fuß zu Moldenhauer zurück und nahmen sich noch je ein halbes Brathähnchen mit. Domagalski riß, kaum daß sie am Tisch saßen, den Schenkel ab und begann daran zu nagen, während Moldenhauer von seinem Hähnchen nur die knusprige Haut zog und in den Mund stopfte und noch mit fettigen Fingern Frau von der Lieths Nummer wählte. Er tat dies, nur gelegentlich von Domagalski abgelöst, bis 22 Uhr an die fünfzigmal – stets ohne Erfolg. Als er dann kurz auf die Toilette gegangen war und nach seiner Rückkehr ins Zimmer wieder zum Hörer greifen wollte, schrillte das Telefon unmittelbar unter seiner Hand. Er zog sie zurück, als hätte er einen elektrischen Schlag bekommen.

Sie sahen sich an, rührten sich nicht.

«Wenn das … wenn sie das nun sind?» sagte Moldenhauer.

«Quatsch!» Domagalski riß den Hörer hoch. «Hallo?»

Es war Lona. «Hat's geklappt?» fragte sie eifrig.

«Nein! Und bleib gefälligst aus der Leitung.» Er schmiß den Hörer auf die Gabel.

Moldenhauer trank noch einen Klaren und noch einen. Dann ließ er die Nummernscheibe wieder surren. Gegen 22 Uhr 45 nahm Frau von der Lieth endlich ab.

«Ja bitte?»

Moldenhauer sprudelte los. «Wo waren Sie denn vorhin? Wir haben 'ne halbe Stunde auf Sie gewartet! Sie wolln wohl, daß wir Ihren Mann umlegen, was?»

«Wir wollten ja kommen», antwortete sie stockend. «Aber dann hatten wir einen Unfall mit dem Wagen, und bis die Polizei den Schaden aufgenommen hatte, war es zu spät. Und was Sie da eben von ‹umlegen› gesagt haben – ich habe noch einmal genau über alles nachgedacht. Sie können ihn gar nicht umlegen …»

Moldenhauer schluckte. «Wieso nich?»

«Weil er in Bolivien ist», entgegnete Frau von der Lieth.

«Daß ich nich lache!»

«Lachen Sie ruhig», kam es zurück.

«Haben Sie das schwarz auf weiß?»

Frau von der Lieth zögerte eine Sekunde. «Nein, aber es spricht vieles dafür. Er hat schon oft davon gesprochen, daß er nach Südamerika geht, wenn ihm der Boden hier in Deutschland zu heiß wird. Und der ist ihm anscheinend zu heiß geworden, zumal Dr. Matzner …»

Moldenhauer ging dazwischen. «Das ist doch Quatsch, Ihr

Mann sitzt bei uns in der Wohnung, das heißt in der Wohnung, wo …»

Domagalski drängte Moldenhauer beiseite. «Laß mich mal!»

«Hallo …?» rief Frau von der Lieth.

«So, nu reden wir mal Tacheles. Wenn das noch mal passiert, is Ihr Alter 'ne hübsche Leiche», sagte Domagalski.

«Man kann keinen töten, den man nicht hat.»

«Mein Se denn, er hat sich von uns verabschiedet, ehe er nach Bolivien is, und hat uns seinen Ausweis, sein Taschentuch und das Tonband dagelassen? Na, Sie sind vielleicht komisch.»

«Was weiß ich, wie Sie an die Sachen gekommen sind. Vielleicht haben Sie ihm ja die gefälschten Papiere besorgt, und er hat seinen alten Ausweis dagelassen.»

«Und das Tonband?»

«So was kann man zusammenschneiden …»

«Das wird mir langsam zu blöd, Sie …!» fauchte Domagalski. «Wollen Sie Ihren Mann nun wiederhaben oder nicht?»

«Natürlich will ich das … Aber ich muß einen echten Beweis haben, daß er nicht in Bolivien ist, sondern in Ihrer Gewalt.»

«Ich soll ihm wohl 'n Finger abhacken, was?» fragte Domagalski. «Mit dem Ehering dran.»

«Nein, aber Sie können ihm eine Haarsträhne abschneiden, die würde ich wiedererkennen.»

Er dachte nach. «Und dann sagen Sie hinterher, die könnte von sonstwem stammen.»

«Na ja, sein Gebiß wäre natürlich nicht zu verkennen.»

«Sein Gebiß?» rief Domagalski.

«Warum nicht …? Er hat eine herausnehmbare Brücke, ein sogenanntes Teilstück, aber das erkenne ich wieder, weil … wir haben da noch die Rechnung des Zahnarztes mit dem dazugehörigen Kostenvoranschlag und der … der Zeichnung aufgehoben.»

«Und wenn wir Ihnen die beiden … Sachen liefern, dann zahlen Sie die erste Rate?»

«Das verspreche ich Ihnen.»

«Okay, wir melden uns wieder bei Ihnen.» Domagalski legte auf.

Sie stiegen in Domagalskis alten VW und fuhren wieder zur Laube seiner Eltern, um sich die Spaten zu holen. Dabei hatten sie insofern Pech, als die Nachbarn zur Linken Geburtstag feierten und im Freien getanzt wurde. Domagalski, der sich nicht der Frage aussetzen wollte, wozu er so spät noch einen Spaten brauchte, wagte sich unter diesen Umständen nicht auf das Grundstück. So mußten sie warten, bis den Nachbarn die Bowle ausgegangen war, und es wurde drei Uhr morgens, ehe sie in den Jagen vorgedrungen waren, in dem sie Horst von der Lieth vergraben hatten. Hatten sie sich schon bei der Beschaffung der Geräte gestritten, so gerieten sie nun erst recht aneinander, als es um die genaue Bestimmung der Stelle ging, wo von der Lieth lag. Schließlich hatte keiner der beiden mit der Möglichkeit gerechnet, den Toten jemals wieder ausbuddeln zu müssen. Schließlich einigten sie sich darauf, daß nur ein längliches und irgendwie abgesenktes Stück Waldboden am Rande eines Brombeergebüsches in Frage kommen konnte. Sie gruben schweigend im Schein einer Taschenlampe, die Domagalski in eine Astgabel geklemmt hatte. Während im Osten schon das erste Licht des Morgens heraufdämmerte, häuften sie mit jedem Spatenstich höhere Hügel neben sich auf.

«Leuchte mal rein in die Grube …» sagte Domagalski.

Moldenhauer nahm die Lampe aus dem Baum. «Immer noch nichts.»

«Aber das ist doch die Eiche hier, wo wir ihn verbuddelt haben, verdammt noch mal!» fluchte Domagalski.

«Sicher isse das – die, wo der Blitz eingeschlagen hat, siehste doch.» Moldenhauer ließ den Kegel seiner Lampe den Baum hinaufgleiten. «Und der Boden ist auch noch ganz locker.»

«Aber der olle Lieth is nicht mehr da», stellte Domagalski fest.

«Versuch's mal 'n Stückchen weiter rechts, der kann doch nich davongeflogen sein.»

«Du Komiker, du!» Domagalski grub weiter.

«Da kommt ja sein Schuh raus!» schrie Moldenhauer.

Sie hatten Horst von der Lieth wiedergefunden. Noch ein paar Spatenstiche, dann ließen sie sich in die entstandene Vertiefung hinabgleiten, um mit den Händen nach den Dingen zu wühlen, die Frau von der Lieth haben wollte.

Da traf sie, hart wie der Knall eines Starfighters, der die Schallmauer durchbrochen hatte, eine Stimme aus einem Megaphon. «Achtung, hier spricht die Polizei! Sie sind umstellt! Bleiben Sie mit erhobenen Händen stehen, wo Sie sind!»

«Es folgten Sekunden absoluter Stille.

Dann befahl der Polizeibeamte: «Alle Scheinwerfer an!»

Sie standen da, hell angestrahlt wie zwei Fighter im Boxring.

«Scheiße!» fluchte Domagalski.

«Jetzt hängen die uns noch den Mord an ...» brachte Moldenhauer zitternd hervor.

«Mich kriegen die nich, die Schweine, ich hab ja noch meine Beretta.» Domagalski setzte an zum Sprung aus der Grube. Das Brombeergebüsch war ja so nah. «Los, komm ...!»

Moldenhauer wollte ihn zurückhalten. «Dommi ...!»

Dann fielen Schüsse, dann hörte man Schreie bis herunter zum Schwarzen See.

Martin Moldenhauer drehte seine Runden auf dem länglichen Schlackenplatz zwischen den Verwahrhäusern III und V, oft im Slalom zwischen den Häftlingen hindurch, die hier Fußball spielen durften. Doch auch das Laufen entspannte ihn nicht, lenkte ihn nicht ab, sosehr er auch schwitzte und keuchte. Bilder verfolgten ihn, Bilder jagten ihn; Kurzfilme, die ihn folterten.

Da war der Kommissar – überlegen, gelangweilt, korrekt, nicht unfreundlich. «Fairerweise sollte ich Ihnen noch sagen, daß Herr Brendel, der Prokurist Brendel, inzwischen ebenfalls ein volles Geständnis abgelegt hat. Er ist es gewesen, der von der Lieth im Wald ermordet hat – kaltblütig und geplant ermordet hat. Er hatte gehofft, die Witwe dann heiraten und so Mitinhaber der Firma werden zu können. Daß die lebenslustige Frau nicht darauf eingehen und eigene Pläne für ihre Zukunft haben könnte – auf die Idee ist er gar nicht gekommen. So hat er sich für die Tatzeit ein sehr geschicktes Alibi vorbereitet: Er hat eine Rede, die von der Lieth zwei Tage später halten sollte, auf Band gesprochen, dann die 20-Uhr-30-Nachrichten im Radio gehört und dabei ganz ‹zufällig› vergessen, das Band auszuschalten. Alles zurechtgeschnitten, natürlich. Sie können sich vorstellen, wie überrascht Brendel war, als er sein schönes Alibi gar nicht mehr benötigte und plötzlich Sie und Ihr Freund mit Ihrer Forderung ankamen. Natürlich mußte er mitspielen, es blieb ihm ja nichts anderes übrig. Aber er hatte nicht vor, irgendwelchen Pseudokidnappern eine halbe Million zu zahlen – von einem Geld, das er selbst bald einzustecken hoffte. Die Übergabe vereitelte er, indem er absichtlich diesen Unfall baute. Er konnte ja nicht wissen, daß er uns eigentlich einen großen Gefallen damit getan hatte. Er wußte nicht, daß Frau von der Lieth sich Dr. Matzner anvertraut und dieser ihr dringend geraten hatte, die Polizei hinzuzuziehen und mit keinem Menschen darüber zu reden, auch nicht mit Brendel. Damals gingen wir alle noch von der Annahme aus, daß tatsächlich ein Fall von Entführung vorlag. Jetzt konnten wir auf Frau von der Lieth einwirken, daß sie von den Kidnappern weitere Beweise verlangen sollte – zum Beispiel das Gebiß. Für uns hieß das, Sie mußten zu seinem Versteck gehen und es holen – daß Sie uns zu seinem Grab führten, war ein böser Schock. Tja, wie es weitergegangen ist, wissen Sie ja selbst. Und was Sie für ein Glück gehabt haben, daß Sie nicht schließlich noch für den Mord verurteilt wurden, den Sie nicht begangen haben, brenzlig genug sah's ja für Sie aus. Seien Sie froh, daß die attraktive Ursula von der Lieth einen Freund in Amsterdam hat, zu dem sie jetzt gehen wird. Diese Enthüllung hat Brendel den Rest gegeben, so daß er endlich gestanden hat.»

Da war Domagalskis Beisetzung. Auf dem Dreieinigkeits-Friedhof. An einen Beamten gekettet, hatte er daran teilnehmen dürfen. Sonst war kein Kumpel weiter gekommen. Von Dommis Verwandten auch nur seine Eltern, denen es aber gelungen war, einen jungen Pfarrer aufzutreiben, der dann am Grab gesagt hatte: «Allen denen, die heute nicht von ihrem Freunde Abschied nehmen, rufe ich zu: Seid barmherzig, wie auch euer Vater barmherzig ist. Und richtet nicht, so werdet ihr auch nicht gerichtet. Verdammt nicht, so werdet ihr nicht verdammt. Vergebt, so wird auch euch vergeben.»

Da war Lona mit ihrer Aussage im Gerichtssaal. «Also, das is ja wohl 'n Ding, mir noch was anhängen zu wollen! Von wegen: ich hätte 'n Drittel vom Lösegeld verlangt! Von so Sachen laß ich die Finger. Meine Devise ist: Ehrlich währt am längsten.» Sie hatte derb und aufrichtig geklungen, und man hatte ihr geglaubt.

Da war der Reporter, der durchs Gefängnis gegangen war und ein paar Worte mit ihm gewechselt hatte. Und was der dann in seiner Zeitung geschrieben hatte, war einen Tag später allen bekannt: «Das schafft Martin Moldenhauer nie, drei Jahre in dieser Zelle zu sitzen und fit zu bleiben. Wenn er wieder draußen ist, hat er keine Kondition mehr, die großen Kämpfe sind dann flöten, er ist weg vom Fenster. Kriminologen, Soziologen, Sozialpsychologen und alle die, die tagtäglich als kritische Beobachter in unseren Gefängnissen tätig sind, wissen, daß ein großer Teil der Insassen eine perfekte Ausbildung zum Berufsverbrecher erhält – also keine Resozialisierung zum ehrbaren Bürger, sondern eine Sozialisation zum Kriminellen. Und wenn Moldenhauer aus dem Knast kommt, dann ist er allein, sein Freund ist tot, seine Frau wird längst wieder verheiratet sein, und seine Arbeitskollegen werden sich von ihm distanzieren. Mit anderen Worten: Der Mann, an sich unheimlich talentiert, ist erledigt; man hat ihn eigentlich genauso ermordet wie diesen Herrn von der Lieth.»

Es war ein mieser Tag für Martin Moldenhauer.

Nach dem Lauf kam sein Gymnastikprogramm. Schon bei den Übungen, die Schulter und Rumpf gelten sollten, keuchte er. Noch mehr quälte er sich, als er, wacklig im nassen Sand sitzend, die Beine, mal grätschend, mal anziehend, an die sechzig Sekunden über den Boden hielt. Schließlich sprang er fluchend auf und wischte sich den Schweiß von der Stirn. Unter den Achselhöhlen hatten sich die Ärmel seines Trainingsanzuges bereits dunkel verfärbt. Den Kaugummi ausspukkend, ließ er sich in den Liegestütz fallen. Er pumpte ein Weilchen wie ein startbereiter Käfer. Beim fünfzehnten Versuch gab er auf.

Mein fünfter Mord

1 **Mannhardt saß am Frühstückstisch** und aß sein Lachsbrötchen mit einem solchen Wohlbehagen, daß er allmählich jenen Laut vernehmen ließ, der Katzen eigen ist, ein orgiastisch-stilles Vorsichhinbrummen.

Dieses kreatürliche Einssein mit Gott und der Welt hielt indes nicht lange an, denn schon war er beim Lokalteil des Berliner *Tagesspiegel* angekommen, und da erwies sich die heile Welt als schon gar nicht mehr so heil: Serie von Wohnungseinbrüchen im Märkischen Viertel – Im LSD-Rausch drei Kinder zum Teil schwer verletzt – 580 Gramm Heroin sichergestellt.

Nun ja, wenigstens kein Mord dabei und damit neue Arbeit. Doch andererseits war es auch bedauerlich, daß in Berlin-West wieder nichts geschehen war, was weltweit als spektakulär gelten konnte, und fast schien es so, als wäre seine Stadt nun auch noch drauf und dran, ihre letzte große Chance zu verspielen, nämlich die, das New York der BRD zu werden; was Mannhardts Traum wie Alptraum gleichermaßen war.

Sein Sohn kam die Treppe herab, inzwischen vierzehn geworden und damit dem konventionellen Zwange enthoben, sich einen Gutenmorgengruß oder gar ein Küßchen abringen zu müssen.

«Ist dir nichts aufgefallen?» fragte er, ohne seinen Vater auch nur eines Blickes zu würdigen.

«Nein ...», erwiderte Mannhardt, zum Sportteil übergehend (neuer Ärger über HERTHA).

Der Tag konnte wirklich wunderschön werden, wenn hirnrissige Dialoge dieser Art bis zum Abend gehäuft auftraten.

«Da ist ein Mann von einer Wespe gestochen worden», sagte Michael.

«Ist das nicht früher auch schon mal vorgekommen – so Anfang der fünfziger Jahre …?» Das war Mannhardts Art der Aggression.

«Wie witzig!» sagte Michael, um scine Corn-flakes bemüht und keineswegs so verstimmt, daß er nun geschwiegen hätte; dazu war sein Mitteilungsdrang denn doch zu groß. «Der Mann kommt ins Büro, faßt in seine Stullentüte, schreit auf – und eine Stunde später ist er tot!»

«War Sprengstoff drin …?»

«Quatsch! Da war 'ne Wespe drin, und die hat ihn dann gestochen. Schwerer Schock, Atemnot, Herzstillstand und so. Der war doch allergisch gegen Wespengift.»

«Künstlerpech!» Mannhardt sah in seiner Zeitung nach, fand aber nichts. «Haste im Radio gehört …?»

«Na, logo!»

«Rächen wir ihn», sagte Mannhardt, nahm die Fliegenklatsche, die aus rotem Plastik war, und erschlug eine Wespe, die sich vergeblich mühte, das dicke Glas des Küchenfensters zu durchstoßen.

«Ist dir immer noch nichts aufgefallen …?»

«Nein …»

Michael dachte ‹Blödmann du!›, wie ihm deutlich anzusehen war, und er erinnerte Mannhardt damit nur allzusehr an seinen Chef, den Herrn Leitenden Kriminaldirektor Dr. Weber. Nun, Michael Mannhardt war ein wahrer Krimifreak, las das Zeugs, wann immer und wo immer er konnte, und war derart fasziniert von den Übermenschen dort, daß er den eigenen Vater, diesen simplen Oberkommissar der Kripo Berlin, fast zwangsläufig verachten mußte. So schien es diesem jedenfalls.

«Nie was von M. gehört oder gelesen?»

«Nein …» Mannhardt mochte keine Krimis. «M. …? Doch, das ist doch 'n berühmter Film – Fritz Lang, Peter Lorre …»

«Quatsch mit Soße! M. is'n Pseudonym oder wie das

heißt; einer, der affengeile Krimis schreibt; aber keiner weiß, wer dahintersteckt.»

«Vielleicht einer, der Meier oder Müller heißt – guck doch mal im Telefonbuch nach …!»

«Wie witzig!»

«Sagtest du bereits …»

«Nu' laß mich doch endlich mal ausreden!»

«Bitte …!»

«Also: Der M. hat da einen Typen erfunden, Radunske heißt der, und der begeht jetzt einen Mord nach'm anderen. Hab' ich alle gelesen – irre, du, echt! Und in dem Buch *Mein dritter Mord*, da weiß der Radunske, daß sein Chef Wespenallergiker ist. Und was macht er? Er schmuggelt dem 'ne Wespe in die Frühstückstüte! Worauf der Typ dann prompt auch abgeht. Genau wie eben im Radio!»

«Wie – da is auch noch einer …?»

«Nein, da hamse das nur angesagt!»

«Ja – und …?»

«… biste nun bei der Mordkommission oder nich?»

«Bin ich, ja, aber meinste wirklich, daß deine Phantasie da ausreicht, den ganzen Apparat …?»

«Da muß man doch nachhaken.»

«Kein Mensch muß müssen, es sei denn, er ist Beamter. Aber dann auch nur auf Weisung von oben …»

«Willste also nichts unternehmen gegen den Wespenmörder da …?»

«Nein …» Mannhardt gähnte anhaltend.

«Aber das war doch hier in Berlin!»

Mannhardt riß das Kalenderblatt herunter und überflog den Spruch zum Tage.

Es gibt nichts Aufmerksameres, Wachsameres, Empfänglicheres als Kinderaugen. Kalinin.

Kaliningrad, Königsberg – der also! Der Kalender war ein Geschenk seiner Schwiegermutter aus der DDR, genauer gesagt: aus Berlin, Berlin-Ost, das ja – zu Mannhardts geheimer Freude – Berlins Hauptstadtfunktion noch immer deutlich unterstrich.

«Wollt ihr also wirklich nichts machen?»

«Gott, Kind!»

«Das ist aber bestimmt 'n Nachahmungstäter, der mit der Wespe», beharrte Michael, «der hat den M.-Roman gelesen und das dann genauso gemacht wie der Dr. Radunske.»

«Kannst ja mal die *BZ* anrufen, die machen da 'ne tolle Reportage draus – erste Seite, Riesenlettern: *Sein Vorbild heißt Radunske!*»

Mannhardt erhob sich, nahm seine Aktentasche und machte sich fertig, in die Innenstadt zu fahren und dort seinen Dienst zu versehen.

2 Es war ein ruhiger Morgen in der «Backenköhler'schen Buchhandlung von 1895», und Hans-Heinz Müller, Mitte Zwanzig und schon seit Jahren Jungbuchhändler hier, hatte Zeit und Muße genug, die hölzerne Stiege zur Antiquariatsgalerie hinaufzuklettern, sich dort auf den Boden zu setzen und in längst vergessenen Romanen vergangener Zeiten nach Ideen zu suchen; sein Chef war zum Zahnarzt gegangen.

Müller war ein Bücherfetischist. Den Geruch von Papier und Druckerschwärze sog er fast so süchtig ein wie ein junger Schnüffler seine Lösungsmitteldämpfe. Und gab es anderen den berühmten Kick, den Speed, wie es neudeutsch hieß, wenn sie bestimmte erogene Zonen einer Frau berührten, so ihm, wenn sich Gelegenheit ergab, die Plastikhülle eines grad gedruckten Buches aufzureißen, die spröde Haut der Seiten in Besitz zu nehmen und zu genießen, was sie ihm zu geben hatten.

So richtig high aber wurde er nur, wenn es eines seiner eigenen Bücher war, ein von ihm geschriebenes, das er solchermaßen – gierig und anbetend zugleich – hinter dem hintersten Regal der Backenköhler'schen Buchhandlung in die Hände nahm. Wobei die höchste Steigerung wie die Einmaligkeit seines Genusses ganz sicher darin begründet lag, daß er bei diesen Berührungen etwas ebenso Abenteuerliches wie Verbotenes tat und von niemandem dabei ertappt werden durfte, vor allem vom hochsensiblen Backenköhler nicht, denn damit wäre wohl – man denke an das hohe Maß seiner Erregung! – verraten gewesen, wer sich hinter jenem mysteriösen M. verbarg, das nun schon seit Monaten die Bestsellerlisten zierte.

Nun, sicher, der kundige Leser wird wissen, daß Buchautoren ihre Belegexemplare im allgemeinen vorab vom Verlag erhalten und sich der eben im Falle M. geschilderte Sinnestaumel bei der Berührung eines jungfräulichen Exemplares damit privat und so in aller Stille vollziehen dürfte, aber dies setzt immer auch das Wissen der Lektorate um Namen und Adressen ihrer Autoren voraus – die aber hatte sein Verlag von ihm natürlich nicht, die waren das streng gehütete Geheimnis einer literarischen Agentur kleinsten Ausmaßes, die eine gewisse Lea Malgadey, 44, betrieb.

Außer ihnen beiden, so ihr Schwur, als *Mein erster Mord* erschienen war, sollte niemand wissen, wer sich hinter M. verbarg; zumindest so lange nicht, wie die vielen hunderttausend Leser auf die nächste Tat des so genial-raffinierten Dr. Ing. R. Radunske warteten, ungeduldiger warteten als auf ihren nächsten Urlaub.

Die ersten Kunden kamen, es war Donnerstag, und Müller mußte eilends von seiner Galerie hinunterturnen, um sie, wenn nötig, zu beraten.

Unauffällig im Vorüberlaufen gab er dem Ständer mit den Kriminalromanen einen kleinen Stoß, so daß die Reihen mit den M.schen Morden besser ins Blickfeld potentieller Käufer gerieten.

Aber die drei Damen, die gerade eingetreten waren, sahen nicht so aus, als wären sie neuer Kriminallektüre wegen gekommen.

Und so war es denn auch, denn die älteste dcr drei erbat sich ein Kochbuch mit Altberliner Spezialitäten – angefangen von Soleiern bis hin zu Mohnpielen, wie sie von den schlesischen Dienstmädchen in die alte kaiserlich-deutsche Metropole gebracht worden waren –, zwecks Versendung an eine ehemalige Klassenkameradin aus Pankow, die es nach Bergedorf verschlagen hatte, 2050 Hamburg 80.

Die Dame mittleren Alters erwies sich, wie angesichts ihres dominanten Gebarens auch kaum anders zu erwarten war, als eine Studienrätin für Latein und Deutsch, die auf der Suche war nach einer wohlfeilen Kleist-Gesamtausgabe; was sie Müller dann auch in wohlgesetzten Worten kundtat.

Die jüngste Kundin war eine allerliebst aussehende deutsche Schülerin türkischer Nationalität, die nur haben wollte Wörterbuch.

Müller wußte alle Wünsche zu befriedigen, war beglückt und strahlte wie einer von der Heidenmission, dem die Gottlosen die frommen Traktätchen aus den Händen rissen, um sich daran zu erbauen.

Dann kam Backenköhler, schmiß einen Stapel frisch gekaufter Gazetten auf den Schreibtisch in der Kassenecke und begann auch schon zu schimpfen.

«Diese verdammten Zahnärzte – 'ne tausendseitige Doktorarbeit, aber bohren können sie nicht mehr! Meine Batzke wird ja immer ditzker!»

Backenköhler junior, 47, hatte viele Macken und Marotten und machte ganz bewußt auf genial-gescheitertes Genie. Physiker hatte er werden wollen, war auch ein besessener Tüftler, Mathematiker wohl auch, doch der Alkohol wie seine absolute Unlust, sich von irgendwem, der dümmer war als er, prüfen und diplomieren zu lassen, hatten eine Karriere verunmöglicht. So war ihm nur die väterliche Bücherhandlung verblieben – mitsamt der Chance, schrullig sein zu dürfen und damit noch 'n schönen Rebbach zu machen.

So war es unter den Insassen der umliegenden Büros zeitweilig gang und gäbe, Wetten abzuschließen, ob Backenköhler wohl an diesem Tage wieder so weit unter Strom stand, daß er seinen Te-Zett-Fimmel bekam, also Brützke statt Brücke sprach und sich als Walter C. Batzkenköhler bezeichnete.

War Kriminaldirektor Dr. Weber vom nahen Kripohauptquartier auch heute wieder aus diesem Grunde hier? Müller schien es fast so, denn der Fahnderhäuptling wandte sich an Backenköhler mit der Bitte, ihm doch freundlicherweise aus dem großen Katalog ein paar Titel zum Thema Rocker/Fußball-Rocker zu benennen.

Und richtig, beim Blättern murmelte Backenköhler dann auch hin und wieder vor sich hin: «Rocker oder Rotzker, hier …!»

Dr. Weber grinste.

Nach ihm kamen weitere Kunden angekleckert, und die meisten wünschten, erst mal selber Ausschau halten zu können, ohne von Müller beraten zu werden, so daß sich dieser nun endlich seiner absoluten Lieblingsbeschäftigung zuwenden konnte: dem Lauern auf Käufer seiner M.-Romane.

Da stand er dann verborgen hinterm Eckregal, fiebernd und erregt, einer nach Beute gierenden Großkatze ähnelnd.

Tausende von Büchern standen zur Auswahl, die Regale barsten fast unter der Last gewaltsam hineingepreßter Bände.

Die Drehständer kreisten, ein Taschenbuchcover war verlockend-schöner als das andere.

Die Pranken des Löwen schlugen ins Genick des Gnus, die Finger des Käufers umschlossen – endlich! – die Seiten *seines* Taschenbuches.

«Einmal *Mein dritter Mord*, bitte …»

Wie ein Flash war das für ihn, wie die blitzartige Wirkung einer eben injizierten Glücksdroge.

Und wenn dem Akt des Auswählens und Kaufens dann

noch Lobendes über den großen M. nachgereicht wurde, dann war Müller *echt drauf*, hatte er ein *wahnsinnig galaktisches Feeling* (so jedenfalls die Eintragungen in seinen Tagebüchern).

Kaum war es zehn geworden, da hatte er schon fünf dieser Orgasmen erleben dürfen; ja, Lea hatte recht, *Mein dritter Mord* – das war diese Wespengeschichte – schien echt ein Renner zu werden.

Frühstückspause. Backenköhler war nun einsatzbereit, und Müller konnte sich mit den Zeitungsbergen seines Chefs für einige Zeit ins Hinterstübchen zurückziehen, wo es zwar, da Backenköhler hier hin und wieder auf einer alten Couch auch nächtigte, dementsprechend kräftig roch, wo sich aber, betäubend, wie das war, sehr schnell die notwendige Entspannung der Nerven registrieren ließ, das Abschlaffen hin zu einer wohltuenden Schläfrigkeit.

Doch nicht lange ließ sich Müllers Adrenalinspiegel spürbar absenken, denn schon beim ersten Schrippenkauen war er in einer der großformatigen Wochenzeitungen auf eine Überschrift gestoßen, die ihn erneut elektrisiert sein ließ:

Katharsis durch Radunske

Katharsis, das wußte er als Freud-Vertrauter, meinte die Reinigung der Seele, das Sichbefreien von seelischen Konflikten und inneren Spannungen durch emotionales Abreagieren, und sosehr er die besagte Wochenschrift ansonsten auch verspottete als Selbstbeölungsblättchen fossiler deutscher Oberstudienräte oder Laberforum Toter Hosen, so gierig zog er sich jetzt rein, was da über seinen Romanzyklus geschrieben stand und über Radunske, den gräberfüllenden Protagonisten:

«… Worauf beruht nun, da man Kriminalromane hierzulande bestenfalls mit zwanzigtausend Exemplaren zu starten wagt, der Riesenerfolg von *Mein erster Mord, Mein zweiter Mord, Mein dritter Mord*? Sicherlich doch darauf, daß dieser Dr. Ing. Radunske, äußerlich ein ebenso ehrbarer und unauffälliger

Bürger wie wir, die wir dies hier schreiben und lesen, stellvertretend für uns alle genau das tut, was wir uns ständig streng verbieten, verbieten müssen um der Sicherung unserer bürgerlichen Existenz willen, was wir an Bösem schnell ins Meer unserer Seele verklappen – von wo es aber immer wieder aufsteigt, um uns zu quälen … So lange jedenfalls, bis wir einen anderen finden, der die gemeine Tat, die wir nicht tun dürfen, für uns begeht, uns damit dann erlösend. Am besten noch, er sühnt sie später auch für uns. Also: Fordern wir die Eliminierung Radunskes! Man möge ihn auf schlimme Art zur Strecke bringen!

Was an Radunske so fasziniert, ist wohl seine wissenschaftlich-kühle Besessenheit – dies ist kein Widerspruch! –, ins Guinness-Buch der Rekorde als der einzugehen, der die höchste Zahl perfekter Morde aufzuweisen hat, wobei sein besonderer Ehrgeiz auch noch darin liegt, besonders exotische Verbrechen vorzuweisen.

Dabei ist Herr M. – sofern überhaupt ein Mann dahintersteckt – so klug, seinen Radunske nicht etwa eine Schar von Sympathieträgern ins Jenseits befördern zu lassen, nein, in jedem Falle sind es ausgesprochene Ekelpakete, die da von der Bühne des Lebens verschwinden, Menschen, die direkt oder indirekt andere auf dem Gewissen haben, schurigeln oder ausbeuten; Gestalten, wie wir sie uns alle tagtäglich auf den Mond oder in die Hölle wünschen (was ja in jedem Falle gleichbedeutend mit ihrem sofortigen oder wenigstens ratenweisen Ableben wäre).

In *Mein erster Mord* zieht Radunske als Taucher mit Preßluftflaschen auf dem Rücken im Berliner Grunewaldsee den Dealer in die Tiefe, der seinen Sohn den achtzehnten Herointoten des Jahres hatte werden lassen.

In *Mein zweiter Mord* teilt er einem sehr alerten Manne auf dem gestohlenen Briefpapier seines Amtsarztes mit, daß er unrettbar an Syphilis erkrankt sei und man ihm dieserhalb die im Parterre seines Mietshauses geplante Eröffnung eines

Speiselokals leider untersagen müsse – worauf der solchermaßen Geschockte postwendend Selbstmord begeht und damit dasselbe Ende findet wie Radunskes Mutter, die er mit seinen permanenten Kündigungsdrohungen und -schreiben voll auf dem Gewissen hatte.

In seinem letzten Roman nun – logischerweise *Mein dritter Mord* betitelt – plaziert Radunske eine noch sehr lebendige Wespe zwischen die Frühstücksbrote seines Chefs, und der allseits verhaßte Mann stirbt dann alsbald am Wespenstich, da er extremer Allergiker ist.

Da im Klappentext dieses letzten M.-Romans groß zu lesen steht, daß weitere Bücher folgen sollen, brauchen wir um die seelische Gesundheit des bundesdeutschen Staatsvolkes wohl kaum weiter zu bangen, denn Radunske – zumal wenn es zur angekündigten bzw. angedrohten Verfilmung seiner Taten kommen sollte – garantiert ja weiterhin unsere kollektive Katharsis. Einem Humanisten dürfte aber dennoch die leise Frage erlaubt sein, ob man in diesem Falle nicht doch lieber …»

Hier mußte Müller abbrechen, denn das Schrillen des Telefons unmittelbar vor ihm ließ ihn zusammenfahren, als hätte es nahebei eine Explosion gegeben.

«Backenköhler'sche Buchhandlung – Hans-Heinz Müller …»

«Sind Sie alleine?» fragte eine weibliche Stimme, die ihm zwar bekannt vorkam, die zu hören er aber keineswegs erwarten durfte.

So reagierte er erst einmal hinhaltend-neutral. «Welcher Mensch wäre nicht alleine …?»

«Erkennen Sie mich denn nicht?»

Das war doch sicher eine Falle! Dutzende von Reportern und Journalisten jagten ihn ja; schlimmer, als sie damals Traven gejagt hatten.

«Tante Gerda?» fragte Müller und fand das unheimlich clever.

«Nein, Lea!»

«Welche Lea?»

«Na, Lea Malgadey! Kennwort: Edgar Allan Poe!»

«Ach so – warum'n nich gleich?»

«Können wir 'n Moment sprechen ...? Ich ruf nämlich aus 'ner Zelle an; meine Leitung wird, glaub ich, überwacht ...»

«Wieso'n das?»

«Na, weil ich natürlich den Mund gehalten habe, als die Polizei hier war!»

«Die Polizei ...!?» Je naiver Müller sich gab, desto länger konnte er die Sekunde hinauszögern, in der er hören würde, was er insgeheim schon so lange befürchtet hatte.

Die Malgadey, irgendwie mit einem ungarischen Ahnen behaftet, wurde nun ebenso temperamentvoll, wie sie zu sein hatte, wenn Klischees noch einen Wert haben sollten. «Herrgott noch mal, haben Sie denn heute noch nicht die *BZ* studiert?»

Müller schnappte nach Luft. Das hatte ihn stärker getroffen als einen strenggläubigen Moslem die Frage, warum er denn immer noch nicht sein Vaterunser gebetet habe.

«Hallo, sind Sie noch dran?»

«Ja, sicher. Nein, hab' ich nich' gelesen – was stand'n drin?»

«Überschrift: Radunske als Vorbild – Drei Morde in Berlin, wie sie bei M. im Buche stehn!»

Müller vermochte nichts zu erwidern, hustete, fühlte einen Asthmaanfall nahen, Angina pectoris.

Die Malgadey fuhr fort: «Dreimal dasselbe Opus moderandi – haargenau kopiert! Das mit dem Taucher, das mit dem gefälschten Behördenbrief und der tödlichen Krankheit, das mit dem Wespenallergiker ...»

Müller röchelte und keuchte, die Muschel zugehalten, rang krampfhaft nach Luft; bekam die Bronchien endlich wieder freigehustet.

«Mann, da is ja nun die Kacke gewaltig am Dampfen – oder?»

«Sicher.»

«Und nun?»

«Und nun? Und nun? Ist doch klar, daß wir keine Bücher mehr verkaufen, wenn erst mal rausgekommen ist, daß M. nur Hans-Heinz Müller ist und nicht einer der ganz Großen dieser Welt – was da nicht alles für Gerüchte kursieren! Natürlich hab ich vorhin den Mund gehalten, als die Kripo bei mir war, aber bald werd ich die ganze Justiz am Halse haben, denn die sind alle davon überzeugt, daß *Sie* die drei Morde begangen haben – Sie, der M. also ...»

Crash!

Müller fühlte, wie sich viele scharfe Metallteilchen in seinen Körper bohrten.

«... und morgen wird ausgerechnet auch noch *Mein vierter Mord* ausgeliefert werden – die Sache mit den Pilzen ...»

3 Was Pilze anbelangte, genauer gesagt die Höheren Pilze oder Eumycetes, so konnte Christian Lachner, von Hause eh schon Biochemiker, hierzulande schlechthin als *der* Kenner gelten, und nicht zu Unrecht stand sein Standardwerk *Heimische Speisepilze I und II* im Schrank jedes eingefleischten Sammlers oder Mykologen.

Wenn nun Lachner in den letzten Wochen weit häufiger durch die Wälder des Berliner Nordens strich, dann jedoch nicht, um mit seinen Funden und Erkenntnissen einen dritten Band zu füllen, sondern aus einem ganz anderen Grunde: Seit er kurz vor Weihnachten auf dem Hermsdorfer Damm eine über die Fahrbahn huschende Fußgängerin angefahren und getötet hatte – mit über zwei Promille im Blut und eindeutig in der vollen Schuld –, war er nur noch auf der Flucht. Vielleicht weniger, weil ihn sein Gewissen unerträglich quälte – da gab es viele Mechanismen der Entlastung und Sprüche wie: *Gestorben wäre sie ja eh einmal, Tagtäglich sterben ja Tausende von Menschen* oder *Was rennt sie denn auch nachts so blöd übern Damm?* –, nein, nicht also seines anklagenden Über-Ichs wegen war er derart voller Panik, sondern vielmehr, weil er befürchten mußte, daß der Ehegatte der Getöteten, dicht hinter dieser gehend, vielleicht doch mehr mitbekommen hatte als nur ein paar Ziffern seiner Autonummer und die ungefähre Wagenart. Beweise gab es keine mehr, und ein Geständnis seinerseits durfte dieser Mann gewißlich nicht erwarten; was lag also näher für ihn, als die Sache selber zu betreiben – von Polizei und Staatsanwalt hatte er nichts mehr zu erhoffen. Also Rache, die er kalt genießen wollte?

Lachner hatte oftmals das Gefühl, von ihm verfolgt zu werden, vor allem in der Stadt, wo sich für einen Jäger leicht Tarnung finden ließ. Hier in den Wäldern aber, da war Lachner vor dem anderen sicher, um vieles sicherer jedenfalls, denn hier kannte er – besser als der Revierförster wohl – die Geheimnisse aller Jagen und Wege, da konnte ihn niemand erwischen.

Nur seiner Frau gegenüber brauchte er ein Alibi, und das waren, ganz logisch, die vielen kostenlosen Pilzmahlzeiten, die er ihr solchermaßen verschaffte. Ja, mitunter waren es so gut gefüllte Körbe, die er mit nach Hause brachte, daß sie den Nachbarn noch etwas davon verkaufen konnte. Die hatten nicht den geringsten Zweifel an der Güte dieser Ware – oder andersherum: nicht die Spur von Angst, den Gifttod zu erleiden –, denn, siehe oben, Lachner galt ja als absolutes mykologisches As.

Auch heute, am Samstag, schleppte er so viele Pilze an, daß es dicke für sie beide reichte; Kinder hatten sie keine.

Am Tisch sitzend, nahm er von jeder Pilzsorte je ein Exemplar sorgsam aus dem Korb und benannte es seiner Frau, die – was Wunder! – sich in all den langen Ehejahren nicht im allergeringsten darum bemüht hatte, sich ein eigenes Pilzwissen anzueignen.

«Ein schöner Hallimasch, ein Grünling, ein Frauentäubling – toll, was? –, eine Herbsttrompete, auch Totentrompete genannt, aber trotz dieses Namens und seiner abstoßenden Farbe – dieses rußige Schwarz hier! – ein guter Speisepilz (antharellus cornucopioides), ein Echter Reizker, ein paar Schafporlinge und jede Menge Steinpilze und Maronen …»

«Sehr schön …»

Um ganz sicherzugehen – da war er von einer fast schon neurotischen Pingeligkeit –, daß ihm beim Sammeln nicht doch ein Fehler unterlaufen war, schüttete Lachner all sein Sammelgut noch einmal auf den Küchentisch und nahm dann Pilz für Pilz einzeln in die Hand, um ihn mit akribischer Wissenschaft zu untersuchen.

Natürlich hatte er sich auch beim ersten schnellen Zugriff im Dämmerlicht des Tegeler Forstes nicht getäuscht: allesamt waren sie eßbar.

«So!» sagte er und tat die Ernte in den Korb zurück. «Du kannst jetzt mit dem Säubern beginnen. Als was machst du sie denn heute …?»

Seine Frau brauchte einige Sekunden, bis sie antworten konnte, denn allzu groß war die Auswahl noch nicht ausprobierter Pilzmahlzeiten nun gewiß nicht mehr.

«Vielleicht als Pilzschmarren …?»

«Prima!» Lachner strahlte. «Dann kann ich ja schnell noch mal wegfahren und mir neue Batterien fürs Kofferradio kaufen … Und dann noch neuen Rinderdung bestellen. So 'ne Dreiviertelstunde etwa …?»

«Ja, 'n bißchen dauert's schon noch – kannst dir ruhig Zeit lassen …»

Sie begann mit ihrer Arbeit, genau nach Kochbuch: *Die Pilze sorgfältig putzen, waschen, in nicht zu kleine Stücke schneiden und dabei wurmstichige Stellen entfernen.*

Knapp zwanzig Minuten, nachdem Lachner aufs Rad gestiegen und davongefahren war, durch ein defektes Ventil noch etwas aufgehalten, klingelte es vorn am Gartentor. Frau Lachner ging zur Wechselsprechanlage und nahm den Hörer ab. «Ja, bitte …?»

«Hier ist die Firma Heinrich – ich komme wegen Ihrem Kühlschrank!»

Ihr*es* Kühlschrank*es*, dachte Frau Lachner, die Studienrätin war für Deutsch und Geschichte, unterließ aber, obwohl es ihr schwerfiel, die augenblickliche Belehrung des Monteurs und betätigte nur mit einem weiteren emotionslosen «Ja, bitte!» den automatischen Türöffner.

Zwei Minuten später war der Mann in ihrer Küche angekommen und vergewisserte sich anhand herausgenommener Auftragsscheine noch einmal kurz, ob dies hier wirklich Lachner sei, wo die Tür des gerade gekauften Kühlschrankes so umgebaut werden sollte, daß die Tür nach links aufging und nicht – wie üblich – rechts anschlug.

«Ja, da sind Sie bei mir richtig», sagte Frau Lachner. «Hätte ich das Gerät nicht vorher abtauen sollen?»

«Nein, nein, gnädige Frau, in fünf Minuten ist alles erledigt.»

«Das Tiefkühlfach auch – da muß doch die Tür ebenfalls umgedreht werden ...?»

«Machen wir gleich mit, ist doch selbstverständlich!»

Der Mann machte einen derart soliden Eindruck auf Frau Lachner, daß sie es sogar riskieren konnte, ihn einen Augenblick allein zu lassen (Schmuck, Geld und Wertpapiere waren ja eh woanders gelagert), denn vom Zaun her rief ihre Nachbarin nach ihr.

So ging sie für ein paar Sekunden auf die Terrasse hinaus.

Der Monteur hatte sie, wie den Topf mit den Pilzen, die ganze Zeit über unauffällig im Auge gehabt.

Jetzt, wo er sich unbeobachtet glaubte, griff er schnell in seine Werkzeugtasche und brachte einen gleichmäßig zerlegten Pilz zutage, den er dann unter die vielen Pilzstückchen mischte, die bereits im Topf waren. In nicht einmal zehn Sekunden war dies erledigt.

Frau Lachner kam zurück und schüttete die Pilze mit einer schnellen Bewegung in einen anderen Topf, in dem bereits kleingeschnittener Speck herrlich duftend brutzelte.

Friedlich in die ebenso bekömmlichen wie nahrhaften

Speisepilze eingebettet, die Herr Lachner vorhin gesammelt hatte, schmorte nun der vom Monteur untergeschobene Pilz; eine Art, von der es in den einschlägigen Büchern, wenn auch nicht bei Christian Lachner in seinen *Heimischen Speisepilzen I und II*, gemeinhin heißt:

Der Weiße Flachhütige Knollenblätterpilz (Amanita verna) hat die gleichen Charakteristika wie der Grüne Knollenblätterpilz (Amanita phalloides) – auch hier genügen bereits 20 g des jungen Pilzes, um den Tod herbeizuführen.

4 Wer ist M.?

Jeder Mensch ist ein Jäger, und wird sein Jagdtrieb durch die ausgesetzten Preise nur genügend angestachelt, so wird es schlimm für die Gejagten. Nun war es zwar im Falle M. ein quasi sportliches Treiben, was da einsetzte, aber bei einem derart auserwählten Verfolgervolk wie den Deutschen geriet selbst solcher Spaß viel eher mörderisch als anderswo.

Alle jagten sie ihn. Die Journalisten, weil ihren Blättern die M.sche Story – exklusiv! – viel Geld versprach; die Polizisten, weil sie ihn für einen Mehrfachmörder hielten; die geldbedürftigen Mitbürger, weil sie gerne die von verschiedenen Zeitungen und Gazetten ausgesetzten Preise – bis zu 10 000 Mark – gewonnen hätten – und schließlich auch die Fans, die ihn umarmen wollten.

Und oftmals stellte sich Müller, Kopf und Oberkörper spiralenförmig gedreht, zwischen zwei seiner Spiegel, um zu überprüfen, ob er nicht das mysteriöse M. hinten auf dem Rücken trug. Vielleicht aber erschien's auch mal als Kainsmal auf seiner Stirn. Auch da war laufend nachzuforschen.

Manchmal, wenn er mit der U-Bahn fuhr und solche Menschen traf, die im sozialwissenschaftlichen Sprachgebrauch die SVs waren, die sozial Verachteten, dann war er nahe dran, auf einen dieser armen Teufel zuzugehen und ihm – genau wie Schillers Räuber Moor («Dem Manne kann geholfen werden!») zu sagen: «Ich bin der M. – komm, hol dir das Geld!» Aber das ließ er dann ein jedes Mal, denn dieser Zustand des Von-allen-Gejagtwerdens war – bei aller Angst! – zugleich auch süßes Abenteuer.

Rein logisch hatte niemand eine Chance, ihn zu erwischen, es sei denn, er geriet doch einmal in Panik und verlor die Nerven.

So, gleichermaßen unter der Last wie der Lust des M.-Seins stöhnend, erwachte er auch an diesem Morgen. Sein erster Blick ging zu seiner Geliebten hinüber, über die er gestern vor dem Lichtauslöschen noch schnell ein Tuch geworfen hatte, seiner Schreibmaschine. Zwar schon ein ältliches Modell, aber wenigstens elektrisch, so daß seine Tippgeräusche die Nachbarohren kaum erreichten.

Oder doch? Frau Ratzlaff hatte ihn ja vor Jahren schon mal gefragt, ob er denn nicht etwa auch Schriftsteller sei. «Nein, Buchhändler, nichts weiter. Ich muß bloß manchmal für'n Sportverein das Mitteilungsblatt machen, also was schreiben dafür …»

Neben der Maschine lagen die ersten Seiten von *Mein fünfter Mord.*

Sogar der Einkauf des Schreibmaschine- und Kohlepapiers war nun schwierig geworden, denn kam er mit einem Riesenstapel davon zur Kasse, dann mußte die Dame dort doch unvermeidlich etwas wittern.

Litt er vielleicht an dem, was gemeinhin Verfolgungswahn hieß? Er sprang auf, lief zum Bücherbord und suchte in der Vielzahl seiner diversen Lexika nach einem, das näher einging auf Paranoia und Verfolgungswahn, und fand dann im *Wörterbuch der Medizin*, dtv, Band 3, etwas, das ihn sehr erschreckte: *Verfolgungswahn:* eine nicht ableitbare krankhafte Überzeugung des Verfolgtwerdens bei Schizophrenie (Paraphrenie), Depression …

Schizophrenie, Paraphrenie!

Nachschlagen …!

Paraphrenie: Wahnkrankheit als Form der Schizophrenie, bei der die übrige Persönlichkeit (insbesondere das Affektleben) weitgehend erhalten ist. Der Wahn wird daher klar, oft systematisiert vorgetragen.

Vielleicht war er gar nicht der M.? Hatte sich das alles nur eingebildet …

Er schmiß das Buch in die Ecke, wo es auf dem letztwöchigen *Spiegel* zu liegen kam, in dem man den M.-Romanen klare und systematische Gedankenführung nachgerühmt hatte …

Nach dem Pilzmord war es mit den Veröffentlichungen über ihn und seine Bücher bundesweit erst so richtig losgegangen, denn von der Presse aufgescheucht, hatten die Kripoleute schnellstens *Mein vierter Mord* gelesen und dann tatsächlich Spuren des Giftpilzes im Mittagsmahl der Familie Lachner gefunden.

Müller begann, sich fit zu machen für den langen Tag bei Backenköhler, auch hier sehr ambivalent in seinen Gefühlen. Einerseits liebte er das Bücherverkaufen, doch andererseits hätte er die dabei verbrachte Zeit wohl besser nutzen können, wenn er zu Hause blieb und schrieb. Zu kündigen aber verbot ihm die Vorsicht, denn dann wären sie doch alle sofort hellhörig geworden und hätten ihn als M. entlarvt.

Er aß sein Müsli und betrieb weiterhin Schwachstellenforschung.

Die Malgadey? Nein, die würde auch den Mund halten, wenn man sie auf die Folterbank spannte, denn zu groß waren ihre ökonomischen Interessen. Ein geplatztes Pseudonym war so wertlos wie ein geplatzter … Müller verbot sich, dieses Wort auch nur zu denken.

Seine Freunde? Die meisten waren in Westdeutschland (wie alle Berliner nahm er das politisch und nicht geographisch, meinte also auch Orte wie Konstanz, Koblenz, Kassel, Kaltenkirchen) und damit weit weg vom Schuß. Und die hiesigen, die ahnten nichts; kamen sie zum Skat zu ihm, war natürlich alles gut versteckt, was ihn verraten hätte.

Bettgeständnisse brauchte er derzeit auch nicht zu befürchten, denn seit Sandra sich ausgeklinkt hatte und mit einem Ökofreak irgendwo im Bayerischen Wald Wildkräuter suchte, trieb er es nur noch mönchisch.

Blieben seine Bankkonten, die – sosehr er auch gestreut hatte – immer noch voller waren, als es einem Jungbuchhändler eigentlich anstand. Nun ja, dem Bankgeheimnis konnte man wohl immer noch trauen, bei so relativ kleinen Summen zumindest, denn – bei allem Erfolg – reich werden konnte man hierzulande als Taschenbuchautor gewißlich nicht.

Mit dem Frühstück war er am Ende. Jede Aktentasche verschmähend, nahm er seine gewohnte Plastiktüte, packte Frühstücksbrot und *Spiegel*-Exemplar hinein, urinierte noch einmal, denn weder Bahn noch Bus boten ja Toilettenluxus, und schlug dann die Wohnungstür hinter sich zu. Schöneberg, erster Hinterhof, dritte Etage – die Wahrscheinlichkeit, hier M.-Fans zu begegnen, war nicht groß; hier war Jerry Cotton einsamer Herrscher.

Was allerdings nicht viel bedeuten mußte, denn natürlich konnte man den M. auch jagen, ohne je eines seiner Bücher in der Hand gehabt zu haben. Zumal ja wohl feststand, daß er die fiktiven Morde seines Radunske Zeile für Zeile nachvollzogen hatte – die fünf Toten, die sie in den Krematorien Wilmersdorf und Wedding eingeäschert hatten, waren echt gewesen.

Die beiden Nachbarinnen, die er traf, schienen ihm länger als sonst hinterherzusehen, und der Herr mit dem Dackel wollte ihn – das war bisher noch nie geschehen! – in ein Gespräch verwickeln, ein Gespräch über die steigenden Kriminalitätsraten hier und anderswo, ausgerechnet!

Müller entfernte sich schleunigst mit Hinweis auf seinen nahenden Bus (zu schnell womöglich?).

Aber sollte er sich wirklich dieser Riesengefahr aussetzen, in Bus und Bahn (in der U-Bahn vor allem) von Hunderten von Menschen angestarrt zu werden, die sicherlich in ihrer Mehrzahl M.-Jäger waren? Andererseits, fuhr er in seinem

Aufzug – Jeans plus Plastiktüte – Taxe, so machte er sich erst recht verdächtig.

Also blieb er beim Massentransport.

Auf den Sitzplätzen sah er viele, die just jene Seite ihres Boulevardblatts vor Augen hatten, auf dem nach ihm gefahndet wurde. Dort, wo an sich sein Paßbild hingehört hätte, war nur der Umriß eines Kopfes zu erkennen.

In der U-Bahn, sich an eine Haltestange klammernd, konnte er sogar mitlesen. Die Zeitung selber zu kaufen wagte er nicht.

Da hatten die doch tatsächlich all die Städte aufgelistet, in denen Radunske – von Berlin mal abgesehen – aufgetreten war: Esslingen, Kronberg, Bramme, Neumünster, Wedel und Bad Bevensen. Und die dazugehörige These lautete dann: Da wir hier überaus authentische Beschreibungen in M.s Romanen antreffen, ist davon auszugehen, daß er diese Städte aus eigenem Augenschein genauestens kennt. (Was tatsächlich stimmte, wie Müller mit Entsetzen konstatierte.)

So konnte also jeder schnell mal BKA spielen und seine private Rasterfahndung beginnen.

Erstaunlich nur, daß Sandra noch nichts gerochen hatte, denn sie kannte natürlich seine biographischen Daten genauestens. Wahrscheinlich las man in der Landkommune keine Zeitung mehr, ebenso aus Prinzip wie aus Mangel an Zeit.

Und die Freunde alle? Da er im Fach Deutsch, was den Aufsatz betraf, bestenfalls als 3-plus-Typ galt, traute ihm ganz offenbar keiner von denen diesen Schreibsalto zu.

Müllers Herzschlag setzte aus.

Unser Telefongespräch mit M.!!!

Riesenschlagzeile; die *Bild*-Zeitung natürlich.

Auf dem nächsten Bahnhof sprang er aus dem Zug und kaufte sich – zum ersten Mal in seinem Leben – dieses Blatt.

Sein Organismus reagierte nun mit anfallartiger Atemnot. Nach Luft ringend, ließ er sich auf eine der hölzernen Wartebänke fallen und war noch nicht imstande zu lesen, was da über «ihn» geschrieben stand.

Ein Roman von Boileau-Narcejac fiel ihm ein – *Die trauernden Witwer* –, wo ein junger Mann mit einem unter dem Pseudonym XXX eingereichten Roman einen der begehrtesten Literaturpreise gewann und dann erleben mußte, wie ein anderer für ihn abkassierte; dabei ohne jede Chance, seinerseits nun Laut zu geben, denn – Mörder, der er war – hätte er sich solcherart nur selbst dem Henker zugeliefert.

Müller las nun doch den *Bild*-Bericht. M., so erfuhr er, sei gar kein Mann, sondern eine Dame.

Und wenn er das Interview Zeile für Zeile studierte, so bestand kein Zweifel mehr daran, daß diese Dame keine andere war als die Malgadey; was auch die *Bild*-Macher entdeckt haben mußten, denn rechts auf derselben Seite präsentierten sie Lea sehr sexy im Piroschkarock und fragten kokett: Wann kommt denn endlich Ihr Geständnis, gnädige Frau?

Müller sprang auf und stürzte zur Treppe, katapultierte sich quasi von Stufe zu Stufe ins Freie hinaus und kam erst wieder zur Besinnung, als er, in einer miefig-saunaheißen Zelle stehend, die Nummer der Malgadey wählte.

Hat das Aas dich wirklich reingelegt!

Sie hatten nie was Schriftliches fixiert, und nicht einmal die Kopien seiner Texte hatte er; die lagen allesamt bei ihr, ihm abgeluchst mit der Begründung, in ihrem Tresor wären sie am sichersten.

«Hallo – ja, bitte …?» Die Stimme der Malgadey.

«Ja, hier M.! Ich stehe hier an der Kurfürstenstraße in 'ner Zelle und …»

«Schon wieder so ein Spinner! Was soll denn der Quatsch!?»

Und aufgelegt.

Müller stand da, als wäre die Zelle schlagartig mit jenem Kunstharz ausgegossen worden, mit dem Hobbykünstler seltene Käfer und Pflanzen auf ewig fixierten.

«Nicht einschlafen, junger Mann!»

Es war Backenköhler, der, eine verspätete Öffnung seines

Ladens befürchtend, laut gegen die filzschreiberbeschmierten Zellenscheiben bummerte und ihn solchermaßen aus seiner selbsthypnotischen Erstarrung erlöste. Der tote Käfer mußte wieder krabbeln.

Der Chef wirkte mächtig aufgedreht heut morgen, was Wunder, war er doch gestern beim Weine mit zwei Herren der EUROMAG Berlin endlich zu Potte gekommen und hatte den lang ersehnten Auftrag erhalten, für die Grundausstattung der neu errichteten Werksbücherei Sorge zu tragen.

«Damit sind wir denn gerettet!» frohlockte er, auf die desolate Finanzlage seiner «Backenköhler'schen Buchhandlung von 1895» anspielend.

Noch bevor sie die ersten Kunden nach ihren Wünschen befragten, saßen sie dann auch schon beim Brainstorming beisammen und notierten die Ideen, mit denen das Riesenprojekt netzplantechnisch klug anzugehen war; Müller nun gezwungenermaßen wieder hinreichend funktionsfähig, wenn auch nicht gerade sprudelnd.

Im nachhinein dann sollte sich diese Arbeit als außerordentlich nützlich erweisen, als der beste Tranquilizer, den es gab, denn anders hätte er es gar nicht mit ansehen können, wie die Leute die M.-Romane nun kauften und kauften, ja, Backenköhler ihnen gleich neben der Kasse einen extra Tisch einräumen mußte, mit einem besonders hohen Stapel für *Mein vierter Mord*, denn seit nun auch der Pilzmörder hier in Berlin seinen Nachahmer gefunden hatte, siehe Tod der Eheleute Lachner, war das der absolute Renner, Platz drei der Bestsellerliste des *Spiegel*.

Müller bediente die Kunden, ohne daß sie Grund zu irgendwelchen Beanstandungen gehabt hätten, aber er tat es nur als Roboter; mit seinen Gedanken war er ganz woanders und bei gänzlich anderen Tätigkeiten. So einfallsreich, wie er sich bis jetzt erwiesen hatte, mußte es doch auch ein leichtes für ihn sein, die Malgadey ins Reich der Toten zu befördern.

Verbissen suchte er nach einer Möglichkeit.

Er wußte, daß sie unter tausend Ängsten litt, echte Phobien darunter; wenn er ihr nun ein paar kaninchenfette Ratten ins Apartment schmuggelte ... Ob sie dann wohl völlig ausflippte und schreiend aus dem Fenster sprang?

Oder wenn er ihr die dunkel getönten Gläser ihrer Autofahrerbrille austauschte gegen verzerrende Linsen, so daß sie dann auf der nächsten Autobahnstrecke gegen einen Brükkenpfeiler rasen mußte ...?

Vielleicht ließ sich die Sache mit den Pilzen auch variieren, und man konnte ihr, wenn man erst einmal in ihrer Küche war, etwas Botulinusähnliches unters Gemüse mischen; gänzlich unverdächtig, wo sie doch größtenteils von Konserven lebte ...

Oder ...

Da stand sie vor ihm.

«Ich hätte gerne etwas Theoretisches über den neuen deutschen Kriminalroman», sagte sie.

Müllers Atemnot erreichte ihren Höhepunkt.

«... dann gehen wir mal nach hinten», keuchte er. «Bitte sehr ...!»

5 In den hintersten Winkeln der «Backenköhler'schen Buchhandlung von 1895» nach Einschlägigem forschend – viel war ja über den neuen deutschen Kriminalroman (NDK) in letzter Zeit geschrieben worden –, führten Müller und die Malgadey einen Pingpong-Dialog, der weder lautstark geschlagene Schmetterbälle enthalten noch länger als maximal fünf Minuten dauern durfte, wollten sie nicht Backenköhler und den einen oder anderen der desinteressiert wirkenden Kunden unnötig auf sich aufmerksam machen.

«Hier habe ich zwei Hefte von Rudi Kost, *Der deutsche Kriminalroman 1 und 2* – also etwas direkt zum Thema ...» sagte Müller viel lauter, als es an sich notgetan hätte. Wahnsinn von ihr, ausgerechnet Bücher zu diesem Thema ordern zu wollen! Aber so war sie nun mal, diesen Kitzel brauchte sie.

«Ja, sehr schön ... Polizei und Reporter sind hinter mir her!»

«So ein Blödsinn, das mit dem *Bild*-Interview!»

Sie reckte sich, zupfte ein Buch aus einem der oberen Regale und hielt es Müller hin. «*Der Kriminalroman*, Peter Nusser – ist da auch was über die deutschen Autoren drin zu finden ...?»

«Mal sehen ...» Müller begann das Inhaltsverzeichnis zu studieren.

«Das war doch ein prima Werbegag», flüsterte sie. «Von den *Morden* eins bis drei zwanzigtausend Exemplare nachgedruckt ...»

«Trotzdem, ich ...»

«Ich wollt mir das nicht alles unter den Nagel reißen, bestimmt nicht!»

«Hier – im dritten Kapitel ist auch was über die Deutschen drin», sagte Müller.

«Danke! Gibt's noch was anderes?»

«Mal sehen ...» Müller schlug in großen Katalogen nach, obwohl er natürlich alle Quellen und Namen gespeichert hatte, von deren Existenz einer einfach wissen mußte, wenn man seinen Anspruch, als Kenner des NDK zu gelten, ernst nehmen wollte.

«Wann wird denn *Mein fünfter Mord* fertig sein?» fragte die Malgadey.

«Nie!»

«Wieso?»

«Ich schaff das innerlich nich mehr! Soll ich dem Kerl auch noch die Anweisung für den fünften Mord geben?»

«Pst, nicht so laut!»

«Ja!»

«Haben Sie denn nun noch was gefunden, was mir ...?» Die Malgadey holte ein Blatt Papier hervor, um sich die von Müller zu erwartenden Autorennamen aufschreiben zu können. «Sie müssen weitermachen – bei dem Geld, das da noch zu holen ist; von den sonstigen Ehren mal ganz zu schweigen.»

«Nein, kein fünfter Mord!»

«Was müßte ich denn auf alle Fälle lesen?» fragte die Malgadey, fürchtend, daß Backenköhler, der neben der Kasse thronte, und einige der anderen Kunden, vielleicht gar Kripoleute – deren Hauptquartier war ja gleich hier um die Ecke –, ihnen nun doch zuhören könnten.

Müller wurde wieder sachbezogen. «Da ist was von Matthias Schmitz und Michael Töteberg, *Mord in der Lüneburger Heide*, dann die Beiträge und Kritiken von Gast, Roth, Kruntorad, Kamberger, Lützen, Hickettier …»

«Sie müssen unbedingt weiterschreiben!»

«Es sind genug Menschen gestorben – durch mich gestorben!»

«Ihr Radunske … das sind alles kleine Meisterwerke!»

«Radunske …?! Radunske hat genug Schaden angerichtet – Radunske muß verschwinden! Aus, Ende!»

«Nur noch das fünfte Buch; das läuft doch alles so wunderbar!»

«Vier Morde respektive fünf Leichen sind genug!» Mit einem gewaltigen Knall schlug Müller seinen Hauptkatalog wieder zu.

Backenköhler und die drei im Augenblick anwesenden Kunden fuhren herum.

«Dann darf ich Sie zur Kasse bitten …!» sagte Müller so lautstark, als müßte er mit seiner Stimme einen ganzen Hörsaal füllen.

Die Malgadey griff sich die beiden Bücher, die sie bereits ausgewählt hatte, tat auch ein paar Schritte auf Backenköhler zu, blieb dann aber noch einmal vor den Drehständern stehen, die den Krimis vorbehalten waren, und ließ den einen so lange kreisen, bis sie M.s Romane vor sich hatte, den *Vierten Mord*, die Pilzgeschichte, in unmittelbarer Griffweite. Sie zog den Band heraus und las Passagen ihrer eigenen Schmonze vor: «Nie sind die Motive eines Serientäters tiefer ausgelotet worden als hier, nie ist die Planung und die Ausführung einer Tat akribischer beschrieben worden. Wir alle können sie miterleben, als seien wir selber *dieser Radunske.* Und soviel sei verraten: die hier geschilderte (Un-)Tat wird nicht seine letzte bleiben …»

«Sie wird es!» sagte Müller.

«Die allerletzte noch, bitte! Danach enttarnen wir den M., und Sie können für den Rest Ihres Lebens Liebesromane schreiben oder Kinderbücher … Einen soll und darf Radunske noch umbringen – abgemacht?»

«Höchstens sich selber!»

Die Malgadey hatte Mühe zu begreifen, was er damit meinte und was das für Folgen haben könnte.

Müller sagte es in einem Satz: «Wenn Radunske Selbstmord begeht, dann wird es auch der Unbekannte tun, der die vier perfekten Radunske-Verbrechen bisher so stilecht nachvollzogen hat und der sich so weit mit ihm identifiziert hat, daß er quasi selbst Radunske ist …»

«Wunderbar, machen Sie's so!»

Die Malgadey nahm ihre beiden Bücher, trug sie zur Kasse, bezahlte sie dort und verließ dann ohne jeden Zwischenfall die «Backenköhler'sche Buchhandlung von 1895».

6 Wenige Tage nach Erscheinen von *Mein fünfter Mord* liefen Backenköhler und Müller mit zwei schweren Bücherkartons übers Werksgelände der EUROMAG, begleitet von Blitz und Donner, durchnäßt bis zum absoluten Sättigungsgrad ihrer Sachen. Nichts durfte mehr verzögert werden, denn morgen sollte die neue Werksbücherei feierlich eröffnet werden.

Der Verwaltungstrakt war noch etliche Meter entfernt, und da die wertvollen Bücher – Technik antiquarisch – trotz der dicken Kartonagen langsam zu durchweichen drohten, lag es nahe, durch das offene Tor der Halle III zu schlüpfen und dort entlang – regengeschützt, wenn auch mit einem kleinen Umweg – ans Ziel zu kommen.

Papier ist immer überraschend schwer, und keuchend setzte Backenköhler den Karton, den er trug, auf die metallicblaue Kühlerhaube eines Pkw; Müller tat's ihm nach.

«Uff!» sagte Backenköhler, sich den Schweiß von der Stirn wischend – oder war es nur das Regenwasser?

Draußen folgten Blitz und Donner immer dichter aufeinander; krachend schlug es in den großen Schornstein ein.

«Gut, daß wir gerettet sind!» sagte Müller.

«Kein Wunder, daß es gerade jetzt gewittert ...» Backenköhler grinste und holte eine dicke Schwarte – 1898 gedruckt – aus seinem Karton hervor. «... sind alles Bücher über Hochspannungsfragen hier drin: *Der galvanische Strom, die Erfindung der Induktion und der Dynamomaschinen, Die magnetelektrischen Apparate, Die Erfindung des Blitzableiters* ... Hier ...!» Er begann zu zitieren.

«... hat keine Natur-Erscheinung von jeher auf das Gemüt des Menschen dermaßen eingewirkt, wie das Gewitter. Plötzlich – im Vergleich zu anderen Erscheinungen – entwickelt es sich, mit Ungestüm vernichtet es, was die fleißige Hand des Menschen in langen Zeiträumen schuf und schaffte, und macht nicht halt vor dem Lebenden selbst. Was Wunder, wenn die grelle Farbe zuckender Blitze, das gewaltige Poltern rollenden Donners überall und immer den Schrecken in die Gemüter der aus ihrer Ruhe jäh emporgescheuchten Erdenkinder trug.»

Müller, der Schriftsteller, war hochgradig entzückt über die Schönheit dieser Sprache.

«Unheimlich gut ist das, echt klasse!» Er sah sich um und bemerkte, daß sie umstellt waren von übermannshohen Isolatoren aus dunkelbraunem Porzellan. «Is' das nich 'n Prüffeld hier?»

«Ja, hier untersuchen sie, was passiert, wenn ein Blitz in ein Auto einschlägt», antwortete Backenköhler, dabei nach einem alten Putzlappen oder abgelegten Kittel suchend, mit dem sie sich ein wenig trockenreiben konnten.

«Was soll'n da passieren – das ist doch wie 'n Faradayscher Käfig ...?»

«Schon ...» Backenköhler suchte auf und zwischen den verschiedenen Schalttafeln und -kästen, dabei weiter dozierend. «Aber so ein Linienblitz hat immerhin viele Millionen Volt und Stromstärken bis hunderttausend Ampere – da passiert schon was mit dem Wagen!»

«Ja», lachte Müller, sich das Wasser aus den Schuhen kippend, «die Antenne schmilzt ab!»

«Das auch, aber noch viel Schlimmeres kann dabei geschehen – die wenigsten wissen das: Die Laufflächen der Stahlgürtelreifen können durchschmoren, die elektrische Anlage kann kaputtgehen, die Bremsleitung kann anschmelzen ...»

Das hatte Müller nicht gewußt, obwohl er sich bei den Recherchen zu *Mein fünfter Mord* recht eingehend mit Blitzentladungen beschäftigt hatte.

«Hier im Prüffeld kommen sie doch höchstens auf 1,2 Millionen Volt», sagte er, sich seine Schuhe wieder zubindend.

«Das reicht aber schon!» schrie Backenköhler plötzlich, und wie ein Organist auf der Kirchenempore, so folgerichtig aufeinander abgestimmt, zog er an den diversen Hebeln, die vor ihm aus dem Schaltpult ragten, und drückte – wie vorher oft geübt – die bunten Knöpfe nieder.

Müller sah auf – und in der einen Sekunde, die er noch hatte, begriff er dann alles.

Aber schon zuckte der Blitz von der Hallendecke herab.

Backenköhler, nachdem alles wieder ausgeschaltet war, nahm den Leichnam Müllers auf und trug ihn – von keinem gesehen, man bedenke das Wetter! – zum nahen Eisenzaun hinüber, dort auf den nächsten Einschlag wartend.

Der kam alsbald, und Backenköhler schrie: «Hilfe – hier ist einer vom Blitz getroffen worden!»

Dann rannte er um die Hallenecke herum, der Pförtnerloge entgegen.

7 «Ist Ihnen denn nichts aufgefallen?» fragte sein Chef.

«Nein», erwiderte Mannhardt.

Dr. Weber blätterte in einem etwa illustriertendicken Protokoll. «Die Aussagen der Dame Malgadey, die haben Sie doch aber gelesen …?»

«Ja, natürlich …»

«So *natürlich* ist das nun auch wieder nicht …»

«Wieso?» Mannhardt registrierte leichten Angstschweiß. «Habe ich meine dientlichen Pflichten vielleicht nicht …?»

«Davon war doch gar nicht die Rede, mein lieber Mannhardt!» Dr. Weber übte sich wieder einmal im süffisanten Lächeln. «Ich wollte damit nur zum Ausdruck bringen, daß das Lesen nichts Natürliches ist, denn von Natur aus sind wir ja doch alle Analphabeten – und würden es ohne unsere *Kultur* auch ewig bleiben. Daß Sie das Protokoll gelesen haben, ist also – streng genommen – nicht natürlich, sondern kultürlich …»

«Ja, natürlich!»

Dr. Weber lachte schallend. «Sehr gut, wirklich sehr gut!»

Mannhardt verzog das Gesicht.

«Ihr Lachen wirkt aber wirklich gequält!» Dr. Weber war in Form heute; was eine halbe Flasche Schampus (Chefgeburtstag) doch alles so ausmachen konnte. «Das Protokoll haben Sie also gelesen – und in der Backenköhler'schen Buchhandlung sind Sie doch auch schon des öfteren gewesen …?»

«Ja, soll ich Ihnen nachher was mitbringen …?»

«Wieso …?»

«Ich dachte nur …»

Dr. Weber spielte mit dem Salzstreuer, mit dem er gerade seine beiden Hackepeterbrötchen hatte nachwürzen wollen, als Mannhardt eingetreten war. Mannhardts Verhalten erschütterte ihn: Was für ein Unmensch mußte er sein, wenn ein so intelligenter Mitarbeiter wie dieser sofort zum absoluten Kretin wurde, wenn er zu ihm ins Zimmer kam. Aber wahrscheinlich wurde er es auch, wenn ein anderer an seiner Stelle saß. Was sollte man dagegen machen? Das war es ja gerade, was diesen Staat im Innersten zusammenhielt.

«Sie kennen also Backen- beziehungsweise Batzkenköhler von Angesicht zu Angesicht?» begann Dr. Weber von neuem.

«Ja, natürlich …»

«Natürlich, ja … Und Sie haben doch inzwischen auch alle die fünf M.-Romane gelesen?»

«Ja, nachdem wir den dienstlichen Auftrag dazu bekommen haben, sozusagen …»

«Und da ist Ihnen wirklich noch immer nichts aufgefallen?»

«Nein …» Mannhardt hatte einen unheimlichen Appetit auf die beiden Hackepeterbrötchen; warum bot ihm Dr. Weber bloß keins an?

«Na, ist doch sonnenklar: Radunske ist gleich Backenköhler. Diese Ähnlichkeit! Müller hat seinen Chef Tag für Tag beobachtet und seinen Radunske dann nach ihm gestaltet. So echt, so genial, daß Backenköhler, der das bald bemerkt haben dürfte, die M.-Romane geradezu als Regieanweisungen gesehen hat, das auszuleben, was in ihm steckte an Bösem, an Aggressionen. Gucken Sie sich doch mal die Biographie dieses Backenköhler etwas näher an – wie übel sie ihm mitgespielt haben: innerhalb weniger Jahre den Sohn verloren, die Mutter und die Ehefrau, von seinem Onkel, der die Buchhandlung geerbt hatte, bis zu dessen plötzlichem Tod fürchterlich gepiesackt …!»

«Ach so …!» warf Mannhardt ein, um eine möglichst geistvolle Kommentierung der Weberschen Ausführungen bemüht.

«Ja, M. war ein ungemein sensibler Mensch – wir haben es ja bei seiner Grabrede deutlich vernommen, und lesen Sie mal die Zeitungen! Es muß ihm voll und ganz gelungen sein, in die Tiefen der Backenköhlerschen Psyche hinabzusteigen. Schlimm, was er da entdeckt und seinem Radunske dann auch aufgeladen hat …»

Mannhardt staunte. «Ja, aber dann hätte doch Backenköhler auch Selbstmord begehen müssen – genauso wie Radunske …!?»

«Hätte! Hat er aber nicht – da muß der Mechanismus dann irgendwie ausgesetzt haben. Da hat er dann lieber den umgebracht, der – aus seiner Sicht – die Schuld daran trägt, daß alles so gekommen ist: seinen Jungbuchhändler Hans-Heinz Müller, den Mann, der einen Mörder machte ... Da hat er dann ganz einfach den Verursacher ausgeschaltet – das war ja auch die einzig logische Rache für ihn ...»

«Das sind doch alles Spekulationen», wagte Mannhardt einzuwenden.

«Noch», sagte Dr. Weber sich erhebend, «noch ... Und deswegen werden Sie jetzt bitte alle fünf Mordfälle des Musters M. daraufhin abchecken, ob es Backenköhler in der Tat gewesen sein könnte. Also: Vergleich Buch – realer Fall, hat Backenköhler theoretisch am Tatort sein können, Motive, Alibis et cetera ...»

«Warum denn gerade ich ...?»

Weber war schon auf dem Weg ins Vorzimmer. «Ist das nun Larmoyanz – oder räsoniert er jetzt?»

«Das ist das berühmte Stochern mit der Stange im Nebel – 'ne Strafexpedition ist das! Nur Minuspunkte kann man sich dabei holen – das macht doch keinen Spaß mehr!»

«Aber, mein lieber Mannhardt: Als Beamter werden Sie doch nun wahrlich nicht vom Staate dafür ausgehalten, daß Sie auch noch Ihren Spaß hier haben – dafür müssen Sie schon selber bezahlen ...» Draußen war er, einen frischen Kaffee anmahnend.

Mannhardt stand auf. Er kochte vor Wut. Doch anstatt Dr. Webers Schreibtisch umzustoßen, was er liebend gern getan hätte, beließ er es dabei, im Hinausgehen dessen Salzstreuer kurz in die Hand zu nehmen und den siebartigen Schraubverschluß ein wenig aufzudrehen.

Draußen auf dem Flur konnte er dann jene Flüche vernehmen, die ihm die Kraft gaben, sich doch noch einmal intensiver um den Fall Müller – Backenköhler zu kümmern.

Ich – ich – ich!

Bei der einzigen Geschichte, die ich für Ihren Band hätte, habe ich Angst, irgendwie Schwierigkeiten zu bekommen …»

«Wieso das?»

«Weil es sich wirklich so ereignet hat und ich keine Chance mehr sehe, es noch weiter zu verfremden.»

«Darf ich's mal kurz überfliegen?»

«Bitte sehr …»

Obwohl Mitte Mai, war es ein fast schon sommerlicher Samstagmorgen, und sie saßen auf ihrer Terrasse beim Frühstück.

«Ich hab noch bis eins in der Firma zu tun», sagte Rolf und trank den letzten Kaffee aus. «Dann geh ich mit meiner gesamten Entwicklungsabteilung ins Olympia-Stadion, ein bißchen Blau-Weiß unterstützen. Das bin ich Luffis Truppe schuldig, seit sie mir den Sprachsynthesizer rechtzeitig zur Messe hingekriegt haben. Und nach dem Fußballspiel muß ich noch Dr. Reinhardt vom Flughafen abholen.» Er verschluckte sich an einem Stückchen Schinken. «Ein wenig viel, ich weiß, nach dem, was die Internisten neulich gesagt haben, aber ich steh das schon durch!»

«Ich, ich, ich!» sagte Dorothea. «In den letzten zwanzig Sekunden hast du sechsmal *ich* gesagt; alle drei Sekunden einmal …»

«Ich meine …»

«Das siebte Mal!»

«Mein Gott!» Rolf sprang auf und warf die Serviette auf den Tisch. «Ich werd doch hier bei mir zu Hause …!»

«Acht!»

«Dorothea, ich …»

«Neun …»

«Und AUS!» schrie Rolf, stieß seinen Stuhl voller Wut

unter den Tisch, daß die Vasen und Krüge umkippten, und stürzte zur Garage hinunter.

Erst in der Firma, als er mit seinen computersüchtigen Kollegen die Weiterentwicklung ihres Sprachsynthesizers debattierte, ob und wie man dessen unüberhörbaren amerikanischen Akzent noch besser eliminieren könne, vergaß er die Szene mit Dorothea, ihren permanenten Vorwurf, daß er ein fürchterlicher Egoist und Egozentriker sei.

«Sie ist ungerecht mir gegenüber», sagte er zu Luffi. Klaus-Dieter Lufsky war der begabteste seiner Tüftler, sein Freund und Partner seit damals, den ersten Informatik-Stunden in der TU, ohne dessen Einfälle er nie den Mut gehabt hätte, die «Berlin Micro and Soft» ins Handelsregister eintragen zu lassen, um als unabhängiger Hersteller begehrtes Zubehör für die Computer der Großen zu liefern und gutes Geld damit zu machen. «Ich hab Dorothea vom Postschalter weggeholt und geheiratet, ich hab ihr 'n herrliches Grundstück am Stößensee geschenkt, ich hab ihr …!»

Ihm war, als hörte er aus dem kleinen Lautsprecher ihres Synthesizers Dorotheas Stimme, leicht amerikanisch getönt: «Wieder ich-ich-ich! Dreimal in einem Satz! Du denkst immer nur an dich!»

Geschockt von diesem Erlebnis, denn er wußte, daß im allgemeinen das Hören eingebildeter Stimmen bei Schizophrenen als erstes Anzeichen ihrer Krankheit angeführt wurde, gab er sich nun krampfhaft Mühe, in seinen Sätzen das Wörtchen *ich* auf alle Fälle zu vermeiden, wich aus ins *man* und *wir* und nahm es sogar hin, mitunter komisch zu wirken.

Einmal fragte ihn ein Polizist, nachdem er Zeuge eines Unfalls geworden war, am Kurfürstendamm, Ecke Joachimstaler Straße: «Wer hat denn gesehen, daß die Frau hier noch bei Rot über die Straße rüber ist …?» – «Hier, dieser Herr hier!» Und er zeigte dabei mit angewinkelter rechter Hand und ausgestrecktem Zeigefinger auf sich selber. So eingefahren war seine Ich-Vermeidung nach wenigen Wochen.

«Sag mal, Rolf», fragte Dr. Reinhardt, ein befreundeter Wissenschaftler aus München, ein stiller, feiner Mensch, «hattest du nicht mal alle dreiundsiebzig Bücher von Karl May?»

«Ja.»

«Wo ist denn der Band 34 ...?»

«Weiß nicht!»

«Hast du den verliehen?»

«Müßte man mal nachsehen ...»

«Du kennst doch die Titel alle auswendig; welcher ist es denn?»

»Keine Ahnung!»

Das war gelogen, denn es war der Band mit dem Titel ICH, und er hatte ihn oben auf dem Speicher versteckt.

Dorothea, knapp zehn Jahre jünger als er, war gerade dreißig geworden, ihr blieb dies alles nicht verborgen. Zum Beispiel sagte er nicht mehr: «Ich habe heute Appetit auf Gyros», sondern: «Wir beide könnten mal wieder griechisch essen gehen, meinst du nicht auch?» Auf diesen Kampf gegen seine Ich-Sucht angesprochen, erklärte er dann, im *Sirtaki* das Glas mit dem Retsina erhebend: «Du mußt doch merken, daß da einer ist, der dich noch immer liebt, und daß du es bist, um die sich alles dreht!»

Doch Dorothea zeigte sich von allem nur mäßig beeindruckt. «Daß du dieses Wort jetzt immer vermeidest, das ist doch längst noch kein Beweis dafür, daß du wirklich auch an andere denkst.»

Er ging abermals in sich und erkannte, daß sie so unrecht nicht hatte. Aber was konnte er tun, um ihr zu beweisen, daß er in Wahrheit ein ganz anderer war: ein gütiger Mensch, ein Mann, bereit und fähig, anderen zu helfen und für andere dazusein?

In den nächsten Tagen nahm er die Kündigung einer Sekretärin zurück, die zwar faul und dußlig war, aber als alleinstehende Mutter für drei Kinder aufzukommen hatte, finanzierte einem jungen Leistungssportler aus dem deutschen C-Kader ein Trainingslager auf Lanzarote, stiftete einem Altenklub für seine Ausflüge einen kleinen Bus – und so weiter und so weiter.

Dorothea fand nun, daß er auf dem rechten Weg sei, sich vom Egozentriker und Egoisten hin zum Altruisten zu entwikkeln, konnte sich aber nicht verkneifen, anzumerken, daß die meisten seiner Taten durchaus dazu dienten, entweder Steuern zu sparen oder aber billig für seine Firma zu werben. Was wirklich zähle, sagte sie, sei doch die Bereitschaft, Opfer zu bringen, sich für andere aufzuopfern. Nicht mit seinen milden Gaben zu prahlen und die Kunst des Schenkens an den Tag zu legen, sondern Gutes zu tun und darüber für immer zu schweigen. Aber diese letzte Stufe einer Läuterung, die würde *er* ja mit Gewißheit nie erreichen können.

«Doch! Du hast mich nur die ganzen Jahre völlig falsch gesehen!»

Dann kam jener durchaus sonnige, aber sehr windige Mittwochmittag, an dem er allein in seiner alten, aber so geliebten O-Jolle saß und über Wannsee und Havel segelte, die Zeit nutzend, in der die anderen Bootsbesitzer noch schuften mußten. Er ließ sich auf die spröde märkische Landschaft ein, obwohl er wußte, daß man sich ein Leben lang abmühen konnte, ohne jemals einen solchen Höhepunkt zu erleben wie schon nach einem Abend Mittelmeer. Schön – der rote Backsteinturm auf den Grunewaldhöhen, die Villen auf der Gatower Seite, das aufgepeitschte Wasser mit den Schaumkronen auf den Wellen, die Kraft des Windes. Schön – die ganze Palette der Töne zwischen Blau, Grün und Grau, die bläuenden Kiefern vor allem und der mit dickem Pinsel hingestupste Sand am Großen Fenster und am Strandbad hinten. Schön – die weißen Dampfer mit ihren Erinnerungen an vergangene Zeiten, an viele Schulausflüge, an Dorothea und jene Mondscheinfahrt mit ihr, an deren Ende sie sich verlobt hatten.

Ein Schrei auf seiner Backbordseite.

«Hilfe! Kommen Sie, ich kann nicht schwimmen, schnell!»

Ein kleines Schlauchboot war leckgeschlagen und hatte schon drei Viertel seiner Luft verloren. Es trug den jungen Mann nicht mehr, der da am Untergehen war.

Plötzlich Böen, zu Strudeln aufgewühltes Wasser. Auch Rolf war alles andere als ein guter Schwimmer, doch er wußte, daß nun der Augenblick gekommen war, in dem sich alles entschied.

So gut es eben ging, lenkte er sein Boot in Richtung des Ertrinkenden, sah auch keinen anderen, der besser hätte helfen können, knapp wie alles war, sprang, das Segel niederreißend, über Bord und schwamm mit schnellen Stößen die zehn, fünfzehn Meter auf den andern zu, die noch geblieben waren, mußte alles geben, denn der Kopf vor ihm, das kannte er, kam einmal noch nach oben, dann nie wieder.

Und er schaffte es, den jungen Mann zu packen, so lange über Wasser zu halten, bis das Boot der Wasserwacht zur Stelle war.

Doch Rolf starb noch an Bord; sein Herz. Die Überanstrengung, sagten die Ärzte, es sei doch insuffizienter gewesen, als sie vermutet hätten. *Lebensretter war nicht mehr zu retten!* schrieb die *BZ* am nächsten Morgen auf der ersten Seite und ließ dann in einem Nachruf Zeilen folgen, die zu Herzen gingen. Ein wahrhaft selbstloser Mensch sei er gewesen, ein Vorbild für alle.

«... und warum nun, lieber -ky, meinen Sie, daß Sie mit dieser Geschichte Ärger haben würden ...?»

«Weil die Dame, die hier als Dorothea erscheint, meine einzige Cousine ist.»

«Soll sie sich doch geehrt fühlen.»

«Wofür? Daß sie Rolf auf'm Gewissen hat? Für die feine Kunst des Mordens, perfekt demonstriert ...?»

«Wieso perfekter Mord?»

«Weil sie Rolf schon lange loswerden wollte; der großen

Liebe wegen. Die heißt Dr. Reinhardt und ist in der letzten Woche ihr zweiter Mann geworden.»

«Na bitte: Da haben wir sie, die Schlußpointe!»

«Welche Schlußpointe …?»

«Gott, genauso subtil wie bei ihr! Da schreiben Sie im letzten Satz ganz einfach, daß der junge Mann, den Rolf gerettet hat, in Wahrheit ein prima Schwimmer ist und den armen Ertrinkenden nur *auftragsgerecht* geschauspielert hat …»

Fast genial

Sehr geehrte Damen und Herren! Wenn ich mich heute an die Redaktion Ihrer geschätzten Illustrierten wende, dann nicht in der Absicht, Ihnen meine Geschichte exklusiv zu verkaufen, sondern einzig und allein mit der Bitte um Hilfe. Es ist nämlich gestern Mordanklage gegen mich erhoben worden!

Mein Name ist Dipl.-Ing. Klaus-Dieter Wartenberg, und Sie werden denselbigen in allen Publikationen entdecken, die sich mit dem öffentlichen Personennahverkehr beschäftigen, denn ich bin ausgewiesener Fachmann auf diesem Gebiete, nicht nur hauptberuflich als Beamter des höheren Dienstes beim Berliner Senat damit befaßt, sondern auch in Interessenverbänden und Vereinen für Museumsbahnen. Im August dieses Jahres werde ich 45 Jahre alt, bin seit 1972 verheiratet und habe drei Kinder im Alter von 15, 12 und 10 Jahren. Seit unserer Eheschließung haben wir im Hause meiner Frau in Berlin-Schlachtensee gewohnt, einer bevorzugten Wohngegend. Ein neueres Foto von mir habe ich beigefügt, und Sie werden eine gewisse Ähnlichkeit mit dem bekannten Schlagersänger Roger Whitacker feststellen können. Ich gelte als ruhiger und besonnener Mensch, bin Pfeifenraucher und nach innen gekehrt, werde, wenn ich das von mir selber sagen darf, als jemand geschätzt, bei dem andere immer wieder Halt suchen und finden. Meine Freunde und Kollegen nehmen die Anfangsbuchstaben meiner Vor- und Nachnamen und sagen einfach KDW zu mir, was mir wegen der Gedankenverbindung mit dem seriösen Berliner Kaufhaus KaDeWe gar nicht einmal unlieb ist.

Lassen Sie mich nun der Reihe nach schildern, wie es zu den tragischen Verwicklungen gekommen ist, derentwegen ich mich heute an Sie wende. Es begann alles vor etwa zweieinhalb Jahren, als eines Morgens ein freier Journalist bei mir im Dienst erschien, um mir Fragen im Hinblick auf die Berliner S-Bahnplanung zu stellen.

«Stimmt es wirklich, Herr Wartenberg, daß der Senat bis Mitte der 90er Jahre keine weiteren der stillgelegten S-Bahnstrecken in Betrieb nehmen will ...?»

«1991 soll mit den Bauarbeiten auf dem Südring zwischen Westkreuz und Schöneberg begonnen werden ...» Ich sagte dies zwar mit aller Loyalität meinem Dienstherrn gegenüber, zugleich aber auch mit sozusagen schmerzerfüllter Stimme und deutlicher Kritik an dieser meiner Ansicht nach völlig verfehlten Politik.

«Sie scheinen mir nicht gerade ein Freund der immer noch autogerechten Stadt zu sein ...» bemerkte mein Gast.

«Der helle Wahnsinn ist das!» entfuhr es mir, und in der nächsten Stunde saßen wir in der schönsten Seelenverwandtschaft beisammen, tranken Kaffee und schwärmten von den Vorteilen, die U- und S-Bahnen den ebenso verstopften wie verpesteten Großstädten boten.

In den nächsten Tagen und Wochen rief mich Roman Wochow, als solcher hatte er sich vorgestellt, noch öfter an, und ich hatte auch keinerlei Argwohn dabei, denn immer stellte er kompetente, sachbezogene Fragen, und sein Artikel über «Die S-Bahn auf dem Abstellgleis» erschien dann auch in mehreren Berliner und bundesdeutschen Zeitungen. Daß er mir Fotokopien von ihnen sandte und mit grünem Filzstift «meinem Freunde KDW» auf alle schrieb, ließ mich ebenfalls nicht stutzig werden, war das doch bei guten Journalisten gang und gäbe. Ich ließ sie von meinen Mitarbeitern in die entsprechenden Mappen legen, ohne mich dafür gesondert zu bedanken. Für mich war Wochow damit sozusagen abgehakt, denn Kontakte zu Menschen seiner, wenn Sie gestatten, «Preislage» hatte ich im Übermaß, wenn Sie an meinen Beruf und alle meine Nebentätigkeiten denken, ganz zu schweigen vom Bekanntenkreis meiner Frau, die sich als Jugendrichterin schnell einen

Namen gemacht hatte und die ganze Szene aus engagierten Sozialarbeiter/innen, Erzieher/innen, Jugendpfleger/innen u. dgl. bevorzugt bei uns zu Hause tagen ließ. Ich war ihm mit nichts weiter als freundlicher Routine begegnet, und obwohl er vom Alter her, das er mit 25 angegeben hatte, durchaus einer meiner Söhne hätte sein können, habe ich ihn nie als solchen behandelt, bin in keinster Weise irgendwie herzlich oder gar zärtlich mit ihm umgegangen. Dazu war er mir viel zu schwammig und feist an Körper und Gesicht, hatte etwas Mundgeruch, wohl von einem kranken Magen her und vom übermäßigen Tabakgenuß, auch einen unreinen Teint, vor allem die Wangen voller kleiner schwarzer Pünktchen, Mitesser genannt. Von Telefongespräch zu Telefongespräch bin ich auch immer kühler und ablehnender zu ihm geworden, fast schon feindselig, und schließlich habe ich sogar meine Sekretärin gebeten, ihn nicht mehr zu mir durchzustellen.

Um so erstaunter war ich, daß er dann am ersten Junimontag neben mir stand, als ich auf dem Bahnhof Schlachtensee meinen S-Bahnzug erwartete. Selbstverständlich fuhr ich nie mit dem Auto ins Büro, sondern immer nur mit der Wannsee-Bahn, der Linie 1.

«Hallo, Herr Wartenberg, wieder gesund …?»

Ich sah Wochow an, mehr als erstaunt. «Ich bin doch gar nicht krank gewesen …»

«Ihre Sekretärin hat mir gesagt, Sie hätten mit einem Herzinfarkt im Krankenhaus gelegen …»

Die gute Melanie, hatte sie mich vor diesem seltsam aufdringlichen Menschen schützen wollen, aber vergessen, mir zu sagen, wie.

Irgendwie geriet ich nun ins Stammeln. «Tut mir leid, das muß wohl ein Mißverständnis …»

Da herrschte Wochow mich an: «Wenn das noch einmal vorkommen sollte, dann werden Sie Ihr blaues Wunder erleben! Aber schön, mein lieber KDW, ich will dir diesmal noch verzeihen …»

Damit nahm er neben mir Platz, um nun die ganze Fahrt über auf mich einzureden, mir eine Belanglosigkeit nach der anderen mit derart hysterisch-überschnappender Stimme mitzuteilen, daß sich das ganze Abteil nach uns umzudrehen begann. Mir war das derart peinlich, daß ich beim Umsteigen auf dem Bahnhof Großgörschenstraße regelrecht die Flucht ergriff und an den nächsten Tagen nur noch mit Bus und U-Bahn fuhr, jedesmal auf einer anderen Route.

Doch hatte ich Wochow dieserart auch abgeschüttelt, so terrorisierte er mich fortan um so stärker mit dem Telefon, wählte andauernd die Nummer meines Büros, rief aber auch bis in die späte Nacht zu Hause an.

«Eine neue Liebe ist wie ein neues Leben», kommentierte meine Frau all diese Anrufe, und ihr süffisantes Lächeln sagte mir, daß sie nun endlich glaubte, den wahren Grund für meine sexuellen Inaktivitäten ihr gegenüber gefunden zu haben. Fast hätte ich, um mich wirksam zu verteidigen, Ulrike angeführt.

Zum Schutz vor Wochow ließ ich mir nun einen automatischen Anrufbeantworter anbringen und hörte auch über vier Wochen nichts mehr von ihm. Dann aber kam sein erster Brief.

«Liebster KDW, mein Klaus, mein Kläuschen, sei gegrüßt, sei umarmt! Von dem Augenblick an, in dem Du vom Schreibtisch aufgestanden bist, um mir die Hand zu geben, wußte ich, daß wir vom Schicksal füreinander bestimmt worden sind. Du bist der ideale Mensch für mich, in Deinem Wesen ist etwas, was mich glücklich macht, ja, euphorisch werden läßt. Seit wir uns gesehen haben, bin ich überzeugt davon, daß ich zu Dir gehöre. Unerschütterlich ist das, der Wille der kosmischen Mächte, auch wenn Du das bis jetzt noch nicht begriffen hast. Ich will und muß Dir auch Zeit dafür lassen, verzeihe mir bitte mein stürmisches Drängen. Was auch immer geschieht, mit aller meiner Kraft halte ich an meiner Absicht fest, Dich eines Tages ganz allein für mich zu haben, mit Dir ein gemeinsames Leben zu führen, eins zu sein mit Dir.

Anders kann ich nicht. Ebenso wie Du. Noch wehrst Du Dich zwar gegen alles, erscheinst mir auch viel zu gehemmt, als daß Du Dir Deine wahren Wünsche offen eingestehen könntest. Aber warum hast Du Dir denn diesen herrlich bunten Rennfahreranzug gekauft und das teure Rad dazu? Doch nur, um mir zu imponieren. Warum hast Du der *Berliner Morgenpost* die Erlaubnis gegeben, Dein Bild neben dem neuen S-Bahnbericht abdrucken zu dürfen? Doch nur, um mir ein verstecktes Zeichen zu geben. Warum läßt Du Dir die Haare nun etwas länger wachsen? Weil Du spürst, daß ich sie in dieser Art besonders mag. Noch bist Du, wenn Du mir begegnest, voller Feindseligkeit, denn ich reiße Dich mit allen Wurzeln aus der gewohnten, aber so verbrauchten und fauligen Erde (denke an das Elend Deiner Ehe!), doch wo ich Dich dann hinpflanze, da ist das Paradies für Dich. Jetzt wirst Du Dich noch mit aller Macht dagegen sträuben, alles für hirnrissig halten und von einem ganz anderen Lebensweg träumen, doch vergeblich. Alles wird so kommen, wie es kommen muß. Ich weiß es. In Liebe Dein Roman ...»

Zutiefst bestürzt, nahm ich diesen Brief und lief damit zu Ulrike, einer ehemaligen Klassenkameradin von mir, der ich seit ihrer Scheidung mehr als freundschaftlich verbunden bin, denn von wem anders als von einer bewährten Psychotherapeutin hätte ich Aufklärung über das erwarten können, was Wochow und seine Krankheit betraf?

«Der muß doch 'ne totale Macke haben!» war meine erste Reaktion.

Ulrike hörte das nicht gern, verbat sich diesen Jargon und die damit verbundene Diskriminierung von Menschen, die nichts weiter als der Hilfe bedürften, ließ sich dann aber eingehend schildern, was bisher geschehen war, sah sich jedoch zu einem Urteil außerstande, ohne vorher in der Fachliteratur geblättert und den Fall mit ihren Kolleginnen hinreichend diskutiert zu haben.

«Erotomanie oder Liebeswahn» war schließlich ihre Diagnose. «Die durch nichts zu erschütternde Wahnvorstellung, ein anderer, den man nur flüchtig-oberflächlich kennt, sei in einen verliebt. Die Wahl des Liebesobjektes ist fast immer zufällig und willkürlich. Kretschmer hat das einen ‹sensitiven Beziehungswahn› genannt, bei Freud ist es einer der paranoiden Mechanismen, vergleichbar dem Verfolgungs- und dem Eifersuchtswahn.»

«Paranoia … Was ist'n das genau?»

Ulrike leierte das herunter wie eine Kandidatin in der Prüfung. «Nach Kraepelin ist Paranoia die schleichende Entwicklung eines dauernden, unerschütterlichen Wahnsystems bei erhaltener Klarheit und Ordnung im Denken, Wollen und Handeln …»

«Ah, ja … Und war denn dieser Wochow schon mal in Behandlung deswegen …?»

Sie zögerte ein wenig, verwies auf Datenschutz und Schweigepflicht, hatte aber doch herausgefunden, daß Roman Wochow vor vier Jahren in einer psychiatrischen Klinik, deren Namen sie nicht nennen wollte, stationär behandelt worden war. «Schizoide Psychopathie mit homosexuellem Liebeswahn haben sie damals bei ihm festgestellt, eine schleichende Schizophrenie, wenn auch mit einem gewissen Fragezeichen dahinter. Depressiv und suizidgefährdet sei er außerdem gewesen. Behandlung mit Leponex, Entlassung nach anderthalb Monaten. Draußen ist er seither ganz gut zurechtgekommen, hat ja auch immerhin Realschule und eine abgeschlossene Lehre als Industriekaufmann und verdient jetzt als Journalist genug, um ganz normal zu leben.»

«Soweit ich von solchen Sachen gehört habe, sind es doch aber immer Frauen, die sich an Männer anklammern …?»

«In der Tat. Liebesobjekte desselben Geschlechts sind die absolute Ausnahme. Ich hab auch nur ganz wenige Fallbeispiele gefunden … Rein statistisch gesehen, hätte es dich auch niemals treffen dürfen.»

«Wie tröstlich», stöhnte ich. «Als ob du jemandem, der in

einem abstürzenden Flugzeug sitzt, erklärst, daß das der Wahrscheinlichkeitsrechnung zufolge ja unmöglich sei, er noch viele Millionen Kilometer weit fliegen müßte, ehe er statistisch gesehen wirklich …»

«‹Warum gerade ich?› Was meinst du, wie oft wir diese Frage hören; und die Mediziner noch viel mehr …»

«Was kann man denn dagegen tun?» wollte ich wissen. «Gegen diese Wahnvorstellungen …»

Ulrike machte mit Händen und Schultern eine Geste absoluter Hilflosigkeit. «Im *Bleuler* steht, daß gegen die Paranoia als solche nichts zu machen sei. Gegen Wahnideen dieser Art ist halt mit logischen Argumentationen nicht anzukommen: Da kannst du ihm hundertmal erzählen, daß du ihn verabscheust und so weiter.»

Da wurde ich dann aggressiv. «Zeig ich ihn eben an!»

«Kranke zeigt man nicht an!»

Ich war nicht mehr zu bremsen. «Da gibt's doch im Strafgesetzbuch sicherlich was: Nötigung oder so … Erregung öffentlichen Ärgernisses … So was gehört doch hinter Gitter, wenigstens aber in 'ne geschlossene Anstalt!»

«In diesem Falle würde er wahrscheinlich Selbstmord begehen – und du hättest ihn dann auf'm Gewissen!»

«Und so er mich!»

«Unsinn! Das bißchen an Belästigungen wirst du wohl hinnehmen können, verglichen damit!»

Ich wagte es nicht, Ulrike darin zu widersprechen, weil ich sie um nichts in der Welt verstimmen oder gar verlieren wollte. Seit sich meine Frau zu einer militanten Feministin entwickelt und innerlich von mir entfremdet hatte, war sie es, die mir alles gab, was ich brauchte und erträumte. An eine Scheidung allerdings wagte ich nicht zu denken, denn Helga hätte ganz sicher das Sorgerecht für unsere drei Kinder zugesprochen bekommen, zumal ihr auch allein unser Haus in Schlachtensee gehörte. Und ohne den täglichen Umgang mit den Kindern konnte und wollte ich nicht leben.

So kam es, daß ich Wochow eine Zeitlang hinnahm wie schlechtes Urlaubswetter etwa, ohne aber zu bedenken, wie sehr ihn das weiter anspornen mußte.

«Mein Geliebter!» schrieb er alsbald. «Du läufst mir nicht mehr davon, wenn ich auf dem Bahnhof neben Dir stehe, Du wirfst den Hörer nicht mehr auf die Gabel, wenn ich spätabends mit Dir plaudern möchte. Ich bin überglücklich darüber und sehe mich schon nach einer gemeinsamen Wohnung für uns beide um. Deine Frau habe ich genau beobachtet, und ich weiß, wie sehr sie Dich haßt. Daß Du so oft alleine durch die Straßen wanderst, ist das sicherste Zeichen für mich, wie sehr Du mich an Deiner Seite haben möchtest. Ich weiß es: Einst wird kommen der Tag, an dem wir alle vierundzwanzig Stunden beisammensein werden. Ich sage Dir: Dein Leben wird sein wie ein Roman, denn nomen est omen. Dein Roman ...»

Da war es mir dann doch zuviel, ich stürzte zum Telefon, riß das entsprechende Telefonbuch darunter hervor und suchte mir seine Nummer heraus, setzte – Ulrike hin, Ulrike her – ganz auf die Wirkung einer Schocktherapie.

«Hier Roman Wochow ...» kam es zärtlich säuselnd.

«Sie sind der größte Idiot, der mir je begegnet ist! Und wenn Sie mich noch einmal belästigen sollten, dann trete ich Ihnen derart in den Arsch, daß Sie bis zum Funkturm hochfliegen!» Und aufgelegt.

Daraufhin vergingen vierzehn Tage, und ich hatte schon gehofft, ihn in der Tat geheilt zu haben, da kam ein Brief von ihm.

«Mein Geliebter! Ein Leben ohne Dich ist völlig sinnlos für mich. Wenn Du nicht am Sonnabend um 15 Uhr auf dem S-Bahnhof Schlachtensee auf mich wartest, werfe ich mich vor den Zug! Dein Roman ...»

Das war am Freitag, und die Nacht verbrachte ich ohne jeden Schlaf, war furchtbar hin- und hergerissen. Sollte ich es zulassen, daß er Selbstmord beging? Ja! schrie es in mir, dann bist du Wochow endlich los. Nein! kam die andere Stimme, denk an dein Gewissen, vor allem aber Ulrike, die du dann verlierst. Mit ihr sprechen konnte ich nicht, da sie zu einem Fachkongreß nach Wien geflogen war und vom Tagungsbüro nicht aufgestöbert werden konnte.

Die von Wochow angegebene Stunde rückte immer näher, und ich hätte mich am liebsten selber festgebunden oder eingesperrt, hoffte gar auf einen Kreislaufkollaps, Herzinfarkt oder sonstigen Umstand, der mich objektiv gehindert hätte, zum Bahnhof zu gehen. Doch nichts geschah.

Zehn Minuten vor drei, Helga war mit den Kindern zum Reiten gegangen, trank ich ein ganzes Glas mit Whisky aus, setzte mich an meinen Arbeitstisch und klammerte mich mit beiden Händen an dessen Kante fest. Den Fahrplan hatte ich im Kopf: 15 Uhr 01 fuhr der Zug in Richtung Wannsee und 15 Uhr 05 der zum Anhalter Bahnhof. Beim ersten würde er noch warten, hoffen, mich doch noch zu sehen, mit seiner Erpressung erfolgreich zu sein.

Doch dann sprang die rechte grüne Ziffer meines Radioweckers auf die 5.

Jetzt! Ich fühlte es, als würde es mit mir selber geschehen, wie die Räder des vorderen Drehgestells, als wär's die Guillotine, mir den Hals durchschnitten, Kopf und Rumpf sauber voneinander trennten.

Du hast ihn hingerichtet!

Nein, ich habe ihn erlöst!

Ich schrie auf, sprang auf die Straße hinaus und hetzte zum Bahnhof hinüber.

Da kam er mir entgegengestürzt und schlug unter wüsten Beschimpfungen derart kräftig auf mich ein, daß ich vorübergehend das Bewußtsein verlor und später mit einer Gehirnerschütterung stationär behandelt werden mußte.

Das war die Wende in meinem Denken, und als Ulrike aus Wien zurückgekehrt war, schaffte sie es zwar noch einmal, mich davon abzubringen, Anzeige gegen Wochow zu erstatten, mußte mir aber dahingehend recht geben, daß nun etwas Entscheidendes zu geschehen habe. Noch im Bett flüsterte sie mir zu, daß sie da eben eine Idee gehabt hätte, die sie «fast für genial» halte.

«Wir lassen dich ganz einfach sterben ...»

«Wie ...!?» Ich fuhr hoch.

Ulrike lachte. «Nicht echt natürlich ...! Wir lassen nur 'ne Karte drucken, so richtig schwarzumrandet, und schicken ihm die ... Ein erfülltes Leben voller Tatkraft und Liebe – und so weiter. Die Trauerfeier fand im engsten Familienkreis statt. In den Ferien machen wir das, wenn deine Frau mit den Kindern in Frankreich ist und ich bei dir zu Hause am Telefon sitze. Wenn er dann anruft, sag ich ihm, daß du bei einem Badeunfall umgekommen bist, in irgendeinem See in Bayern. Das mit Helgas Stimme und in Tränen aufgelöst ...»

«Dann wird er bei mir im Büro anrufen ...»

«Und? Die kannst du doch einweihen, die wissen doch, wie sehr er dich quält.»

Ich hatte weiterhin Bedenken. «Wenn er aber dann Selbstmord begeht?»

Ulrike griff nach einer Zigarette. «Schön, das ist 'n Risiko, glaub ich aber nicht. Entweder sucht er sich 'n neues Objekt für seinen Wahn, oder er nimmt 'n Foto von dir, stellt es sich zu Hause hin und trauert ein Leben lang um dich und sein verlorenes Glück. Kann aber auch sein, daß ihn das heilt. Der Schock spontan ...»

«Dann müßte ich aber für 'ne Weile untertauchen ...»

«Klar, man muß das timen. Kurz bevor du verreist. Ich komm dann nach, wenn ich ihm die trauernde Witwe vorgespielt hab.»

«Ich weiß nicht, du ...»

Ich zögerte noch immer, denn so ganz wohl war mir nicht bei dem Gedanken, ihn derart reinzulegen. Ich erschrak. Wie sehr hing ich schon an ihm! Vielleicht hatte er recht, und es existierte in der Tat ein geheimnisvolles Band zwischen uns beiden. Vielleicht wäre es doch mein großes Glück gewesen, mit ihm … Nein!

Und erst aus der Angst heraus, ihm eines Tages wirklich «zu verfallen», stimmte ich Ulrike schließlich zu. Sie war Therapeutin, mußte also wissen, was man Wochow zumuten konnte.

Es klappte alles bestens, doch – aber das werden Sie wissen – drei Wochen nach meinem «Tod» ist es dann zur Katastrophe gekommen: Roman Wochow hat meine Frau vor unserer Haustür erstochen. Der Polizei gegenüber sagte er, daß er es habe tun müssen, denn sie sei schließlich die Mörderin seines Geliebten. «Aus Eifersucht hat sie meinen KDW getötet, und dies ist meine Rache!»

Damit war Wochows Schicksal entschieden und ihm die geschlossene Anstalt lebenslang sicher, allerdings endlich auch eine gezielte Langzeittherapie, bei uns aber, Ulrike und mir, erschienen Kriminalbeamte und warfen uns vor, die Ermordung meiner Frau kaltblütig in die Wege geleitet zu haben.

«Sie haben sich doch genau ausrechnen können, wie Wochow reagieren wird, und ihn sozusagen als Mordwaffe benutzt. Keine Aufregung, Herr Wartenberg, Ihre Motive sind doch allzu offenkundig: Die Kinder gehören Ihnen, das Haus, Sie können mit Ihrer Freundin ein neues Leben beginnen.»

Damit, meine sehr verehrten Damen und Herren, möchte ich Sie ganz herzlich bitten, uns durch eine objektive Berichterstattung in Ihrer Illustrierten in unserem Bemühen nach Gerechtigkeit wirkungsvoll zu unterstützen. Ich stehe Ihnen auch jederzeit gern mit weiteren Auskünften zur Verfügung.

In Erwartung einer möglichst positiven Antwort und mit freundlichen Grüßen

Ihr Klaus-Dieter Wartenberg

Mir kommen die Tränen

«Die beste Arbeit, die mir je ein Tutor abgeliefert hat», sagte Huvenow, euroweit anerkannter Kriminologieprofessor der Brammer HÖV, und Thomas Catzoa, Kommissaranwärter im letzten Semester, schaffte es, auch bei dieser Gelegenheit arrogant-gelangweilt aus dem Fenster zu schauen, na und, ist doch selbstverständlich, über die amerikanischen Kriminalitätstheorien und ihre Rezeption in Deutschland weiß ich eh weitaus mehr als du; die Originaltexte müßte man lesen können, nicht wahr.

«Im Praktikum sind Sie jetzt bei unserm guten alten Kämena in der Mordkommission …?»

«Es hat sich nicht vermeiden lassen …» Catzoa ballte die Fäuste und knurrte wütend-aggressiv. «Wenn ich den so arbeiten sehe …! Mir kommen die Tränen.»

Huvenow, der Phrasen haßte, aber Kämena mochte, verzog das ferienreife Gesicht. «Machen Sie halt Ihre Hausarbeit im Dienst. Was hatten Sie 'n für 'n Thema …?»

«Die spezifische Kriminalität der ersten Nachkriegsjahre …»

Huvenow nickte. «Und schon angefangen damit …?»

«Nein …»

«Na, dann wünsche ich Ihnen für Ihr Praktikum bei Kämena einen so spektakulären Fall wie damals nach dem Krieg den Rudolf Pleil, Beruf *Totmacher*, dreißig Frauenmorde …»

Als Catzoa an seinen Katzentisch im Zimmer 307 des Stadt- und Polizeihauses zurückkehrte, fand er seinen Praxisanleiter Karl Kämena, 55, gerade mit dem Studium des Brammer Branchenfernsprechbuchs befaßt, Rubrik: Ärzte und Ärztinnen – Magen-, Darm- und Stoffwechselkrankheiten.

«Seit letzten Montag keinen Stuhlgang mehr!» stöhnte er.

«Kann ich Ihnen irgendwie helfen?» fragte Catzoa.

«Woll'n Sie mich verscheißern?»

«Bei der Arbeit meine ich ...»

«Nehmen Sie sich da 'ne *Kriminalistik* vom Stapel und lesen Sie was!»

«Ich denke, das soll hier 'n Praktikum sein ...» brummte Catzoa.

Kämena sah ihn altersweise an. «Wenn Sie hier 'n Mordfall haben woll'n zum Üben, dann müssen Sie schon selber einen umbringen: mich am besten ...» Damit verfiel er wieder in dumpfes Brüten; wo gab es einen Internisten, der ihm noch helfen konnte?

Thomas Catzoa griff sich eine der herumliegenden Fachzeitschriften und las mit hohem Interesse einiges über die Obduktion exhumierter Leichen und daß bei einer bereits vor 17 Jahren bestatteten Frau noch eindeutige Feststellungen über die Art ihrer Vergiftung getroffen werden konnten, schreckte dann hoch, als er auf einen Witz gestoßen war, den sie einem Loriot-Männchen in den Mund gelegt hatten: «Die ganze Unfähigkeit der internationalen Kriminalistik beweist sich durch die Tatsache, daß es seit Jahrzehnten nicht gelingt, den Niagara-Fall restlos aufzuklären.» Wasser; der kaputte Hahn in seinem Badezimmer; wahrscheinlich war schon alles überschwemmt ...!

«Sie haben doch das Branchenbuch da: könnten Sie mal bitte ... Wo is'n da 'n Sanitärgeschäft in meiner Nähe, Sternenviertel, Venusweg ...?»

«Wuschewier & Wörbs», kam es, man war bei der Kripo, wie aus der Pistole geschossen. «Die kennen Sie nicht?»

«Nein, ich wohn ja erst seit vierzehn Tagen da.»

«Edel sei der Mensch, hilfreich und gut – eben wie der Wuschewier!» Kämena vergaß für einige Minuten das Grummeln in seinem Bauch. «Werner Wuschewier, der gute Geist von Bramme-Stadt. All sein Geld gibt er für gute Zwecke aus: Rollstühle, Telebusse für Behinderte, Tagesmütter für allein gelassene Kinder – und und und. Den fahrenden Mittagstisch für Rentner hat er finanziert, das neue Jugendheim am Hohenkamp, die Ampeln vor der Packhof-Schule …»

«Und warum das alles?» fragte Catzoa. «Religiöse Gründe?»

«Nicht daß ich wüßte. Er hatte mal 'n Grundstück am Fluß unten, und das hatte unser Angelverein vorübergehend gepachtet; da hab ich öfter mal mit ihm gesprochen …»

«Da muß doch was dahinterstecken!» lachte Catzoa. «So was gibt's doch nicht: viel zu gut für diese Welt!»

«Was soll'n da dahinterstecken …?» Kämena sah ihn verständnislos an.

«Na, 'n großes Verbrechen natürlich!» Catzoa hatte den Kopf angefüllt mit Theorien, und es drängte ihn, damit zu spielen. «Ich sage nur: Freud! Ein unbewußtes Schuldgefühl, mit dem ein Mensch nicht fertig wird. Er begeht deshalb eine kriminelle Tat und begehrt in ihr die Strafe, um sein drückendes Schuldbewußtsein zu beschwichtigen. Sein strenges Über-Ich erzeugt ein Strafbedürfnis …»

«Ich wüßte nicht, was unser braver Wuschewier verbrochen haben sollte …»

Catzoa dachte nach. «Er wird 'ne Straftat begangen haben, hat dann aber keine Kraft mehr gehabt, sich zu stellen … So bestraft er sich jetzt selber, indem er alles Geld weggibt und selbst in Armut lebt …»

«Unsinn!» Kämena fischte sein superfeines Toilettenpapier aus der untersten Schreibtischschublade (… meine Hämorrhoiden, mein Dienstherr hält ja trotz seiner Fürsorgepflicht immer nur Sandpapier für mich bereit …), stand auf und wandte sich zur Tür. «Vielleicht klappt's jetzt …!»

Gegen 17 Uhr 30 hatte Catzoa die angegebene Adresse erreicht, Wuschewier & Wörbs, Orionallee 124, stand vor einem zweistöckigen Altbau, vergammelt, abrißreif, aber wahrscheinlich vom Landeskonservator heiß geliebt. Eine erstaunlich große Firma, wie Catzoa fand, keine, die nur Wasserhähne reparierte, sondern eine, die durchaus mittelständisch zu nennen war, sicher mit schönen Umsätzen, die Bäder ganzer Neubaublocks mit Fliesen, Wannen, Becken, Klos und Armaturen ausstatten konnte. Catzoa mit seinem bescheidenen Anliegen zögerte ein wenig, schmulte erst einmal, die Hände wie Scheuklappen an die Schläfen gelegt, ins Ladeninnere hinein und fand es dort wenig pompös, gar nicht richtig hochgestylt, eher schon schmuddelig-chaotisch, ein Eindruck, der sich noch verstärkte, als sich nach seinem Eintreten minutenlang nichts tun wollte, obwohl im Büro nebenan die Schreibmaschinen fiepten und oben in den Ausstellungsräumen die Angestellten lachten. So stand er einsam und verlassen zwischen Toilettenschüsseln, Heißwasserboilern und Allibert-Schränken, litt darunter, so wenig prominent zu sein, daß sie nicht sogleich alle auf ihn zugestürzt kamen. Na wartet mal: in zehn Jahren, da …!

«Junger Mann, was kann ich für Sie tun …?»

Ein Vorhang hatte sich geteilt, ein Mann war erschienen. Catzoa fuhr zusammen, erschrocken über dieses Geisterbahngesicht: grünlich-blaß die Haut, aufgedunsen alles, aufgeschwemmt wie bei einer frisch geborgenen Wasserleiche.

Catzoa riß sich zusammen, stieß hervor, daß er gerade umgezogen sei, von zu Hause weg, eine Anderthalb-Zimmer-Altbauwohnung übernommen habe, daß alles noch prima in Schuß sei, so schien es jedenfalls, nun aber doch so einiges, ja, der Wasserhahn im Badezimmer, der sei nun …

Der Mann, offenbar einer der beiden Geschäftsinhaber höchstpersönlich, Wuschewier oder Wörbs, sah ihn zwar an, schien ihn aber gar nicht richtig wahrzunehmen, denn seine Augen blieben leer wie bei einer steinernen Figur. Catzoa mußte unwillkürlich an die Römerköpfe in seinen alten Lateinbüchern denken. Vespasian, einer der Kaiser, der mit dem Pinkelgroschen («Pecunia non olet»), hatte so geguckt.

«Wenn Sie bitte einmal einen Ihrer Leute bei mir vorbeischicken könnten ...» Catzoa schaffte es nun, Name und Adresse zu nennen.

«Herr Wuschewier!» rief da eine der Bürodamen. «Herr Bürgermeister Lankenau kann sich heute abend erst eine halbe Stunde später mit Ihnen treffen!»

«Danke, ja ...»

Catzoa registrierte zweierlei: einmal, daß der Mann ganz offensichtlich der Wuschewier war und nicht der Wörbs, und zum anderen, daß er in der Brammer Honoratiorenhierarchie recht weit oben stehen mußte.

Fett und feist sah er aus, ein richtiges Kindermördergesicht, der Biedermann, wie er im Buche stand, zugleich aber hatte er tiefe Furchen im Gesicht, sah zergrübelt aus, von Dämonen gejagt.

Thomas Catzoa hörte es wie mit einer inneren Stimme: Da ist was los mit dem, paß auf! Deine Chance, groß rauszukommen! Und er hatte schon die Titelseite des *Brammer Tageblatts* vor Augen: «Mit dem untrüglichen Instinkt des großen Kriminalisten hatte der junge Mann sofort erkannt, daß dieser Wuschewier eines der abscheulichsten Verbrechen dieses Jahrhunderts begangen haben mußte ...»

Corinna lenkte ihn ab, eine ehemalige Klassenkameradin, per Zufall zur selben Zeit in den Laden gekommen, um sich neue Badezimmermatten zu kaufen. Großes Hallo und natürlich das alte Spielchen Wasmachstedennjetzt? Sie war mächtig beim Germanistikstudieren. «Und du?»

«Na, ich bin doch zur Kripo gegangen.»

Als Wuschewier das hörte, zuckte er zusammen, Catzoa sah es überdeutlich, und lief dann, in Panik offenbar, in sein Chefbüro zurück. Bedurfte es noch eines weiteren Beweises?

Catzoa war in eine derart euphorische Stimmung geraten, als hätte er Haschisch geraucht. Sein erster großer Fall! Heraus aus der Anonymität des kleinen Kommissaranwärters, Beginn einer Wahnsinnskarriere!

Leichenfund im Packhofgraben. Dies war der Knopfdruck, mit dem «der Fall Wuschewier», diese Spinnerei, am nächsten Morgen schnell wieder aus den Speicherzellen seines Gehirns gelöscht wurde, hatte er doch alle Hände voll zu tun, für den maroden Kämena die Sache durchzuziehen. Sporttaucher des TSV Bramme waren auf Schrottsuche gewesen und hatten in einem schwarzen VW-Käfer eine voll bekleidete weibliche Leiche entdeckt. Bei der Bergung war durch den Druck des ablaufenden Wassers die Heckscheibe gesprungen – und sie hatten den knöchernen Schädel und einen losgelösten Unterschenkelknochen zurück ins Wasser fallen sehen. Abtransport ins Pathologische Institut und Warten aufs Ergebnis.

Angeregt durch dieses Erlebnis wie aber auch zu seiner Verarbeitung, machte sich Catzoa dann daran, das nötige Material für seine große Hausarbeit bei Huvenow zu sammeln («Die spezifische Kriminalität der ersten Nachkriegsjahre»), stieß dabei zuerst auf eine Dame namens Swinka-Kuschinski, auch «Gift-Irmgard» genannt, die als Rotkreuzschwester aufgetreten war und mit ihren sogenannten «Stärkungstabletten» fünf alleinstehende Frauen hingemordet hatte, kam dann schnell zu einem absolut neuartigen kriminogenen Faktor in der deutschen Kriminalgeschichte: der Chance, aus den «Zonengrenzen» Kapital zu schlagen, insbesondere aus der Abschnürung der Ostzone von den westlichen Besatzungsgebieten. Ortskundige Personen, in der Regel Männer, nahmen sich der «Zonenfremden» an und schmuggelten sie, zumeist mit «Fressalien», Kleidungsstücken, Uhren oder Schmuck entlohnt, über die Grenzen, wobei aber immer wieder *Grenzführertaten* anfielen: Tötungsdelikte, Raubüberfälle und Sittlichkeitsverbrechen.

In den Mittelpunkt seiner Recherchen rückte alsbald *das Monstrum an der Zonengrenze*, Rudolf Pleil, *der Totmacher*, wie er sich in seinen Memoiren selbst bezeichnet hatte. Auf den Schleichwegen über die Grenze hatte er dreißig Menschen ermordet, und in den Kommentaren sprachen sie davon, daß vier Faktoren hier besonders unheilvoll zusammengewirkt hatten: die politischen Gegebenheiten, die Grenze also, seine epileptischen Dämmerzustände, seine Alkoholsucht und seine «Sexualgier».

Als Catzoa dann ein Foto Pleils vom Oktober 1950 sah, rief er laut: «Das gibt's doch nicht!», denn die Ähnlichkeit mit «seinem» Wuschewier war wirklich frappierend. Alles fiel ihm wieder ein, seine ganzen «Hirngespinste», seine «fieberhaften Phantasien». In seinen Ohren dröhnte es: Wuschewier – das Mördertier! Aber auch: Sehr geehrter Herr Catzoa, wir müssen Ihnen leider mitteilen, daß wir Sie auf Grund eines psychiatrischen Gutachtens nicht länger als Kommissaranwärter … Der Catzoa, unser bester Mann, sieh da …! Mir kommen die Tränen … Reiß dich zusammen!

Er sprang auf und lief zur Meldestelle hinüber, ließ sich von der diensthabenden Kollegin, einer alten Bekannten, alles auf den Bildschirm zaubern, was der Computer unterm Suchwort Wuschewier gespeichert hatte. «Aha, verheiratet ist der Knabe auch mal gewesen …!» Vor elf Jahren schon war ihm die Frau gestorben. Wie wohl und woran? Wahrscheinlich war sie von Wuschewier vergiftet worden, und der gutgläubige Hausarzt hatte dann Herzversagen auf den Totenschein geschrieben. So was war ja in den Fachzeitschriften jeden Monat nachzulesen.

Gedankenverloren lief er durch die labyrinthischen Gänge des wilhelminischen Baus, fragte sich, wie denn wohl die Exhumierung der Wuschewier-Gattin, der Vera, strategisch günstig einzufädeln war. Sollte er mit Huvenow sprechen und über seinen Super-Prof. versuchen, die Sache ins Rollen zu bringen?

Oder mal beim *Brammer Tageblatt* anklopfen und sehen, ob die was in die Wege leiten konnten? Gleichviel, ohne Kämenas Plazet kam er kaum weiter, so kümmerlich der Mann auch war. Also galt es, seinen sehr verehrten Mentor langsam auf die Mörderthese einzustimmen.

«Mein Wasserhahn ist wieder ganz, der Monteur von Wuschewier & Wörbs war pünktlich da ...»

«Eine gute Firma, hab ich ja gesagt ...» brummte Kämena, voll vertieft in seine Listen und Prospekte, wollte wieder zur Kur, wußte aber nicht, was für ein Badeort es diesmal sein sollte und wie der Antrag am besten zu begründen war.

Catzoa tat den zweiten Zug. «Ich bin mit dem Mann ein bißchen ins Klönen gekommen ... Die Frau von diesem Wuschewier, die soll ja damals ...»

Kämena sah auf. «Was die Leute so reden ...»

Catzoas Puls ging schneller. «Wenn man der Wuschewier da nicht ein wenig nachgeholfen hat ...»

«Quatsch!» Kämena blickte böse und tadelnd zum Katzentisch hinüber. «Die Frau ist abgestürzt, mit 'ner kleinen Passagiermaschine über den Anden, während er hier in Bramme seine Firma aufgebaut hat!»

Schach und matt! Catzoa hätte sich am liebsten unter seinem museumsreifen Schreibtisch verkrochen, und jeder andere hätte spätestens an dieser Stelle das Spielchen abgebrochen: er nicht, rigide wie er war, von hohem Ehrgeiz getrieben, herauszuragen aus der Schar der anderen, der gewöhnlichen Beamten, das entscheidende Mehr zu haben an Instinkt, Fortune, IQ und Chuzpe. Er war besessen von seinem Gedanken, in Wuschewier, dem Mördertier, einen zweiten Pleil gefunden zu haben, ließ nicht ab von seiner Jagd, machte sich daran, in den Archiven der Kripo Bramme alles durchzusehen, was ermordete wie vermißte Frauen betraf. Doch nichts darunter, was irgendwie auf Wuschewier verwies. *Merde*, Scheiße und so weiter!

Lautlos fluchend starrte er Kämena an, diesen Trottel! Doch ausgerechnet sein Praxisanleiter war es, der ihm mit einer kleinen Frage wieder auf die Sprünge half. «Was ist'n eigentlich mit der toten Frau im Packhofgraben ...?»

«Das Pathologische Institut hat sich noch nicht gemeldet ...»

«Dann rufen Sie mal an ...»

Das ist es, hörte sich Catzoa denken, Wuschewiers letztes

Opfer in einem alten Käfer gefunden. Diesmal hatte Brammes Massenmörder Pech gehabt. Ich hab es ja gewußt!

Doch sein Traum vom größten Fang des Jahrhunderts war schon am Abend wieder zerstoben, denn anhand von Röntgenaufnahmen des von der Leiche stammenden Knochenmaterials (... eine außerordentliche grobsträhnige Spongiosazeichnung im Bereiche der distalen Femurepiphyse sowie im Bereiche der proximalen Tibiaepiphyse) hatten sie schließlich herausgefunden, daß es sich bei der Toten um eine Bankangestellte aus Verden handelte, um die 35jährige Hannelore Segelke, und die hatte vor fast genau zwei Jahren das eheliche Eigenheim im Wagen ihres inzwischen verschwundenen libanesischen Geliebten verlassen, nicht ohne vorher einen Abschiedsbrief an ihren lieben Mann zu schreiben. Wie auch immer, Wuschewier schied in diesem Fall als Mörder aus, und Catzoa war außer sich vor Wut, hatte er doch diese Sache vor sich selbst zum Testfall hochgespielt: Bin ich nun ein Großer, *die* ganz besondere Begabung, oder nicht?

Durchfall war die Folge, eine leichte Gallenkolik, und am nächsten Morgen ging es ihm so schlecht, daß er im Dienst anrufen und sich krank melden mußte. Doch auch beim Stöhnen auf der Toilette ließ ihn der Gedanke an Wuschewier nicht los; er hatte sich so total in ihn verbissen wie eine Zecke in die Haut eines Hundes.

Kaum hatte er sich wieder aufgerappelt, lief er zur Orionallee hinüber, setzte sich, schlaff und mulmig, wie ihm war, auf eine Rentnerruhebank, spähte konzentriert zum Sanitärgeschäft hinüber, sah den Wuschewier alsbald in einen seiner Lieferwagen steigen, gallig-gelb, gebeugt, eben einer, den die Schuld zerfraß, fühlte sich auf der Stelle wieder und triumphierend in seiner Annahme bestätigt, daß dieser Mann ein Mörder war. Und wie er erst in Panik geriet, als sich ihre Blicke trafen; verwechselte die Gänge, krachte derart gegen eine auf dem Gehsteig abgestellte nagelneue Badewanne, daß seine Angestellten zuhauf angestürzt kamen.

Ein Indiz, wie es im Buche stand, und hämisch grinsend blieb Catzoa sitzen, verfolgte wachsam und genüßlich Wuschewiers Aktionen. Immer nervöser wurde sein Opfer.

Leichtes Fieber hatte er, die pralle Sonne kam dazu, und so geriet er langsam in einen schwebeschönen Trancezustand, blieb darin, bis drüben auf dem Lieferwagen ein Wort immerzu in bunten Feuergarben blinkte: Wörbs, Wörbs, Wörbs ...

Wer war das eigentlich, wo steckte der Mann? War das der Grund, warum sich Wuschewier so komisch zeigte? Hatte er nicht etwa eine Frau, sondern seinen Kompagnon getötet?

Catzoa sprang auf und lief zur nahen Post, fand eine der fünf Telefonzellen unbesetzt und auch intakt, suchte im ebenfalls benutzbaren Fernsprechverzeichnis, selten genug, die Wuschewier-Nummer und wählte sie mit zugegebenermaßen etwas zittrigen Fingern.

Eine Sekretärin war am Apparat, und er konnte es gar nicht erwarten, bis sie ihr Standardverslein abgelassen hatte.

«Ja ... Ich hätte gern Herrn Wörbs gesprochen.»

«Ham wir nicht!»

«Aber da ist doch ‹Wuschewier und Wörbs› ...»

«Ja, aber einen Herrn Wörbs, den gibt's hier nicht. Früher, da hatten wir mal 'ne Frau Wörbs hier, das ist schon richtig, aber die ist irgendwo verschollen, in Australien, glaub ich ...»

«Ah ja, herzlichen Dank auch!» Umarmen hätte er das Mädchen können! Freude, schöner Götterfunken! Das also war's: Der Wuschewier hatte diese Dame umgebracht und den Leuten dann erzählt, daß sie ausgewandert war, wahrscheinlich gefälschte Karten und Briefe aus Australien nach Bramme geschickt; kannte man ja.

Das alles erschien ihm in einem solchen Maße unaufschiebbar wichtig, daß er sofort – Krankmeldung hin, Krankmeldung her – ins Dienstgebäude eilte, um seinen Praxisanleiter von allem gebührend in Kenntnis zu setzen.

Doch Kämena, dieser alte Sack, hatte für ihn nichts weiter

übrig als ein aggressives Gähnen. «Daß der Tag vierundzwanzig Stunden hat, ist für mich nicht gerade neu, wissen Sie …!»

«Aber dieser Wuschewier, der hat doch garantiert was ausgefressen!»

«Seinen Joghurtbecher vielleicht, mehr nicht …»

«Einen Mord begangen, meine ich!»

«Gott, diese Wörbs, Evelyn, soweit ich weiß, ist nach dem Tode seiner Frau in die Firma eingestiegen, als er so ziemlich in den Miesen war … Mehr ist da nicht. Und dann hat sie eben die Nase vollgehabt von allem hier …»

«Hat denn keiner Wuschewier verhört, als sie damals so plötzlich …!?»

Kämena versuchte, mit Blicken anzudeuten, was er nicht sagen durfte, ohne Chef und Personalrat am Halse zu haben: Du hast ja 'ne Meise, mein Lieber, und was für eine!

Catzoa spürte das wohl, und er litt unter seiner Ohnmacht derart heftig, daß er spontan auf einen Knopf gedrückt hätte, wäre einer dagewesen, um das ganze Stadt- und Polizeihaus in die Luft zu sprengen.

«Der Wuschewier», sagte Kämena, «der ist wie ein Heiliger hier, und wer den nicht in Ruhe läßt, der ist ein kompletter Idiot! Und da ich mich Ihretwegen nicht in die Nesseln setzen will, weise ich Sie hiermit in aller Form an, mit diesem Unsinn aufzuhören! Ich gehe jetzt für zwei Tage zur Beobachtung ins Krankenhaus, und wenn Sie es in der Zwischenzeit nicht lassen sollten, unbescholtene und verdienstvolle Bürger derart zu verdächtigen, dann fliegen Sie – verstanden?»

Das war's ja dann wohl, dachte Catzoa.

Von da an vergingen die Tage und Wochen in schläfriger Routine, und Catzoa fand seinen Beruf noch weniger spannend und abwechslungsreich als den eines U-Bahnfahrers in Berlin. Sein Irrsinnsprogramm «Wuschewier, das Mördertier» war völlig gelöscht, vorbei die fiebrige Erregung, die ihn getragen hatte, nur Akten gab es jetzt und immer wieder Akten, Brammers ganzer Pitaval war durchzukauen. Aber da kannte er doch alles, bis hin zu jenen Fällen, die er als Gaffer selber mitbekommen hatte: das Drama in der Albert-Schweitzer-Schule beispielsweise, wo ein Mischling namens Herbert Plaggenmeyer die ganze 13a in seine Gewalt gebracht hatte, um mit dieser Geiselnahme den Mörder seiner Braut zu einem Geständnis zu zwingen.

Oder die Sache mit dem «Robin Hood von Bramme», Benno Drobsch, der mit seiner Freundin Britta an das Lösegeld gekommen war, das Terroristen dem entführten Industriellen Gerhard Greskämper abgepreßt hatten, um es munter an die freigesetzten Arbeiter seines Brammer Werkes weiterzugeben.

So schön diese Lektüre auch war, Catzoa litt immer stärker darunter, nicht selber an der Aufklärung eines aktuellen Mordfalles mitzuwirken, die Chance zu haben, allen mal zu zeigen, was er konnte, nicht nur in der Theorie der Größte zu sein, sondern auch im Praktischen. Ohne jede Frage hätte er da glänzend dagestanden und diesem Oberschlaffi Kämena schnell das Wasser abgegraben. Aber sosehr er auch auf einen hoffte, in Bramme gab es keinen neuen Mordfall mehr, und was blieb ihm anderes, wollte er geistig nicht völlig austrocknen, als seine Hausarbeit zu Ende zu bringen, ein Zitat ans andere zu fügen: «Die Jugendkriminalität im Zonengrenzgebiet Uelzen erhellt schlagartig die katastrophalen Auswirkungen der von den Kriegsalliierten mitten durch Deutschland gezogenen Zonengrenze auf die moralische Substanz des deutschen Volkes. Gegenüber dem Jahre 1939 mußte das Jugendamt Uelzen in den vergangenen zwölf Monaten etwa die fünffache Zahl von Jugendlichen unter Schutzaufsicht stellen, um sie vor Straffälligkeit zu bewahren» (*Hannoversche Allgemeine Zeitung* vom 12. 1. 1953).

Auf diese Art und Weise ging sein Praktikum allmählich zu Ende, nur daß die letzten drei Tage nochmals um einiges langweiliger wurden, da er nun allein im Zimmer saß: Karl

Kämena war ins Krankenhaus gegangen, um sich seine Krampfadern operieren zu lassen.

Mit dem Feierabend am Freitag war die Mordkommission endgültig abzuhaken für ihn, schade und Scheiße!

Doch am Donnerstag mittag, gerade hatte er in Richtung Kantine lostrotten wollen, kam die große Wende, da klingelte das Telefon, und von einem Streifenwagen kam die Meldung, daß man bei Ausschachtungsarbeiten auf einem Grundstück am Fluß ein Skelett gefunden habe, von der Größe her ganz offensichtlich eine Frau. «Kommen Sie mal ...!»

«Natürlich, ja, ich eile!» Nichts hätte er lieber getan. Und er jetzt Chef im Ring, Kämena in diesen Minuten nicht mal aus der Narkose erwacht. Mensch, das isses!

Catzoa sprang die Treppen hinunter.

Eine knappe Stunde später stand er schon im Laden von Wuschewier & Wörbs und verlangte mit gepreßter Stimme nach dem Chef. Jetzt oder nie. Alles oder nichts. Wer wagt, gewinnt. Nur noch formelhafte Wendungen füllten seinen Kopf. Er riskierte viel, denn Karl Kämena lag zwar im Krankenhaus, war aber noch nicht gänzlich aus der Welt, und wenn man Druck auf ihn ausübte, würde er sicher keinen Augenblick lang zögern, seinen Anwärter zu opfern; angekündigt hatte er es ja.

Er stöhnte auf, als Wuschewier noch auf sich warten ließ. Beginn einer großen Karriere oder Absturz des Erfolgsprogramms Catzoa, das war hier die Frage.

Wuschewier kam endlich aus den hinteren Räumen hervor, fiel auf durch seinen schleppenden Schritt, schien einem Sarg zu folgen. Flächig-rund und teigig wirkte sein Gesicht, leer die Augen, seine Hände zitterten, so etwas wie ein epileptischer Anfall mußte ihn jeden Augenblick ereilen.

«Sie wünschen ...?» fragte er, und als Catzoa später von dieser Szene erzählen, sagte er, es hätte wie in einer Gruft gerochen.

Catzoa atmete noch einmal durch. *Hic Rhodos, hic salta!*

Hier stehe ich und kann nicht anders. Flugzeugtür geöffnet, Sprung! Nein, doch noch mal ein Zögern, eine Rückversicherung. «Ihr Monteur hat meinen Wasserhahn so schön gemacht, da wollte ich mal fragen, was es denn kostet, das ganze Bad ...?» Da konnte er später immer behaupten, aus einem anderen Grunde hiergewesen zu sein, rein privat.

Wie ein Schlafwandler schaute Wuschewier auf die Straße hinaus. «Da müssen wir mal einen Kostenvoranschlag machen ...»

«Danke, ja –» Catzoa schluckte. Jetzt, stoß zu! – «und dann wollte ich Ihnen noch dienstlich die Mitteilung machen, daß wir auf Ihrem ehemaligen Grundstück unten am Fluß ein Skelett gefunden haben ...»

Wuschewier sank auf einen Hocker, verbarg das Gesicht in der Schale seiner gefalteten Hände, und der mit scharlachroten Flecken übersäte Hals ließ ahnen, wie aufgewühlt er war.

«Ich habe ein Geständnis abzulegen ...!» stieß er endlich hervor. «Evelyn ist das, die Wörbs. Ich hab sie mit 'ner Axt erschlagen ...»

Catzoa hatte fünf Flaschen Champagner gekauft und seine engsten Jahrgangskollegen zu einer kleinen Feier geladen, stand um Mitternacht am Fenster seiner Wohnung und deklamierte trunken-laut aus Schillers *Siegesfest*: «Weil das Glück aus seiner Tonnen / Die Geschicke blind verstreut, / Freue sich und jauchze heut, / Wer das Lebenslos gewonnen!» Beifall und Jubel brandeten auf, ließen Nachbarn «Ruhe!» schreien. Egal. Ich bin der Sieger, ich bin der Größte, ich mit meinem Gespür!

Am nächsten Morgen fand er dann zum ersten Male seinen Namen in der Zeitung, und er las den Artikel, der ein Loblied auf ihn war, wieder und wieder, berauschte sich daran. «*Brammes Wohltäter als Frauenmörder entlarvt*. Werner Wuschewier gesteht, Mitinhaberin und Geliebte erschlagen zu haben – Das Skelett von Evelyn Wörbs von Bauarbeitern auf seinem Grundstück gefunden.» Und als er auf dem Weg zum Dienst einen kleinen Umweg einlegte, sah er vor Wuschewier & Wörbs eine kleine Menschenmenge stehen. Man diskutierte miteinander, suchte in die Geschäftsräume zu blicken und hoffte, von den verstörten Angestellten mehr zu erfahren, als im *Brammer Tageblatt* geschrieben stand. Einer erkannte Catzoa, und sie staunten ihn an, so daß er sich wie ein Tenniscrack fühlte, der zum Finale den Centre Court betrat. Eine Hutzelfrau beschimpfte ihn, wie er denn einen so guten Menschen, wie Werner Wuschewier es war, ins Gefängnis bringen konnte, doch die anderen alle stimmten seiner Formel zu: Gleiches Recht für alle!

Auch die Kollegen waren allesamt der Meinung, daß er recht gehandelt habe, gratulierten ihm und freuten sich am neuerlich erhöhten Image ihrer Zunft.

Kämena rief aus dem Krankenhaus an und brummelte, daß er nun nichts weiter könne, als Abbitte leisten. «Ich hab Sie wirklich unterschätzt, mein Lieber. Aber wie sagt doch Hans Moser in einem alten Film zu O. W. Fischer: ‹Entweder man hat's – oder man hat's nicht.› Und Sie haben es ganz offensichtlich. Na, schönchen …»

Nun hatte er zwar an jedem Tag seines Praktikums Kämena irgendwie herabzusetzen versucht, als debil und greisenhaft bezeichnet, als alten Sack und Trottel, doch mit diesem einen Satz wurde der Verspottete sofort «Brammes großer alter Mann der kriminalistischen Praxis», hatte er doch die ganze Sache auf den Punkt gebracht, hingewiesen auf das, was die Götter ihm, Catzoa, ganz offensichtlich zum Geschenk gemacht hatten: die Kraft der Intuition, gepaart mit einem Riesenmaß Fortune.

Seine alte Schulkameradin Corinna, in den Semesterferien als Aushilfstipperin im Brammer Rathaus beschäftigt, schaute mal vorbei und hatte den Bürgermeister sagen gehört, daß er sich «diesen Catzoa» als nächsten Chef der Kripo wünsche.

Kaum hatte Thomas Catzoa dieses dicke Lob verdaut, da wurde die Tür aufgestoßen, und eine Frau Mitte der Vierzig erschien, asketisch-schlank und herb, an die Tennis-Navratilova erinnernd, mit Boutiquen-Fummel behängt, schritt auf ihn zu und fragte, ob er der Kriminalbeamte sei, der das da alles mit dem Wuschewier ...?

«Ja, das habe ich ...» Catzoa stand auf, bescheiden-stolz in seiner Haltung, nahm an, daß das die *Tagesthemen*-Redakteurin war oder eine andere Fernsehfrau, vom ZDF oder einem der privaten Sender. Klar, daß die ihn jetzt ... Oder von 'ner Talk-Show irgendwo?

«Na, dann Glückwunsch auch von mir!» rief sie und ließ ihre freie rechte Hand auf seinen linken Oberarm klatschen. «Ich bin nämlich die Frau, die von Werner Wuschewier ermordet worden ist. Wörbs mein Name, Evelyn ...!»

Und während sie Ausweis, Reisepaß und Führerschein auf Catzoas Schreibtisch warf, alles ohne Fehl, brach sie in ein solches Gelächter aus, daß die Kripokollegen aus dem ganzen Trakt zusammenströmten.

Das neue Semester an der Hochschule für Öffentliche Verwaltung in Bramme hatte eben begonnen, und wieder saß Thomas Catzoa bei Prof. Volkrad Huvenow im bücherberstenden Zimmer, wollte dessen erste angesagte Sprechstunde nicht allein zur Übergabe seiner großen Hausarbeit nutzen, sondern auch aus kompetentem Mund erfahren, wie es denn im Falle Wuschewier und Wörbs nun stand, da seit dem spektakulären Auftritt der «Ermordeten» fünf Wochen und mehr ins Land gegangen waren. Er selbst hatte sich noch am selben Tag krank gemeldet und war dann in seinen lange angemeldeten Urlaub geflüchtet, mit Bruderfamilie und Eltern nach Bulgarien geflohen, dort abgeschnitten von der Heimatpresse, immer noch ein wenig in der Hoffnung, die Papiere jener Dame Wörbs könnten falsch gewesen sein beziehungsweise irgendwelche Schurkereien hinter allem stecken,

Versuche leicht mafiöser Freunde Wuschewiers, ihn zu retten, dachte auch schon mal an geheimdienstliche Schach- und Winkelzüge.

Doch vorerst war Huvenow noch damit beschäftigt, in seiner Hausarbeit zu blättern, die Pleil-Passagen aufmerksam zu überfliegen und über seinen absoluten Zeitmangel zu jammern.

Endlich kam er aber doch auf Wuschewier zu sprechen. «… sehr schön, aber mit Ihrem Brammer Pleil ist es ja nun leider Essig, mit Werner Wuschewier als großem Frauenmörder …»

«Ich weiß von nichts; ich bin erst gestern abend aus dem Urlaub zurück …»

Huvenow steckte sich sein Sherlock-Holmes-Pfeifchen an. «… soweit ich von den bisherigen Gutachten weiß, ist bei Wuschewier ganz eindeutig von Schizophrenie die Rede. Bizarre Wahnphänomene liegen da vor, inhaltlich absurd, wenn auch in seinem Falle nicht so ganz ohne jede reale Grundlage, denn in einem Eifersuchtsanfall ist er wirklich einmal mit der Axt auf die Wörbs losgegangen, auf seinem ehemaligen Grundstück an der Bramme unten. Der Schlag soll sie damals auch nur um die sprichwörtliche Haaresbreite verfehlt haben. So beide, auch die Wörbs. Die hat dann das Weite gesucht, wenn es auch nicht gleich Australien war, sondern nur Hamburg-Bergedorf … Für Wuschewier ist diese Attacke jedenfalls das traumatische Erlebnis geworden, das ihn krank gemacht hat. Ich hab mal nachgeblättert: Bei Berner findet sich ein Schuld- und Versündigungswahn nur bei 1,1 % aller Patienten, Gabriel aber hat bei den Spätschizophrenen immerhin 10 % mit solchem Wahnthema gefunden, so daß ‹unser› Wuschewier gar nicht einmal die so große Ausnahme ist. Er hat also fest daran geglaubt, die Wörbs damals wirklich erschlagen zu haben; eine Art autistisches Denken wird das dann bei diesem Krankheitsbild, die eingebildete Welt wird für die wirkliche gehalten. Um seine vermeintliche Schuld zu

kompensieren, hat er immerzu versucht, Gutes zu tun …»
Huvenow stand auf und trat ans Fenster, sah unwillkürlich zur Nervenklinik Bramme-Süd hinüber, wo Wuschewier nun weilte. «Das Skelett unten am Fluß, das noch zur Ergänzung, stammt von einer Frau aus dem 12. Jahrhundert …»

Catzoa nickte und wagte schon wieder sein so unnachahmlich arrogantes Lächeln. «Da hab ich ja doch den richtigen Riecher gehabt, daß mit diesem Wuschewier so einiges nicht stimmt … Und darum finde ich es auch so furchtbar ungerecht, daß mir Kämena, dieser: na ja, für meine Praktikumsleistungen nur eine schlappe Vier geben will.»

«Mir kommen die Tränen», sagte Huvenow, der Phrasen haßte, aber Kämena mochte, und genoß die kleine Rache.

Ausgerechnet Achternholt

Nahm man einen Riesenzirkel, stieß die Spitze in den Marktplatz und zog dann einen Kreis von 70 Kilometern um Bramme herum, so streifte man im Süden das nicht eben sehr bekannte Ackerbürgerstädtchen, in dem der machtvolle Brammer Stadtrat Thilo Vinnen am 4. 7. 1940 geboren worden war und in dem seine Mutter noch heute in einem ziegelrot geklinkerten Einfamilienhäuschen wohnte.

Die Landschaft war von jenem kalten Grün, wie es bestimmte Gräser zeigten, wenn sie Mitte Mai nachts im Schein von Neonlampen liegen; blaugrün war es weniger, graugrün auch nicht, eher bleigrün. Aus himmelsgroßen Eimern schien meterhoch leicht milchiges Gießharz über allem ausgeschüttet zu sein, und die Menschen agierten alle derart mechanisch, als wären es kunstvoll gemachte Disneyland-Puppen. Ihr Anblick schmerzte, weil man glauben mochte, *The Day After* wäre angebrochen.

Doch es war ein ganz normaler Samstagabend im Juni, bundesweit als schön gepriesen, an dem Thilo Vinnen von seiner Mutter Abschied nahm und wütend den Deckel seines Kofferraums nach unten schmetterte, weil Yvonne, weil seine Frau mit dem Händeschütteln nicht fertig wurde.

«Yvonne, kommst du nun endlich!» Er schrie das so herrisch-gereizt, daß jeder Ehe-Therapeut sofort aufgehorcht hätte, fette Beute witternd.

«Ja doch! Steig schon mal ein!»

Für einen etwas weiter entfernten Beobachter dagegen und ohne Ton wäre es eine Szene wie aus einem Bilderbuch gewesen: deutsche Gemütlichkeit in der Nähe von Bramme. Vielleicht noch mit einem Verslein von Richard Dehmel darunter: *Nur noch die Grillen geigen ihren Psalm, / So sei doch froh, mein Herz, in all dem Frieden!*

Yvonne war das, was sie landauf, landab eine attraktive Frau nannten, hatte Mannequin-Maße, war aber nicht so dürr und zickig wie die meisten Modemiezen, sondern eher kräftig gebaut, gefiel auch nicht mit einem Einfalts-Puppengesicht, zeigte eher holzschnittartig-maskuline Züge, hätte vielleicht sogar für die große Melina Mercouri das Double spielen können.

Wirkte ungemein erotisch, wie sie da mit ihrer Schwiegermutter stand und plauderte, einer süßen kugelrunden Omi, ungemein lieb und einfühlsam.

«Schön, Kinder, daß ihr wieder mal da wart …! Sonst laßt ihr euch ja selten …»

«Mutter, bitte!» rief Vinnen. «Nicht wieder diese Litanei! Wir haben doch wahrlich genug am Hals!» Damit setzte er sich hinters Steuer, wirkte, obwohl nun auch schon Mitte Vierzig, in seinem blauen Fernsehauftrittsanzug wie fabrikneu, so, als sei er gerade eben von einem Fließband geklettert, von der Firma DSM (Der Synthetische Manager) für Wirtschaft und Verwaltung in großer Stückzahl gefertigt.

Seine Mutter nahm Yvonne noch einmal in die Arme. «Ich weiß ja, du hast dich verkriechen wollen, seit das mit Viviane passiert ist …»

Yvonne, gleichermaßen erregt wie beherrscht, machte sich los. «Es ist nicht passiert … Dein Sohn hat es passieren lassen!»

Vinnens Kommentar darauf war nur ein ungeduldiges Hupen: so ein Quatsch das alles!

«Kind! So darfst du das nicht …! Deine Tochter hast du schon … nun verlier nicht auch noch deinen Mann!» Sie meinte es sehr ernst mit ihrer Mahnung.

Vinnen hatte seine Tür zugeschlagen, aber zugleich die Scheibe heruntergekurbelt. «Yvonne, nu mach doch mal – ich will wenigstens zu Hause sein, wenn das ‹Aktuelle Sportstudio› …!»

«Gott, immer diese Hektik!» rief Yvonne.

Noch einmal wurde sie von ihrer Schwiegermutter umarmt. «Sei lieb, Kind, und ärgere meinen Thilo nicht. Er hat's doch immer gut gemeint mit euch!»

Yvonne küßte ihre Schwiegermutter auf die linke Wange. «Ja, Mutter, ja! Und in vierzehn Tagen kommst du zu uns nach Bramme rauf ...!»

«Ja, herzlich gerne. Und kommt gut nach Hause, ehe es ganz dunkel wird!»

Yvonne ging nun endlich zum Wagen. «In 'ner knappen Stunde sind wir ja da ...» Dann zu ihrem Mann: «Meine Tür hättste ja auch schon mal aufmachen können ...!»

«Ich war so gefesselt von eurer Abschiedsszene ...»

Yvonne stieg ein und winkte noch beim Losfahren, rief zwei-, dreimal «Auf Wiedersehen!», dann schoß der blaue BMW davon.

«Entsetzlich, eure Abschiedsarien!»

Yvonne hatte den Spiegel heruntergeklappt, um sich die Haare zu ordnen, ignorierte seine Worte. «Du wolltest doch noch tanken fahren ...»

«Muß ich ja wohl; du hast es ja gestern nicht mehr geschafft. Den ganzen Tag über den Wagen, aber dann ...»

Yvonne stöhnte auf. «Da drüben ist 'ne Tankstelle ...!»

«Ich weiß, ich hab zwanzig Jahre hier gelebt!»

«Manche brauchen eben lange, bis sie was merken ...»

Da Vinnen für die heutige Nacht in seinem Kalender 1 X Y. vorgemerkt hatte, gab er sich versöhnlich und schob ihr die Hand zwischen die Knie. «Die hatten früher auch Blumen, da hab ich dir immer welche gekauft ...»

«Fünfzigmal Nelken, obwohl ich dir schon beim ersten Strauß gesagt hatte, daß ich die geradezu hasse!»

«Andere hatten sie nicht ...» Vinnen bremste neben einer der gelb-roten Zapfsäulen.

Kaum aber war der BMW zum Stillstand gekommen, sprang ein außerordentlich hagerer junger Mann, schwarze Lederhose, schwarze Weste, der vorher neben seiner *Ente*, bordeauxrot mit schwarzen Bögen, gestanden und den Reifendruck gemessen hatte, auf sie zu und klopfte erst gegen ihre Kühlerhaube und dann auf Vinnens Seite gegen das inzwischen wieder geschlossene Fenster, sah mit seinem Schnauzbart wie ein Künstler aus, HdK-Design, Jungfilmer («Die unnütze Schwerelosigkeit des Scheins»), oder geheimgetippter High-Poet (Gedichtbändchen *Cliché*, Auflage 300 Stück).

«Hallo, Herr Vinnen!» rief der *Enten*-Fahrer. «Hallo, Herr Stadtbaurat! Nett, Sie wieder mal zu sehen!»

«Achternholt ...! Wie kommen Sie denn hierher?»

«Mit dem Studenten-Porsche hier ... Aus'm Vogelpark Walsrode. Wollte mal sehen, ob die für so 'nen bunten Vogel wie mich noch 'n Platz frei haben ...»

«Und?» fragte Vinnen.

«Alle Käfige schon voll.»

«Schade!»

Achternholt lachte. «Müssen Sie halt noch 'n bißchen warten, eh Sie mich hinter Gittern sehen. Tschüs dann! Und gute Heimfahrt noch. Vielleicht treffen wir uns in Bramme mal wieder ...»

«Muß nicht unbedingt sein», brummte Vinnen.

Während Achternholt in seinen Wagen stieg und losfuhr, fragte Yvonne mit erstauntem Gesicht, wer das denn gewesen sei, denn «so'n Typ, der paßt doch gar nicht in die Gegend hier ...?»

«Der Achternholt, Mensch!»

«Einer von deinen Untergebenen, 'n Architekt?»

«Ach, Quatsch!»

Sie insistierte weiter. «Na, woher kennt'n der dich nu?»

Vinnen wurde noch um einige Grade aggressiver. «Woher, woher? Woher kennen mich die Leute schon? Was weiß ich: aus der Zeitung, aus'm Fernsehen, von der Einweihung irgendeiner städtischen Bedürfnisanstalt. Außerdem: Wenn du dich mal 'n bißchen für was interessieren würdest, dann hättst du eigentlich wissen müssen, wer Achternholt ist! Der große Bericht letzte Woche hinten im *Brammer Tageblatt* ...»

«Du weißt doch genau, daß ich dieses Käseblättchen nicht mehr lese, seit sie bei Vivianes Tod damals ... so was derart Widerliches!»

Vinnen klinkte die Tür auf und machte Anstalten, sich aufs Tankstellengelände hinauszuschwingen. «Hättest du mal lesen sollen; Überschrift: Eichendorffs Taugenichts als großes Vorbild – Ronnie Achternholt, ein schillernder Paradiesvogel aus Bramme. Gewesener Weltenbummler, Stuntman, Filmschauspieler, Gammler, Clown, Privatdetektiv – und so weiter und so weiter ...» Das hatte er reporterhaft laut und schnell hervorgebracht, der Nachsatz nun kam aber wesentlich leiser: «Aber was er sonst noch ist, das hat leider nicht mehr dringestanden ...»

«Wie ...?» fragte Yvonne.

«Ach, nichts! Ich geh jetzt tanken!»

«Vollgetankt hab ich dich ja schon oft genug erlebt ...»

Vinnen machte einen Schritt zur Zapfsäule hin und riß den Schlauch mit einem wütenden Ruck aus der Halterung heraus. «Ohne Alkohol hat noch keiner im Baugeschäft Karriere gemacht! Man kann im Leben alles erreichen ...»

«... man muß nur bezahlen dafür!» leierte Yvonne, stöhnte dann abermals auf. «Ich kenn deine Devise in- und auswendig, du! Aber du hast ja gar nicht bezahlt dafür, du hast ja immer nur kassiert; bezahlt haben Viviane und ich ...!»

Sie wurde derart von ihren Emotionen gepackt, daß sie das Autoradio anschalten mußte, erwischte, mittendrin, *Don't cry for me, Argentina*, war sofort gerührt, gab sich dem melodramatischen Lied geradezu hin, so lange jedenfalls, bis ihr Mann den Benzinschlauch wieder eingehängt und den Tankverschluß ihres Wagens zugedreht hatte, dann dem herbeigeeilten Gehilfen mit einem huldvollen «Stimmt so» zwei grüne Zwanzigmarkscheine in den violetten Overall steckte.

Vinnen stieg wieder ein und schnauzte auch gleich los. «Machst du das bitte aus, ich kann das nicht mehr hören!»

«Dann hör doch weg!»

Vinnens erster Startversuch mißlang. «Mensch, ich kann dabei nicht fahren. Willst du selber …?»

«Nein, nein, ist ja dein Wagen. Aber gut …» Sie schaltete das Radio mit einem bösen Knurrlaut wieder aus.

«Na also.» Schlagartig zufrieden, ließ Vinnen seinen Motor nun aufheulen, gab Gas, fuhr los. «Meine Mutter hat dich ja wieder mal ganz schön aufgehetzt gegen mich …»

«Im Gegenteil, aber …»

Vinnen sah zu ihr hinüber. «Aber …?»

«Du weißt doch ganz genau, warum mich das alles so aufgeregt hat. Da, wo wir eben Kaffee getrunken haben, ist Viviane übern Boden gekrabbelt, da ist sie zum erstenmal richtig gelaufen …»

«Na, sicher. Aber meines Wissens ist das auch meine Tochter gewesen, meine einzige!» Nun brach es auch aus ihm heraus: «Und wenn du nicht aufhörst, *mir* die Schuld an ihrem Tod zu geben, dann …»

«Dann …?»

«… fahr ich gegen den nächsten Baum hier, mit 180 aber!»

«Du doch nicht!»

«Wir haben schließlich noch 'n Sohn zu Hause!»

«Nicht zu Hause – bei meiner Mutter; sicherheitshalber …»

Vinnen hieb mit den Fäusten aufs Lenkrad, daß der Wagen zu schlingern begann. «Mein Gott, ich konnte doch nicht ahnen, daß aus dem kleinen Hüsteln plötzlich so 'n Pseudo-Krupp werden würde, so 'n Anfall!»

«Tatsache ist, daß du dich im Wirtshaus rumgetrieben hast, während deine Tochter zu Haus in ihrem Bettchen qualvoll ersticken mußte. Daß du gesoffen hast und der Serviererin untern Rock …»

«Yvonne, bitte: nach 'ner halben Stunde war ich doch wieder da! Höhere Gewalt war das, Schicksal, und dagegen kann doch keiner was machen, und ich, ich …»

In seine Rechtfertigung hinein kam Yvonnes Schrei.

«Paß auf, da läuft einer!»

Quietschende Reifen, Vollbremsung. Der Wagen schleuderte, blieb aber auf der nicht eben breiten Asphaltstraße, kam zum Stehen. Schon hatte sich Vinnen von seinem Gurt befreit und war hinausgesprungen; Yvonne folgte ihm Sekunden später.

«Gott, du hast einen totgefahren, Thilo!»

«Nein … Ich hab doch … Der kam doch ganz plötzlich aus'm Wald raus und …» Schockwirkung bei Vinnen. «Ich konnte doch nicht mehr … Die Kurve hier und … Du hast doch mal angefangen, Krankenschwester zu lernen, Yvonne, bitte, sieh doch mal nach, ob er …» Er hatte sich schon wieder im Griff.

«Mach doch mal die Scheinwerfer an!» verlangte Yvonne. «Das Fernlicht richtig!»

«Ja …» Vinnen ging zum Wagen zurück und drückte auf den entsprechenden Schalter.

«Danke …» Yvonne kniete inzwischen neben dem Mann, der am Straßenrand lag, gekrümmt auf einem kümmerlichen Teppich aus Dreck und strohgelbem Gras. «Da ist nichts mehr zu machen … Aus. Exitus!»

«Ja, seh ich ja selber.» Vinnen war nun auch herangekommen. «Mein Gott, das ist ja Achternholt! Ausgerechnet Achternholt …»

Yvonne legte ihm den Arm um die Schultern. «Komm, beruhige dich. Deine Schuld ist es doch nicht gewesen; der ist dir direkt ins Auto reingelaufen! Du hast mich doch als Zeugin! Wir holen jetzt die Polizei und dann …»

Vinnen stieß sie von sich weg. «Nein, bloß keine Polizei! Die glauben mir doch nie und nimmer, daß das 'n Unfall war – nicht bei dem Achternholt hier …!»

Yvonne kniff die Augen zusammen. «… die glauben dir nicht – warum glauben dir die nicht …?»

«Später.» Fast flehte er sie an: «Yvonne, bitte, hilf mir jetzt, sonst ist alles aus!»

«Wieso denn, das war doch seine Schuld!» Sie suchte sich

mit mehreren Tempotaschentüchern die Hände zu säubern; Achternholt war blutüberströmt. «Der ist dir doch direkt ins Auto rein …»

«Trotzdem: Die werden mir 'n Mord anhängen!»

«Ach, Unsinn!»

«Hundertprozentig, weil …» Er stockte, geriet in einen immer größeren Ausnahmezustand. «Da hinten kommt 'n Wagen! Wir müssen ihn … Fahr du das Auto so, daß … Ich kann nicht mehr, ich …»

«Das ist doch Wahnsinn, Thilo!»

«Bitte, Yvonne, ich erklär dir später alles, aber …»

Sie fuhr ihn an. «Mensch, du machst doch alles nur noch schlimmer!»

«Bitte, schnell! Der Schlüssel steckt noch. Fahr unsern Wagen so an ihn ran, daß ihn keiner …»

«Meinetwegen, aber …» Sie ließ sich auf den Fahrersitz fallen und startete den Wagen wieder, setzte ihn ein Stückchen zurück, so daß er schräg vor Achternholz zu stehen kam, ihn abschirmte gegen die Blicke aller Fahrer und Insassen, die die Stelle passierten. Viele konnten es nicht sein, denn dies hier war nur eine Nebenstraße, schon mehr ein ausgebauter Wirtschaftsweg, nur von einigen Ortskundigen als Abkürzung genutzt.

«So ist gut, ja! Noch 'n Meter zurück! Nicht noch über ihn rüber! So ist gut!» Vinnen hatte nur noch Luft für ganz kurze Sätze, die extreme Belastung ließ ihn schwer wie einen Asthmakranken atmen.

In dieser Sekunde war der andere Wagen heran, ein saharagelber Golf, und der Fahrer, offensichtlich ein Bundeswehrrekrut auf dem Rückweg zu seiner Kaserne, hielt wie selbstverständlich an und legte sich sofort über den freien Beifahrersitz, um die rechte Vordertür weit aufzustoßen.

«Hallo, is was passiert? Kann ich euch helfen?»

«Nein, danke!» Vinnen versuchte zu lächeln. «Nur 'ne kleine Pause.»

«Wirklich nichts zu helfen?» Er musterte Yvonne, die mit hochgerutschtem Rock hinterm Steuer saß und bemüht war, die blutigen Taschentücher zu verdecken, die zwischen Gas und Bremse lagen, dabei aber in eine etwas laszive Pose geriet, die den jungen Mann zu immer längeren Blicken anregte.

Sie fauchte ihn deswegen geradezu an. «Hier gibt's nichts zu helfen: danke!»

«Na, prima, wenn ihr alles selber schafft! Gute Fahrt dann allerseits!»

Nachdem er seine Tür wieder zugeschlagen hatte, schoß er mit einem halben Monza-Start davon.

«Der wird nichts gemerkt haben», sagte Vinnen. «Der wird uns für 'n Liebespaar gehalten haben, das gerade ...»

«Hoffen wir's ...» Yvonne kam aus dem BMW herausgeklettert, kniete sich fast auf die Straße, um die blutverschmierten Tempotaschentücher von der Fußmatte zu nehmen, wußte nicht, wohin damit, ließ sie schließlich tief in ihrer Handtasche verschwinden, sah ihren Mann dann fragend an: «Und nun?»

«Was?»

«Na, Achternholt – oder wie immer der heißt.»

«Was soll sein: Wir müssen ihn wegschaffen.»

Yvonne preßte die heiße Stirn aufs Wagendach. «Das ist doch Wahnsinn alles! Ich fahr jetzt doch und hol die Polizei!»

Sie beugte ihren Rumpf schon nach unten, um wieder einzusteigen, doch ihr Mann riß sie zurück.

«Hiergeblieben!»

«Aua, mein Arm! Mensch, bist du denn ...»

Vinnen ließ sie los. «Entschuldige, aber ich will nicht in'n Knast!»

Sie sah ihn an. «Warum sollst du denn deswegen ins Gefängnis? Das war 'n Unfall oder 'n Selbstmordversuch von dem hier ...» Sie zeigte in Richtung der blutüberströmten, extrem gekrümmten Gestalt. «Du hast mich doch als Zeugin!»

«Na und? Das nützt mir gar nichts.»

«Wieso nützt dir das gar nichts?»

«Weil ich ...» Ein letztes Zögern noch bei Vinnen, dann brach der Damm. «... weil ich Achternholt letzte Woche ganz massiv gedroht habe, daß ich ihn umbringen werde ...»

«Warum denn das?»

«Weil er mich erpreßt hat.»

«Dich erpreßt?» Yvonne war einen Schritt zurückgefahren.

«Ja ...»

«Na denn: Herzlichen Glückwunsch!»

Vinnen konnte nicht anders, als sich nun in Aggressionen zu flüchten, blieb aber auch dabei noch immer in hohem Maße larmoyant. «Meinst du denn, ich hab unsere Villa geschenkt bekommen? Oder die beiden Pferde im Stall? Oder den Riesenschlitten hier? Als Beamter in Bramme, auch wenn man ganz oben ist, kriegt man doch 'n Hungerlohn verglichen mit 'nem Manager, 'nem Chefarzt oder so – ganz zu schweigen davon, wenn man Unternehmer ist. Als Stadtrat, mit dem bißchen Geld, was ich kriege, kannste doch keine großen Sprünge machen!»

Dies war alles derart voller Emotionen, daß ihr Fazit eisig wirkte: «Mein Mann hat sich also auch bestechen lassen ...»

«Du als Sekretärin, ich als kleiner Werkstoffprüfer, von zu Hause keinen Pfennig mitgekriegt – und jede Woche mit Leuten zusammen, die nicht mehr wissen, wohin mit ihrem Geld ...»

Yvonne wurde energisch. «Thilo, bitte, mach jetzt Schluß mit allem! Wir fahren zur Polizei – und dann wird sich alles klären.»

«Einen Skandal wird es geben, einen Riesenprozeß – und ich werd lebenslänglich kriegen! Wenn du mich jetzt hier sitzenläßt, Yvonne, dann ... Lieber Selbstmord als ...»

«Ich fahr jetzt los, egal, was ...»

Vinnen schrie auf, machte einen Sprung rückwärts von Achternholt weg. «Du, der hat sich eben noch bewegt!»

«Das ist doch unmöglich!»

«Sieh doch bitte noch mal nach …»

«Meinetwegen …» Yvonne holte eine Taschenlampe aus dem Handschuhfach, leuchtete Achternholt in die Augen. «Nein, Irrtum, der ist hundertprozentig hinüber! Hier, guck ihm doch selber mal in die Pupillen oder fühl seinen Puls!»

Vinnen zuckte zusammen. «Ich kann keinen Toten sehen, ich …»

«Wirklich auch kein Puls mehr …» Yvonne ließ Achternholts Hand zurückfallen in den Rollsplittstaub.

«Ich hab ihn also wirklich totgefahren?»

«Ja, haste!» Yvonne stand wieder auf. «Und was willste nu machen mit ihm?»

Vinnen schöpfte wieder etwas Hoffnung. «Du hilfst mir also?»

«Was bleibt mir denn anderes übrig …»

Vinnen zeigte auf den dichten Wald ringsum. «Wollen wir ihn hier vergraben?»

Yvonne schlug sich gegen die Stirn. «Du hast wohl nicht mehr alle! Sein Auto muß doch irgendwo hier stehen – und wenn sie ihn mal suchen sollten, dann doch sicherlich hier.»

Vinnen wurde nun richtiggehend weinerlich. «Wären wir doch bloß die Autobahn langgefahren …!»

«Du wolltest doch hier über die Dörfer.»

«Ja, weil du immer schwärmst davon, wie romantisch das ist.»

Yvonne steckte sich eine Zigarette an. «Mensch, hör auf, hier liegt 'n Toter!»

Vinnen riß sich zusammen. «Komm, faß mit an, wir pakken ihn erst mal in den Kofferraum.»

«Das ist doch alles Wahnsinn!»

Vinnen ließ sich nun auf den Fahrersitz fallen, konnte nicht mehr stehen, kraftlos die Beine. «Was muß der auch ausgerechnet hier über die Straße wollen! Das Land ist so groß und … Das kann doch kein Zufall mehr sein … Ich kann nicht mehr, ich …» Jetzt begann er zu schluchzen. «Das ist die Strafe für alles! Für Viviane, dafür, daß ich … Das mit der Bestechung …» Er preßte sein Gesicht auf das Fell, das sein Lenkrad umspannte. «Das darf doch nicht wahr sein … Ausgerechnet hier, ausgerechnet Achternholt! Das ist die Strafe, ja … Ich will nicht mehr, ich kann nicht mehr … Du hast recht, fahren wir zur Polizei, irgendwohin. Schluß mit allem!»

Yvonne zog ihn wieder aus dem Wagen. «Gott, reiß dich zusammen jetzt! Wer A sagt, muß auch B sagen! Was ist denn das für 'n Leben für mich und Ivo: Viviane auf'm Friedhof – und du im Knast! Wir beide sind doch schlimmer dran als du! Nein, danke!»

Vinnen fiel in sich zusammen, mußte sich am Wagendach festhalten. «Yvonne, ich hab nicht mehr die Kraft …»

Sie beutelte ihn. «Du hast sie zu haben, jetzt erst recht! Achternholt ist sowieso hinüber, so oder so! *Ich*, ich will aber weiterleben – und mein Sohn auch!» Sie ließ ihn wieder los, tat ein paar Schritte zum Heck des Wagens hin und riß den Kofferraumdeckel hoch. «Also, faß endlich mit an, damit wir ihn in den Kofferraum kriegen! Dann können wir immer noch weitersehen …»

Vinnen versuchte, mehrmals tief durchzuatmen. «Wenn du meinst, dann …»

Yvonne beugte sich abermals zu Achternholt hinunter. «Ich meine, ja! Du an den Beinen, ich an den Schultern!»

Vinnen gehorchte. «Mann, ist der schwer!»

«Los, rein ins Auto und dann ab!»

Vinnen hielt plötzlich wieder inne. «Du, da hat sich was bewegt, an der Birke dahinten …!»

«Quatsch, das wird der Wind gewesen sein.»

«Da war einer!»

«… 'n Reh, ja, oder 'n Wildschwein. Die kommen doch jetzt in der Dämmerung raus und … Los, mach schon …!»

Knapp fünf Minuten später glitten sie wieder die abgelegene Straße entlang, Achternholt im Kofferraum, hatten es geschafft, und als Yvonne, um sie abzulenken, hart auf den Knopf des Radios tippte, erklang Gustav Mahlers Siebte Sinfonie, erfüllte den engen Innenraum des Wagens mit ihrem schrillen Lärm.

«Paßt ja prima!» sagte Vinnen und riß beide Hände hoch, um sich die Ohren zuzuhalten, so daß der Wagen trotz aller Spurtreue leicht ins Mäandern kam.

«Willst du den Triumphmarsch aus der ‹Aida›?» fragte Yvonne.

«Mach aus!» schrie Vinnen.

Yvonne tat es ohne jeden Kommentar.

Nach ein paar hundert Metern Fahrt begann Vinnen wieder zu jammern. «… so eine Erpressung, das trifft dich so, als ob du erfährst, daß du AIDS hast: Da ist was, das dich langsam umbringt!»

«Aber doch mit 'nem kleinen Unterschied …»

«Ja, mit dem Unterschied, daß du bei 'ner Erpressung den Erreger von einer Sekunde zur anderen abtöten kannst: mit 'ner Kugel, mit 'nem Messer, mit irgendeinem Gift. Da dreht sich alles nur um eins bei dir …»

«… um perfekten Mord?»

«Ja: Den anderen so total wieder loswerden, daß keine Spur mehr von ihm übrigbleibt.» Vinnen hatte das geradezu fröhlich gesagt.

Yvonne wurde sarkastisch. «Nun liegt er aber tot bei uns im Kofferraum …»

«Ich hab ihn ja auch nicht gezielt umbringen wollen! Das war 'n Zufall hier, kein Mord!»

Yvonne wurde lakonisch. «Spielt doch keine Rolle mehr: Für die Staatsanwaltschaft bist du der Mörder, weil du aller Logik nach der Mörder sein mußt!»

«Sag ich doch die ganze Zeit! Man darf Achternholts Leiche niemals finden! Aber wie …?»

«Fahr mal 'n bißchen schneller, wir werden schon was finden.» Yvonne lächelte ihm aufmunternd zu. Vinnen schnappte plötzlich nach Luft, bremste, drückte beide Schulterblätter nach hinten, fuhr steil in die Höhe. «Du, mir ist so … ich weiß nicht … so 'n Engegefühl in der Brust, als ob ich …»

«Du kriegst keinen Herzinfarkt, ich kenn doch deine Werte!»

Vinnen lenkte den Wagen auf das Bankett, das hier aus Sand und Gras bestand, und ließ ihn ausrollen. «Ich geb auf, du … Wir halten jetzt, legen Achternholt auf'n Rücksitz und fahr'n ihn dann ins nächste Krankenhaus. Dann bin ich doch entlastet von allem.»

Yvonne verzog das Gesicht. «Schön wär's. Meinst du nicht, daß die das alles für 'n Trick von dir halten?»

Vinnen fiel in sich zusammen. «Dann bist du mich wenigstens los …»

Yvonne schlug ihm mit der rechten Faust derart kräftig gegen die Schulter, daß er mit dem Kopf gegen sein Seitenfenster prallte. «Reiß dich zusammen, Mensch! Du bist doch Politiker, du schreist doch in jedem Saal herum, was für 'n großer Kämpfer du bist!»

Es half nichts, er wurde nur noch weinerlicher. «Ich will nicht mehr, ich kann nicht mehr!»

«Ich aber! Los, laß mich ans Steuer! Irgendwo werden wir schon 'ne Stelle finden, wo wir Achternholt …» Sie sprang auf die Straße, lief vorn um den Wagen herum und hatte seine Tür aufgerissen, ehe er innen den Griff zu fassen bekam. «Nun mach schon, steig aus, setz dich auf meinen Platz!»

Mit Yvonne hinterm Steuer ging es nun weiter.

Vinnen küßte sie auf die Schläfe. «Ich danke dir, aber du weißt ja: meine Nerven …»

«Nun erzähl mir doch erst mal, was da eigentlich los ist, mit der Erpressung und so …»

Vinnen schloß die Augen. «Da gibt's nicht viel zu erzählen, außer, daß ich nur 7602 Mark und 51 Pfennige im Monat bekomme, wir aber meistens 12000 Mark und mehr ausgeben, wenn wir so einigermaßen leben wollen. Manchmal auch 15 oder 20. Und meine Nebeneinkünfte, Gott, so viele Vorträge hätt ich nie und nimmer halten können ...»

«Also hast du dich schmieren lassen ... Bestechungsgelder?»

«Ja. Aber erst, als wir bei den Banken über 100000 Mark Schulden hatten ...»

«Und wer ...?»

«Brochtenbeck ...»

«Ah, die Brammer Bonum-Bau. Und wieviel?»

«Von Brochtenbeck? Insgesamt 175000 ...»

Yvonne schnalzte mit der Zunge. «Oha! Aber Brochtenbeck ist doch damals ums Leben gekommen, bei dem Flugzeugabsturz in Nairobi, wo der Pilot vergessen hatte, beim Start die Klappen auszufahren ...»

Vinnen nickte. «Ja, und darum dachte ich ja auch, daß damit alles ausgestanden wäre ... Aber eines Morgens klingelt es bei uns; du warst gerade zur Gymnastik ... Achternholt! Mit flotten Sprüchen. ‹Ich bin absolut absolut unbewaffnet, mal abgesehen von meinen geistigen Waffen› und so. Als ich ihm sage, daß ich ins Büro muß, kommt er mir mit Nietzsche: ‹Ich habe den Glauben, daß wir nicht geboren sind, nur um glücklich zu sein, sondern um unsere Pflicht zu tun.› Weiß ich noch wie heute ...»

«Ganz schön viel Bildung für 'n kleinen Erpresser!» war Yvonnes einzige Anmerkung dazu.

«Na, 'n paar Semester Philosophie studiert hatte er ja und bei uns im Stadttheater 'ne Rolle in Schillers ‹Jungfrau› gehabt ...»

«Woher hat er denn gewußt, daß du von Brochtenbeck ...?»

«Dessen Tagebuch hat er gefunden! Brochtenbecks Witwe ist doch nach Australien gegangen und hat den ganzen Haushalt auflösen lassen. Achternholt war dabei als Kuli so 'ner kleinen Firma: Wohnungsauflösungen, Nachlaßverwertung,

Entrümpelung, Ankauf von Nachlässen, antik und modern, Räumung besenrein. Sein Großvater ist Kunsttischler gewesen – und er hat von klein auf so 'n Faible gehabt für alte Schreibtische und Sekretäre mit Geheimfächern drin …»

Yvonne schaffte es, die Sache auf den Punkt zu bringen. «Gegen den Kommissar Zufall hat keiner eine Chance, nicht mal du!»

Daraufhin schwiegen sie gute fünf Minuten, bis Vinnen wieder anfing, sich Gedanken über Achternholts «letzte Ruhestätte» zu machen, wie er das ausdrückte.

«Am liebsten wäre mir ja so ein Säurebad, wo dann nichts mehr von ihm übrigbliebe …»

«Quatsch!» sagte Yvonne. «Woher denn nehmen und nicht stehlen? Nein, viel einfacher: Wir werfen ihn bei uns in Bramme ins Moor.»

«Bis Bramme noch, das ist doch viel zu weit! Was da alles zwischenkommen kann …!»

«Aber mit 'ner Decke drum und Steinen drin ins Moor – das ist das Sicherste!» beharrte Yvonne.

«Eher hinten in Verden auf'm Güterbahnhof in 'nen Zug rein – dann sind wir ihn wenigstens los.»

Yvonne war wiederum dagegen. «Die können das doch nachher zurückverfolgen, wo er … Außerdem: Du sagst doch selber, daß es besser ist, wenn er ein für allemal verschwindet.»

Vinnen nickte. «Sicher. Ich überleg mir aber auch schon die ganze Zeit über, ob das nicht alles 'n Trick von ihm ist, mich reinzureißen … So 'n Zufall, daß der mir gerade auf dieser gottverlassenen Straße …»

Yvonne wurde spöttisch. «Meinst du, er hat sich selber geopfert, nur um dir lebenslänglich zu verschaffen?»

Vinnen litt unter ihrer Art und fragte theatralisch, womit er das denn verdient hätte. «Ich bin doch immer gut zu dir gewesen, ich …»

Da explodierte Yvonne. «Ich – ich – ich! Das ist es ja! Immer nur du: deine Karriere, deine Wünsche, deine Prinzipien! Mich fährst du an, wenn ich mal bei Rot übern Damm gehe oder mit einem meiner Tennislehrer auf 'm Platz noch 'n Bierchen trinke – du aber, du läßt dich von diesem Brochtenbeck bestechen, du läßt dir vom Hotelportier Mädchen auf dein Zimmer kommen, wenn du nach New York und London fliegst – zu deinen … Kongressen …»

«Und du?» Derart gereizt, hatte Vinnen auf einmal auch die Kraft zurückzuschlagen. «Wer zählt die Männer, nennt die Namen, die alle schon zu dir ins Bette kamen! Von Kopitz angefangen. Vielleicht Achternholt selber? Dann hätt ich wenigstens noch 'n zweites Motiv!»

«Freu dich!» Yvonne blieb cool. «Du warst es aber, der mit allem angefangen hat, und das ist das Entscheidende.»

Zerknirscht und reumütig sei er, sagte Vinnen, fügte dann so feierlich wie damals vor dem Traualtar mit getragener Stimme hinzu: «Ich schwöre dir, ab heute soll das alles anders werden!»

Doch Yvonne höhnte nur: «Achternholt macht's möglich, ja!»

Er überhörte es und blieb so pathetisch, wie er es von seinen vielen gehaltenen Festreden her kannte. «Das Schicksal muß es so gewollt haben, daß er ausgerechnet in der Minute, wo wir da langgekommen sind …»

«Die Vorsehung, ja!» rief Yvonne dazwischen, kicherte.

«Ich bitte dich: mir ist es ernst!» Vinnen war gekränkt.

Yvonne wurde ganz sachlich. «Ich muß mich jetzt entscheiden: über die Autobahn nach Bramme rüber – oder weiter Luftlinie und die kleinen Straßen lang?»

Er wußte es nicht. «Wir haben doch noch immer keinen festen Plan …»

«Doch: ich denke, ihn ins Moor rein …»

«Na, dann lieber unten rum über Syke/Wildeshausen.»

Yvonne lenkte den Wagen mit Rallye-Fahrer-Lässigkeit. «Wie du willst! Dann muß ich hier durch Verden durch …»

Sie verwies darauf, daß sie die Stadtgrenze gerade erreicht hatten. «… und dann weiter über Thedinghausen …»

«Paß auf: die Ampel da!» rief er mit einer Macho-Überheblichkeit, die sie sofort auf die Bremse treten ließ.

«Fahr du doch wieder, wenn du meinst, ich …!»

«Nein, nein, mach mal!» Abwiegelnd strich er ihr über Oberschenkel und Knie. «Ich nehm das sowieso als Zeichen dafür, daß sich unsere Beziehung jetzt …»

Sie schlug seine Hand beiseite. «Den Schmus kannst du ruhig lassen, Mikrophone sind jetzt keine eingeschaltet!»

«Nein, ernsthaft, du: Die Sache mit Achternholt, die hat uns doch wieder einander nähergebracht …»

Sie wurde noch sarkastischer. «In der Politik, da haben sie ja alle ihre gemeinsame Leiche im Keller, wir haben unsere im Moor …»

«Bitte, Yvonne! So kenn ich dich ja gar nicht, daß du …»

Sie lachte. «Der große Thilo Vinnen – so klein mit Hut.»

Er kam nicht los von seiner Larmoyanz. «Jetzt hast du mich bis an mein Lebensende in der Hand, ich weiß …»

«Du wirst es aber gut haben bei mir …»

Derart gedemütigt, zum Wurme gemacht, krümmte er sich, fuhr hoch: «Dann halt doch an, verpfeif mich doch!»

«Wär schön einfach für dich, was?»

«Bist du nun für mich oder bist du gegen mich?»

Sie wurde gönnerhaft. «Warum sitz ich denn hier am Steuer und kutschiere dich und deinen toten Erpresser nachts durch die Gegend?»

Vinnen stöhnte auf. «Ich müßte mal dringend, mein Magen! Da drüben is'n Café …!»

«Damit uns recht viele Leute hier sehen!»

«Ich hab so Krämpfe …»

Sie war unerbittlich. «Als ihr in der Brammermoorer Heerstraße die Hausbesetzer rausgeworfen habt, da hab ich dich heldenhafter erlebt!»

«Wenn das jetzt jeden Tag so gehen soll bei uns, dann …!»

«Ich hab dir ja immer gesagt, daß wir eines Tages mal abrechnen werden …»

Vinnen beharrte darauf, daß sie doch auch viele schöne Stunden miteinander gehabt hätten, hörte aber nur erneuten Spottgesang: «Ja, mach es wie die Sonnenuhr, zähl die heiteren Stunden nur!»

«Bitte, Yvonne, hinter uns im Kofferraum liegt ein Mensch, der durch unsere Schuld …»

«Durch *unsere*, ha-ha! Da verdrängt der Herr wohl was! Hättest du mal die Augen aufgemacht, anstatt ans Bett deiner Sekretärin zu denken!»

«Achternholt kam plötzlich hinter ’ner Hecke vor und ist mir direkt …»

«Ich weiß, ich weiß!» Und wie mit einem kleinen Kind sprach sie nun mit ihm. «Da vorne ist ’n Gasthof, da kannst du schnell mal dein Aa machen. Mami wartet hier!» Sie ließ den Wagen auf einen kleinen Parkplatz rollen und brachte ihn mit einem offenbar gewollten Ruck zum Stehen. «So. Ich bleib im Wagen sitzen. Und du mach schnell, sonst geht’s ins Höschen, und die Mami muß schimpfen!»

Vinnen saß gute zehn Minuten auf dem Klo, hatte wehenartigen Durchfall, immer wieder schoß es wasserdünn aus ihm heraus, von heftigen Schweißausbrüchen begleitet, und öfter dachte er, daß das der gefürchtete Herzinfarkt sei.

Aber er erholte sich wieder, trank zwei Magenbitter, zahlte und wandte sich zur Tür, war voller neuer Hoffnung – als es passierte: Heinz und Heidi stürmten herein, ihre guten Freunde aus Bramme, Tennispartner aus dem OTC.

«Thilo! Euch schickt der Himmel!» Keine konnte so hysterisch jubeln wie Heidi. «Plötzlich sehen wir Yvonne draußen im Wagen; ist ja nicht zu fassen. Gott, ihr Süßen!» Schickimickibussi für ihn. Sie unterhielt ein Studio für Ausdruckstanz und konnte so manieriert sein, daß es selbst Filmdiven den Atem verschlug.

Aber auch Heinz, deutscher Zahnarzt, bodenständig, wurde emphatisch. «Im Unglück erkennt man seine wahren Freunde! Mensch, wir war'n ja schon total am Durchdrehen ...!»

Vinnen schaffte es nicht mal, sein leeres Wahlkampflächeln anzuknipsen. «Was ist denn passiert?»

«Wir haben doch hier in Hoya 'ne tote Tante», erklärte ihm Heinz, «und da muß jetzt der Haushalt aufgelöst werden. Eine Unmenge an altem Gerümpel, aber auch noch schöne Sachen dabei ...»

«Toll, du!» Heidi, wieder völlig überdreht, geriet ins Schwärmen, tönte schnellmundig wie eine von sich selbst besessene Showmasterin, zählte so viel auf an Kitsch und Mist, daß Vinnen erneut Leibschmerzen bekam. «... das ganze Auto damit vollgeladen!»

«Ja: überladen!» ging Heinz dazwischen. «Immer noch was rein hinten in'n Kofferraum und auf'n Rücksitz, bis wir dann liegengeblieben sind – 'n paar hundert Meter von hier ... Wahrscheinlich die Benzinpumpe im Eimer.»

«Und kein Abschleppdienst in der Nähe, keine Werkstatt und nicht mal 'ne Taxe zu kriegen! Wir sind schon ganz verzweifelt gewesen, und ich hab schon richtig geheult, du!»

«Ja, wenn ihr nicht gekommen wärt, dann ...» Heinz umarmte Vinnen, während sie nun endgültig ins Freie traten. «Nehmen wir euer Abschleppseil oder unseres?»

Yvonne war nun auch ausgestiegen und herangekommen. «Was, abschleppen sollen wir euch?»

«Ja, klar, wir können doch unsern Wagen mit den ganzen Antiquitäten hier nicht auf der Straße stehenlassen!» rief Heinz.

Vinnen wand sich. «Ich hab aber so was noch nie ...»

«Das wird Heinz schon hinkriegen!» Heidi ließ ihr Wellensittichstimmchen mit einer Phonstärke erschallen, daß über ihnen im Gasthof wütend einer sein Fenster zuschlug.

«Na, sicher!» Heinz war zuversichtlich in allem.

Nun mühte sich auch Yvonne, die Sache zu verhindern.

«Gerne, natürlich. Bloß: Wir fahren ja gar nicht nach Bramme rauf, sondern nach Walsrode runter! Thilos Mutter liegt mit vierzig Fieber im Bett und …»

«Oh, das tut mir aber leid für dich!» Heidi umarmte sie tröstend.

«Wir haben nur den kleinen Umweg hier gemacht, weil Thilo plötzlich schlecht geworden ist …»

«Der Arme, der! Aber geht ihm ja schon wieder besser, nicht? Ja, sag mal …» Heidi dachte nach, und das ging immer schnell bei ihr. «Aber mal eben mit reinnehmen nach Verden könnt ihr uns doch, oder? Ich hab da 'ne alte Schulfreundin, die Wiebke, die borgt mir ihr Auto oder weiß jedenfalls 'ne Stelle, wo wir uns eines leihen können.»

«Ruf die doch an von hier», schlug Vinnen vor.

«Geht nicht, die stehn hier nicht im Telefonbuch, weil ihr Mann irgend so 'n hohes Tier beim Landeskriminalamt ist.»

«Ja, wenn du mal Pech hast …» stöhnte Heinz, aber gemütlich dabei. «Wenn ihr uns in Verden zum Bahnhof … Zur Not können wir von da aus nach Hause fahren und dann mit'm Zweitwagen herkommen und uns selber abschleppen.»

Yvonne klatschte in die Hände. «Na schön. Dann Beeilung bitte! Ich will noch da sein, bevor der Arzt … Unsere Mutter kommt ja nicht allein zur Tür, und wir haben die Schlüssel …»

Unter munteren Reden machten sie sich daran, in Vinnens BMW zu klettern.

«Die Damen bitte nach hinten», sagte Heinz. «So wie es die göttliche Weltordnung halt will!»

«Nur weil die Letzten schließlich doch die Ersten sein werden!» lachte Heidi los.

Als Vinnen dann vom Parkplatz rollte und den Wagen Richtung Bahnhof lenkte, fiel ihm Heinz in den Arm. «Anhalten!»

Vinnen stieg auf die Bremse. «Wieso denn: Hier lang geht's doch zum Bahnhof!»

«Ja, aber wir haben doch noch 'n paar Sachen im Wagen,

die wir nicht hierlassen können: so 'n kleines Intarsienschränkchen und 'ne tolle chinesische Bodenvase!»

«Schreck laß nach!» murmelte Yvonne.

Nach kurzer Fahrt hielten sie dann neben dem defekten Mercedes Variant von H. & H., die trotz ihres Pechs noch immer fast karnevalsfröhlich wirkten.

«Jetzt packen wir die beiden besten Stücke mal schnell zu euch in den Kofferraum», sagte Heinz, schon dabei, seine Tür aufzudrücken.

«Im Prinzip gerne …» Yvonne versuchte freundschaftlich zu lächeln. «Aber unser Kofferraum ist leider voll bis oben …»

«… 'n bißchen geht ja immer noch rein!» rief Heidi nur und sprang rehmunter auf die Straße hinaus.

Vinnen war noch schneller draußen, lief mit schnellen Schritten nach hinten. «Außerdem ist das Schloß kaputt; ich krieg die Heckklappe nicht mehr auf. Erst zu Hause wieder, wenn ich …»

Heinz begann bereits, am Schloß herumzudrücken und zu reißen. «Ich schaff das schon!»

Yvonne stieß ihn zur Seite, wurde sehr giftig dabei. «Komm jetzt, Heinz, keine großen Reparaturarbeiten mehr! Unsere Mutter, die kann jeden Augenblick … Und du hier … Entweder ihr nehmt eure Siebensachen auf'n Schoß und laßt euch schnell von uns zum Bahnhof fahren – oder ihr …»

Vinnen unterbrach seine Frau. «Versucht doch noch mal, euern Wagen wieder flottzukriegen! Vielleicht ist es die Benzinpumpe gar nicht … Setz dich mal rein, Heinz, wir schieben alle drei und dann …»

Sie hatten Glück, denn der Motor sprang in der Tat wieder an, und Heidi und Heinz konnten mit ihrer Erbschaftsbeute weiter Richtung Bramme fahren.

Vinnen allerdings hatte dieser Zwischenfall so mitgenommen, daß er, kaum waren sie selber aus Verden heraus, heftig unter

Atemnot litt, weil seine Brust wie zugeschnürt war. «... Und mein Kopf: alles platzt! Gib mir 'ne *Nedo-Tranquil*, schnell!»

«Das gibt doch bloß wieder diese schrecklichen Depressionen bei dir – zusammen mit dem Alkohol, dem Magenbitter eben.»

Er hörte nicht auf ihre Warnungen, geriet immer mehr in Panik. «Wo ist denn deine Tasche, du hast doch welche in'er Tasche.» Wie ein Süchtiger begann er zu suchen.

«Links bei dir am Fuß ...»

«Danke!» Er fand die Tasche, riß sie auf und fetzte die Tabletten heraus, drückte zwei von ihnen durch die silberne Folie hindurch und schluckte sie mit viel Speichel hinunter. «So! Schon daß ich sie genommen habe, hilft mir ...»

Yvonne ließ die Tachonadel auf 50 abfallen. «Thilo, sollen wir nicht doch ...? Du hältst das doch nicht länger durch ... Zur Polizei und dann ...»

«Jetzt doch nicht mehr; jetzt, wo wir ihn schon 'ne halbe Ewigkeit durch die Gegend kutschiert haben. Jetzt ist es doch eindeutig 'n Mord!» Wieder kam er nicht gegen seine große Wehleidigkeit an. «Hätten wir ihn doch bloß liegengelassen und die Polizei geholt! Offensiv und mit offenen Karten, da ...»

«Wer hat denn ...?»

«Ja, aber daß das alles so schrecklich werden wird, das ...»

Yvonne beschleunigte wieder. «Das Schlimmste dürfte ja nun überstanden sein. Wir fahren jetzt nach Bad Brammermoor und suchen uns da in aller Ruhe ein Wasserloch, ein Stückchen Morast, wo er bis ans Ende aller Tage ...»

Vinnen schluckte mehrmals. «Aber da ist ja immer noch seine Nachricht, seine Warnung ...»

Yvonne fuhr herum. «Was für 'ne Nachricht, was für 'ne Warnung?»

«Na, mit der er sich absichern wollte! Das war nach der ersten Geldübergabe – auf'm Flughafen, als ich nach Bonn geflogen bin; der Alleingang, du weißt ja, zum Wohnungsminister ...»

«Ja und?»

Vinnen drehte sein Fenster noch weiter nach unten. «Ich hab ihm 'n bißchen gedroht, nur so als Bluff, daß ich mir auch 'n Killer leisten könnte, um ihn … Da hat er gesagt, daß er zu Hause auf'm Tisch immer 'n Zettel liegen hat, wo alles draufsteht von mir, und daß kein anderer als ich …»

Yvonne beruhigte ihn. «Müssen wir ihm also die Schlüssel aus der Tasche ziehen und dann bei ihm in der Wohnung …»

«Ja. Aber ich kann das nicht, die Leiche anfassen!»

«Ich mach das schon.»

«Dann halt doch bitte an und …»

Yvonne wollte nicht. «Das hat doch Zeit, bis wir ihn nachher ins Moor …»

Vinnen konnte die Spannung nicht länger ertragen. «Nein, jetzt! Wenn wir das nachher vergessen, dann … Wenn die bei ihm zu Hause diesen Zettel finden mit allem drauf … Auch wenn ich alles abstreiten sollte, das … Den Schlüssel, und dann schleichst du dich in die Wohnung rein und …»

«Ja, ja, ich halt ja schon!» Yvonne ließ den Wagen ausrollen. «Da vorne ist 'n kleiner Parkplatz, wo wir …»

«Aber vorsichtig!»

«Nein, ich wollte ganz laut hupen dabei!» Sie hielt, schnallte sich los, stellte den Motor ab und stieg aus. «Und paß auf, daß nicht jemand …»

Vinnen sah ins Handschuhfach hinein. «Ich hab hier die Taschenlampe. Soll ich nicht …?»

«Meinetwegen nicht.»

«Doch, doch, sonst bist du ja voller Blut nachher …»

Vinnen kam in dem Augenblick nach hinten, in dem Yvonne den inzwischen aufgeklinkten Kofferraumdeckel mit einem leichten Quietschgeräusch nach oben zog.

«Da liegt er ja …» sagte Vinnen.

«Was soll er sonst tun?»

«Alles voller Blut, ich kann das nicht sehen!»

«Dann dreh dich doch um!»

Vinnen tat das auch und hielt die angeknipste Taschenlampe so zwischen linkem Arm und Körper, daß ihr Licht trotzdem hilfreich war. «Nimm ihm mal Ausweis und Führerschein auch noch ab … Wenn sie ihn eines Tages doch noch …»

«Find ich jetzt nicht!» sagte Yvonne, die schon am Suchen war.

«Hast du wenigstens die Schlüssel?»

«Ja, hier in der Hosentasche hinten …»

«Achtung, da kommt einer!»

Yvonne ließ den Kofferraumdeckel wieder zuschlagen. «Na und? Los, weiter!»

Sie stiegen wieder ein und sahen einen Lkw auf sich zukommen.

«Die Polizei!» Vinnen fiel in seinen Sitz zurück. «… 'n Mannschaftswagen!»

«Aber doch nicht unsertwegen …» Yvonne brachte ihren Motor wieder auf Touren.

Im Licht ihrer Scheinwerfer huschte der Laster vorbei; hinten war die Plane offen.

«Zwanzig Mann mindestens!» Vinnen schwitzte wie ansonsten nur in seiner Sauna. «Hast du nicht gesehen, wie die zu uns rübergeguckt haben?»

«Hm, die wittern alle, daß wir 'nen Toten im Kofferraum haben …» Yvonne gab Gas, katapultierte den BMW weiter Richtung Bramme.

«… und hinten am Seil schleifen wir 'ne alte Bäuerin hinter uns her», sagte Vinnen plötzlich.

«Spinnst du?»

«Ich? Nein. Auf'm Dach, da liegt der Radfahrer! Der mit dem roten Pullover! Vorhin an der Kreuzung, als es so gescheppert hat, da hast du den doch auf die Hörner genommen …!»

«Thilo, hast du Fieber …? Oder die Tabletten – Gott! Ich hab ja gleich gesagt, daß du die nicht …»

«Und vorn auf der Stoßstange, da haben wir den Briefträger aus der Brammermoorer Heerstraße drauf! Den hast du gleich bei uns vor der Tür ...»

Yvonne drückte lange auf die Hupe. «Wachwerden, Mensch! Und dreh mir bloß nicht durch!»

«Das ist alles gesponnen, ich weiß, aber daß wir den toten Achternholt hinten im Kofferraum haben, das ist doch auch bloß pure Phantasie; sag doch bitte, daß es so ist!»

«Das ist leider wahr ...»

Vinnen brüllte jetzt los. «Dann ist es eben wahr! Dann ist er eben tot, dann wird er eben im Moor verschwinden! Jedem das Seine! Dieser dreckige Erpresser! Was hat er denn anders verdient!? Ich wollte ihn umbringen, und ich hab ihn umgebracht! Wenn auch ohne mein Wissen ...»

«Thilo, bitte: dein Blutdruck, dein Herz!» warnte ihn Yvonne.

«Das weiß ich doch selber, hör auf damit!» Er beugte sich zur Windschutzscheibe hin. «Was is'n los da vorne? Alles verstopft ...»

Hinter einer scharfen Kurve erblickten sie eine lange Perlenreihe roter Schlußleuchten, Wagen stand da an Wagen, vereint in einem Hupkonzert.

«Wahnsinn!» rief Vinnen. «Was ist denn das? Sonst ist doch um 22 Uhr immer Totenstille hier ... Da – Leuchtraketen! Drei, vier, fünf! Das ist ja alles taghell vor uns, bis nach Bramme hin ...!»

Yvonne schrie auf. «Das Feuerwerk, Mensch, das hatt ich ja völlig vergessen! Das Brammer Moor in Flammen!»

Vinnen begriff nicht sofort. «Das Feuerwerk, heute ...? Dann sind doch Zigtausende von Menschen hier ... Da können wir doch Achternholt auf keinen Fall ...»

Jetzt war Yvonne am Ausflippen. «Das ist es ja – eben! Und ich Idiot, ich dachte, daß das erst nächste Woche ist!» Sie schlug mit beiden Händen flach aufs Lenkrad, immer wieder, und mit der Stirn auf die Hupe. «Das gibt es doch nicht – nein! Ich kann nicht mehr, ich will nicht mehr! Schluß mit allem; mach den Kofferraum auf und ...» Sie begann krampfartig zu schluchzen.

Vinnen blickte starr nach vorn. «Nein, jetzt haben wir uns so lange mit ihm rumgequält, da ...» War er vordem immer wieder schlaff und weinerlich, so wurde er jetzt, wo sie in einer Krise steckte, schlagartig zupackend-dynamisch. «Reiß dich zusammen, Kind!»

Yvonne hing nur noch wie leblos über dem Lenkrad. «Ich kann nicht mehr ...»

«Dann laß mich wieder ans Steuer! Wir wenden, weg von hier! Aus der Schlange raus!» Schon war er auf die Straße gesprungen.

Während sie die Plätze tauschten, dröhnten weiter vorne große Lautsprecher; offenbar die Polizei: «Die Besucher des Feuerwerks werden gebeten, nicht auf den Wiesen zu parken, sondern die Parkplätze am Pötterberg zu benutzen! Ich wiederhole ...»

Vinnen schaffte das Wendemanöver ohne Karambolage und ohne Wortgefechte mit den anderen Fahrern, fuhr zurück in Richtung Süden, fühlte sich dabei in toller Form, lobte die eingenommenen Tabletten.

Yvonne bremste ihn ein wenig. «Bis zur nächsten Depression ...»

«Ach, Quatsch!» Seine Worte waren nun wieder so kraftvoll wie bei seinen großen Reden in der Bürgermeister-Büssenschütt-Halle. «Achternholt muß raus aus unserm Kofferraum!»

Yvonne hatte sich erst jetzt wieder angeschnallt, sprach immer noch langsam und schleppend. «Bist du denn wirklich ... ich meine, hundertprozentig sicher, daß ... also, daß das wirklich *dein* Achternholt ist ...?»

Vinnen donnerte sie nun an wie «eine arme Irre von den Grünen». «Ja, verdammt noch mal, das muß ich doch selbst am besten wissen! Meinst du, ich rausche hier mit 'nem fremden Toten durch die Gegend?»

«Hätt ja sein können, daß du bei dem schlechten Licht vorhin ...»

«Nein!» brüllte Vinnen.

«Entschuldige, aber ... Ob du nicht doch noch mal selber ...? Ganz dicht ran ... Sein Gesicht ...»

Er schnauzte los. «Dein Mißtrauen immer! Ich halt das nicht mehr länger aus! Seit Monaten schon: alles, was ich tue, das stößt auf deine Kritik! Kann ich denn nichts anderes mehr machen als einen Fehler nach dem anderen?»

Unter diesem Schlaghagel lebte Yvonne wieder auf. «Dich von Brochtenbeck bestechen lassen mit solchen Summen!»

«Brochtenbeck ist tot, Achternholt ist tot!»

Yvonne lachte auf. «Tot ist erst einer, wenn 'n Toten- oder Leichenschein vorhanden ist!»

Vinnen hatte eine Idee, wollte damit weg vom Vorschlag seiner Frau. «Das ist doch Unsinn gewesen, du, mit dem Moor! Ich weiß was viel Besseres: Wir fahren hier übern Fluß rüber und dann zum Sandstedter Forst. Da ist doch die Bahn, da packen wir ihn auf die Schienen ...! Und wenn der nächste Zug kommt, dann ...!»

Yvonne wirkte wenig begeistert. «... 'n Selbstmord ohne Abschiedsbrief ...?»

«Ist es eben 'n Unfall gewesen.»

«Quatsch, das ist doch in den letzten hundert Jahren da nicht vorgekommen!»

Vinnen strahlte sie an. «Wir haben doch den Schlüssel von ihm. Tippen wir schnell 'n paar Zeilen, 'n Abschiedsbrief auf seiner Maschine.»

«Wenn er überhaupt eine hat ...»

Vinnen trat auf die Bremse. «Was is'n an'er Autobahnauffahrt da vorne ...!? ... 'ne Straßensperre ...?»

«Nein, Polizei! Mein Gott, Verkehrskontrolle, 'ne Mausefalle.»

«Scheiße verdammte!»

«Du sagst es!»

Vinnen fing an, am ganzen Körper zu zittern. «So viele Pillen kann ja kein Mensch schlucken!»

«Ganz ruhig ranfahren und nicht viel sagen ...» Yvonne war jetzt wieder die Stabilere.

«Ja doch!» Vinnen stoppte kurz vor der ausgestreckten rotleuchtenden Kelle und drehte langsam sein Fenster herunter, sah einem jungen Polizisten ins puppenfarbene Gesicht.

«Guten Abend, Verkehrskontrolle! Ah, Herr Vinnen! Mit Gattin. Guten Abend! Schon zurück vom Feuerwerk?»

Vinnen konnte aufatmen. «Sie hier im Einsatz ...?» Zu seiner Frau: «Da ist Wachtmeister Bogatzki aus der Brammermoorer Heerstraße ...»

Yvonne hatte keine Mühe, erfreut zu tun. «Guten Abend.»

Vinnen zückte seine Dokumente. «Mein Führerschein, mein Ausweis ... Immer ohne Ansehen der Person. Terroristenfahndung wieder mal?»

«Wir suchen nur den Mann, der da hinten am Pötterberg die Kasse überfallen hat, also die, wo's zum Feuerwerk durchgeht ...»

«Wegen der paar Mark ...?» Vinnen staunte.

«Na, das läppert sich zusammen. Aber das ist es gar nicht, was uns ... Kumpf soll es gewesen sein, in 'ner gestohlenen Uniform, als Feuerwehrmann, und einen Wachmann hat er auch erschossen dabei. Kumpf! Müssen Sie sich mal vorstellen ...!»

Yvonne beugte sich hinüber. «Ich denke, der Kumpf sitzt in Bad Brammermoor im Knast?»

«Hat er auch gesessen!» lachte der junge Beamte. «Heute abend ist er aber ausgebrochen! Erst 'n Beamten niedergeschossen und dann mit dessen Schlüsselbund in der Uniform ...»

Vinnen lachte. «Der mit seinem Uniformtick der ...! Er ist und bleibt der Größte in Bramme ...! Was das Verbrechen betrifft. Tragisch das alles ...»

«Ja, 'n Mörder ist das, wegen dem sollten sie die Todesstrafe wieder einführen! Dafür sollten Sie mal so richtig eintreten!»

Sie redeten noch ein Momentchen über Kumpf und wie hochkarätig er war: eiskalt und skrupellos, echt amerikanisch, mit immer derselben Masche von «Erfolg» zu «Erfolg»: sich irgendwelche Uniformen zu verschaffen, in denen die Leute zu narren und sofort loszuballern, wenn es Schwierigkeiten gab.

Weiter ging es, und Vinnen freute sich darüber, wie gut es Prominente doch überall hatten. «Der Junge, der hat doch bestimmt nichts gerochen!»

«So lange fahren wir ja Achternholt auch noch nicht umher ...»

«Deinen Humor möcht ich haben!»

«Galgenhumor.»

«Noch seh ich uns an keinem Galgen», sagte Vinnen.

Yvonne war dabei, sich eine Zigarette anzuzünden. «Aber ein Stückchen näher dran, das sind wir schon: Jetzt ist es ja sozusagen amtlich, daß wir hier in der Gegend rumgekurvt sind. Da läuft ja wohl nicht mehr viel mit'm Alibi ...»

Vinnen geriet nicht wieder in Panik. «Wozu brauchen wir denn eigentlich 'n Alibi, wenn später niemand irgendeinen Zusammenhang zwischen Achternholt und uns erkennen kann?»

«Wenn, ja ...!» Yvonne blies ihren Rauch schräg nach hinten weg. «Noch aber liegt er bei uns im Wagen hier, und noch liegt bei ihm zu Hause der Zettel, von dem er dir berichtet hatte. ‹Wenn mir was zustoßen sollte, Vinnen ist mein Mörder› – oder so ähnlich ...»

«Ich sag ja: Wir nehmen ihm alle Papiere ab – und dann mit ihm auf die Schienen rauf! Und eh sie ihn identifiziert haben, sind wir längst bei ihm in der Wohnung gewesen.»

Yvonne zögerte noch. «Und wenn sie ihn schon finden, bevor der Zug ...?»

«Ach, Unsinn, dahinten im Wald!»

«Na gut, aber ...» Yvonne zerquetschte eine Fliege, die innen an der Windschutzscheibe herumgeirrt war. «Meinst du nicht, daß die Gerichtsmediziner später was merken werden …?»

«Was denn merken?» fragte Vinnen.

«Gott, daß er nicht vom Zug getötet worden ist, sondern schon 'ne Stunde vorher bei 'nem Autounfall …»

«Glaubst du denn wirklich, die gehen da mit so einer Akribie ans Werk, daß die das …?»

Yvonne sah zwei Rehe durch die Lichtkegel ihrer Scheinwerfer huschen, ließ ihren Dialog sekundenlang stocken. «Wie? Ob die …? Wenn sie erst mal Verdacht geschöpft haben, dann …»

Vinnen reagierte jetzt immer gereizter auf ihre Einwände. «Wenn, wenn, wenn! Da vorne ist der Bahndamm, und da halt ich erst mal an!»

«Das ist doch Wahnsinn, Thilo!»

«Was ist denn kein Wahnsinn hier?» Er hielt an und drehte mit einer abrupten Bewegung den Zündschlüssel herum. «Was kann mich noch retten?» Dieser Bemerkung zum Trotz war er plötzlich überaktiv, von einem Adrenalinschub gepackt, spielte voll die altgewohnte Rolle: Thilo Vinnen als entschlossener Politiker, packen wir's an!

Er sagte noch einiges, doch das Geräusch eines nahenden Zuges – erst erfüllte ein hohes Singen und Sirren die Luft, dann vibrierte und dröhnte die Erde – verschluckte alles.

«Paß auf, daß dich nicht alle sehen!» schrie Yvonne, die sich schnell geduckt und auf den Fahrersitz geworfen hatte, allerdings die Scheinwerfer nicht mehr ausschalten konnte: «Aus'm Zugfenster raus und dann nachher …»

Als sie sich wieder aufrichtete, sah sie zwar die roten Schlußlichter zwischen den Bäumen verschwinden, Drachenaugen, die ihre Kraft verloren, doch ihr Mann war nirgends mehr zu sehen.

«Thi-lo …!? Thilo, wo bist du denn …?» Sie ließ sich aus dem Wagen gleiten und reckte sich hoch.

Endlich kam seine Stimme aus gut zehn Meter Entfernung, gepreßt und von einem schweren Stöhnen begleitet: «Ich sitz hier in der Hecke und ... Mein Kreislauf, mein Darm, dieser nervöse Durchfall wieder ...»

«Gott sei Dank! Ich dachte schon, du hättest dich vor den Zug ge...!» Sie machte ein paar Schritte auf den Bahndamm zu. «Du, hier sind wir doch schon mal gewesen ...! Ja, weißt du noch, wie ... Du, ich möchte schwören, daß es hier gewesen ist!»

«Was denn?»

«Wo Viviane zum erstenmal selbst gelaufen ist ...»

«Viviane, Viviane, immer nur Viviane!» rief Vinnen. «Jetzt geht's doch auch mal um mich!»

«Paß auf: Da kommen zwei den Bahndamm lang ...! Mit 'nem Hund. ... 'n Liebespaar!»

Der Hund hatte jetzt Witterung bekommen und zögerte nicht, auf das Gebüsch mit Vinnen loszustürzen, um den zumindest kräftig zu verbellen, wenn nicht sogar anzugreifen, ein deutscher Schäferhund und dementsprechend aggressiv.

«Pfui! Wirst du wohl? Hau ab, du blödes Vieh!» Vinnen hatte Mühe, ihn auf Distanz zu halten.

Ein junger Mann kam angestürzt. «Cäsar, steh! Kommst du wohl her! Weg da vom Auto!»

Seine Partnerin blies wie wild in eine halb verstopfte Trillerpfeife. «Cäsar, kusch! Bist du denn ...!?»

Das Interesse des Tieres galt nun längst nicht mehr dem Mann im Gebüsch und seinen kräftigen Gerüchen, sondern vielmehr dem Kofferraum des BMW. Kläffend sprang er immer wieder gegen den Wagen, zog mit seinen Krallen helle Furchen in den blauen Lack, gebärdete sich so, als hätte er, auf Drogen abgerichtet, einen Riesenfund an Heroin gemacht.

Vinnen, die Hosen mühsam hochgezogen, kam nun angelaufen. «Nehmen Sie das Mistvieh doch mal an die Leine, Mensch! Meine Frau, die ...»

Der junge Mann, offenbar einer jener alternativen Nachwuchspädagogen mit 68er-Werten, die es von ihrer Berliner PH hierher aufs Dorf getrieben hatte, blieb ruhig und vermittelnd. «Ihrer Frau tut er nichts, der ist doch nur verrückt nach Ihrem Kofferraum. Was haben Sie'n da drin – Wild?»

«Ja, 'n halbes Reh!» stieß Yvonne hervor.

«Na, sehen Sie!» Der Junglehrer war hoch erfreut und nahm seinen Hund endlich an die Leine, riß ihn am Halsband vom Kofferraum weg.

«So ist brav», sagte seine Partnerin, Jeans-Look, Sport und Englisch. «Cäsar, bei Fuß jetzt! Und still! Komm, Horst.»

«Entschuldigen Sie, aber ...»

Yvonne mußte sich halb auf die Kühlerhaube setzen. «Ach, macht doch nichts. Die Tiere sind nun mal so, wenn sie was wittern ...»

Die junge Frau war in echter Plauderstimmung («Nur wenn uns die Kommunikation mit den Autochthonen gelingt, können wir ihr rigides Bewußtsein aufbrechen und neu mit innovativ-progressiven Inhalten füllen!»), lächelte Yvonne von Frau zu Frau zu. «... 'n halbes Reh? Haben Sie's da hinten beim Sandstedter Revierförster gekauft ...?»

«Nein, nein, schon in Walsrode unten.»

«Ach so, ich dachte nur ...»

«Komm, Heike, wir ...»

«Ja ...» Die junge Frau drückte Yvonne die Hand. «Auf Wiedersehen dann ...»

«Ja, macht nichts ...»

Das androgyne Paar stapfte davon, der Hund knurrte noch einmal und verließ die Stätte mit einem wütenden Blaffen, durch und durch rechthaberisch, dann war es totenstill.

Erst nach einer kleinen Ewigkeit fing Vinnen wieder an zu sprechen. «Noch so eine Szene, und ich ...»

Yvonne gab ihm recht. «Ja, wir können wirklich nicht die ganze Nacht hier umherfahren und Spuren über Spuren hinterlassen ...!»

Vinnen sah sie an. «Die beiden haben uns so komisch angeguckt: Ob die das mit dem halben Reh wirklich …?»

«Wahrscheinlich nicht so ganz …»

Vinnen sah in die Nacht hinein, suchte die Stelle, wo der Himmel heller war, wo Bramme lag. «Wenn die jetzt 'ne Polizeistreife treffen, dann …!»

Yvonne, dabei, mit flachen Händen gegen ihre hellgeblümte Kostümjacke zu schlagen, suchend, tastend, schrie auf. «Mein Gott, nein …!»

«Was ist denn nun schon wieder?»

«Achternholts Schlüssel sind weg!»

Vinnen wurde nun wieder anfallsartig von seiner Larmoyanz gepackt. «Wenn wir bei dem nicht in die Wohnung kommen, dann ist doch alles aus: Der Brief, daß ich sein Mörder bin …»

Yvonne suchte immer hektischer. «Hier in der Kostümjacke hatte ich sie drin!» Sie ließ das Handschuhfach aufklappen, holte sich die Taschenlampe und kniete sich hin, so scharfkantig der Schotter auch war. «Nun hilf doch mal suchen! Vielleicht hab ich sie eben hier verloren!»

Vinnen gab von vornherein auf. «In der Dunkelheit, da … Das ist sinnlos jetzt! Und wahrscheinlich hast du sie schon vorher … Komm: Ohne die Schlüssel, da können wir doch gleich mit Achternholt zur Polizei fahren!»

«Ich find sie schon!» beharrte Yvonne. «Das kann doch nur hier gewesen sein, als mich der Hund anspringen wollte und ich … Hol doch mal auch noch die Warnblinkleuchte, da ist 'ne stärkere Lampe drin …!»

«Aus'm Kofferraum?» fragte Vinnen.

«Ja!»

«Da liegt doch Achternholt drauf …!»

«Na und? Meinst du denn, der tut dir was …?»

«Ich kann das nicht!»

Yvonne fuhr hoch. «Was kannst du denn schon? Va banque spielen, alles auf eine Karte setzen und dann verlieren, das kannst du! Und mir dann die Ohren volljammern!»

«Wenn du den Schlüssel nicht verloren hättest, dann ...»

«Ja, jetzt bin ich wieder schuld an allem, ha-ha! Mensch, steh hier nicht so rum und mach mich noch völlig verrückt! Wenn die beiden jungen Leute wirklich die Polizei alarmiert haben, dann ist die bald da und ...»

Vinnen war hilflos, war nur noch kleiner Junge. «Was soll ich denn machen?» Fehlte nur das «Mutti ...» dabei.

Yvonne herrschte ihn an. «Was du machen sollst? Hier 'n Stückchen die Schienen langgehen, da ist doch das verlassene Bahnwärterhäuschen ...»

«Welches Bahnwärterhäuschen?»

Sie wurde ungeduldig. «Gott, das, wo wir uns letzten Sommer mal untergestellt haben, als uns das große Gewitter ... Da, wo Viviane dann ihr Kopftuch liegenlassen hat. Hier links, 'n paar hundert Meter weiter ...»

«Und du meinst, da ...?»

«Ja, da können wir die Tür irgendwie aufbrechen und Achternholt erst mal verstecken.»

Vinnen konnte ihr nicht folgen. «... erst mal verstecken?»

«Ja, und zu Hause noch mal in aller Ruhe drüber nachdenken, wo wir ihn dann endgültig ...» Sie gab ihm einen kleinen Stoß in Richtung Bahndamm. «Du gehst jetzt – und ich such den Schlüssel hier!»

«Na schön ...»

Vinnen kletterte über das Schotterbett auf die Gleise hinauf.

Was dann geschah, konnte übernächsten Morgen im *Brammer Tageblatt*, erste Seite, nachgelesen werden:

Stadtbaurat Vinnen gestern nacht im Sandstedter Forst von Intercity getötet – Selbstmord vor den Augen seiner Frau – «Er hat den tragischen Tod unserer Tochter nie verwinden können!»

«Auf der Heimfahrt von seiner Mutter, die er zusammen mit seiner Frau jeden Monat mehrmals besuchte, wurde der 44jährige Brammer Stadtbaurat und Kommunalpolitiker Thilo

Vinnen, seit sechs Jahren im Amt, immer wieder von Unwohlsein und Durchfall geplagt. Aus diesem Grunde hielt das Ehepaar auch noch einmal im Sandstedter Forst, und während seine Frau zur Bewachung des Wagens am Straßenrand blieb, ging Vinnen in den Wald hinein in Richtung Bahn. Kurz nachdem die bildhübsche Yvonne Vinnen, vierundzwanzig, Kauffrau und Besitzerin der «Moorbilder-Galerie» in der Knochenhauergasse, noch mit einem jungen Lehrerehepaar aus Bramme-Reiherberg geplaudert hatte, geschah das Entsetzliche. Das langgezogene Warnsignal des Lokführers und das plötzliche Aufkreischen der Räder nach erfolgter Notbremsung ließen sie zusammenfahren und zum Bahndamm eilen, wo dann ihr dunkler Verdacht sehr bald Gewißheit wurde. (Ausführlicher Bericht auf S. 8)»

Erst knapp zwei Stunden, nachdem sich ihr Mann vor den Zug geworfen hatte, waren die unvermeidlichen Formalitäten alle so weit erledigt, daß Yvonne Vinnen einen hilfsbereiten Polizeibeamten bitten konnte, sie in ihrem Wagen nach Hause zu fahren.

«Nochmals mein herzliches Beileid, Frau Vinnen ...»

«Ja, danke ...» erwiderte sie mit absolut tonloser Stimme. «Da links ist der Trappenkamp ... Biegen Sie da bitte ein, wir sind dann ...»

«Ich weiß. Ich hab mal den Bürgermeister herbegleitet, Lankenau, als der bei Ihrem Mann zum Essen ... Damals, als die Terroristen überall ...»

«Halten Sie hier bitte und ...»

Der Beamte, ein gemütlicher Familienvater und dritter Vorsitzender des TSV Bramme, meinte es gut. «Die Garage steht ja offen, ich kann Ihren Wagen auch gleich ...»

«Das kann ich schon selber ...»

Ihr Begleiter hielt, schnallte sich los und stieg dann aus, drehte sich aber noch einmal zu ihr zurück. «Der Schock ... Kann ich noch etwas für Sie tun: jemanden anrufen, Ihren Arzt vielleicht ...?»

«Danke, mach ich schon alles selber ...» Yvonne gab sich einen Ruck und setzte ihre Füße auf die roten Verbundsteine hinaus, überhell beleuchtet von den vielen Neonlampen, die der Einbrecher wegen die ganze Nacht mit voller Stärke brannten. «Ja, dann können Sie wohl wieder ... Und herzlichen Dank für alles, für Ihre Hilfe und ...» Sie drückte dem braven Menschen die Hand.

«Bitte sehr, gern geschehen. Und daß Sie alles gut überstehen, was jetzt noch auf Sie zukommt ...»

«Danke, ja ...»

Yvonne wartete, bis der Beamte hinter der nächsten Ecke angelangt war, über die Barkhauser Heerstraße heimwärts strebte, setzte sich dann selber hinters Steuer, zog die Wagentür leise zu und wollte im Leerlauf die Rampe hinunter zur Garage rollen, verschaltete sich aber einige Male, so daß Motor und Getriebe kräftig Unmutslaute von sich gaben.

Endlich hatte sie den Wagen in die Garage bugsiert und konnte den Motor abstellen. Aufstöhnend stieg sie aus und zog das Garagentor nach unten, ließ es polternd einrasten.

Dann lauschte sie.

Aus dem Kofferraum kamen Klopfgeräusche, rhythmisch: schwach – stark – schwach, und noch einmal: schwach – stark – schwach.

Sie schlug mit der flachen Hand auf den Kofferraumdeckel. «Ja, ich komm ja schon!» Dann schloß sie den Kofferraum auf und ließ den Deckel hochschnellen.

«Komm raus!»

Achternholt schlängelte sich aus der schmalen Öffnung hervor, hatte Mühe, seine steifgewordenen Gliedmaßen in die gewünschte Richtung zu biegen, fiel ihr geradezu entgegen.

Sie fing ihn auf, preßte seinen Oberkörper an sich, schluchzte auf. «Ach, Ronnie, es war ja alles viel schrecklicher, als ich je ...!»

Er küßte sie. «Du hast es so gewollt, und laß man ...»

«Ich dachte, er hätte dich wirklich totgefahren …! Es sah so aus, als ob du wirklich …!»

«Sollte es doch auch! Alter Stuntman-Trick. Dazu die Blase mit dem Hühnerblut …»

«Und er hat sich genauso verhalten, wie wir es …» Ein Weinkrampf erschütterte sie. «… Es tut mir so leid jetzt! Wie er da so allein den Bahndamm lang ist, und dann der Zug …»

«Was hat er denn anders verdient? Früher im alten China hätt er 'ne seidene Schnur geschickt bekommen – und basta! Bei so einer Bestechung, da …»

«Er war doch immerhin mein Mann!»

Achternholt, bislang hatte er ja nur gekniet, sprang nun aus dem Auto heraus und schüttelte sie. «Und er hat deine Tochter auf'm Gewissen!»

Yvonne fing sich wieder. «Ja, er hätte sie nicht allein lassen dürfen, Viviane mit ihrer Krankheit damals …»

In dieser Sekunde wurde draußen kräftig gegen die stählerne Garagentür geklopft, und als sie beide schwiegen, zu Tode erschrocken, kräftig gebummert.

«Frau Vinnen …!?»

Die Stimme eines jüngeren Mannes, Bariton, gefährlich.

«Die Polizei …» flüsterte Yvonne. «Dann haben die doch mitgekriegt, daß wir beide … In Berlin zum Beispiel …»

«Quatsch, wie denn? War doch alles perfekt! … Das wird einer von der Presse sein …» Erneutes Hämmern gegen die Tür. «*Bild* oder so. Mach auf, ich versteck mich wieder im Wagen. Los, das stehn wir auch noch durch …!»

So kroch Achternholt wieder in den Kofferraum zurück, und Yvonne drückte den Deckel lautlos nach unten, ging dann, ihr Kostüm mit schnellen Griffen ordnend, zum Garagentor hin und schob es hoch, zuckte zusammen, als sie Catzoas helle Möwenaugen sah, aufglitzernd im Strahler oben an der Giebelwand, konnte einen Aufschrei nur gerade eben unterdrücken, versuchte, ihren Schreckensruf wie ein albernes Kichern und Kicksen klingen zu lassen: «Huch, die Polizei …!»

Catzoa zeigte eine Mischung von blasiert, müde und eisig.

«Guten … ja, was? Sagen wir: Guten Morgen …! Gnädige Frau, also … Ich muß Ihnen leider … Um es kurz zu machen: Da liegt eine Anzeige gegen Sie vor, eine Anschuldigung mehr, aber …»

Yvonne fuhr einen Schritt zurück. «Gegen mich?»

«Ja. Ein Liebespaar hat da im Gras gelegen, sozusagen illegal, vermute ich, einer wird da fremdgegangen sein und wollte nicht entdeckt werden, um keinen Preis sein Zusammensein irgendwie publik werden lassen … Wahrscheinlich aus demselben Ort, in dem Ihre Schwiegermutter lebt …»

«Was geht'n mich das an?» fragte Yvonne, nun wieder etwas selbstsicherer im Auftreten.

Catzoa fröstelte, knöpfte sein Hemd oben zu. «Ich will Ihnen ja auch nur erklären, warum die beiden nicht gleich, sondern erst später mittels eines anonymen Anrufs …»

«Was denn: Auf Grund eines anonymen Anrufs kommen Sie hier mitten in der Nacht …?» Yvonne funkelte ihn an, wußte aber genau, daß jemand sie beobachtet haben mußte, gerade als sie Achternholt in den Kofferraum gehoben hatten, hörte ganz deutlich die Stimme ihres Mannes: Du, da hat sich was bewegt, an der Birke da hinten. Der Wind, hatte sie vermutet, ein Wildschwein oder ein Reh. Das mußte dieses Liebespaar gewesen sein. So 'ne Scheiße! Doch das sagte sie nicht, sie sagte statt dessen mit aller Freundlichkeit und allem Charme: «… Kommen Sie doch erst mal ins Haus und lassen uns da in aller Ruhe …»

«Nein, danke!» Catzoa gab sich den Anschein völliger Unnahbarkeit. «Der Anruf: Man will gesehen haben, wie Sie und Ihr Mann einen anderen totgefahren und dann im Kofferraum Ihres Wagens hier abtransportiert haben. Autonummer, Farbe, Fabrikat – alles stimmt – In diesem Kofferraum hier …»

«Da ist keiner drin!» rief Yvonne.

Catzoa lächelte und bemühte sich, dabei besonders aasig

auszusehen. «Wahrscheinlich doch. Und ich kann Ihnen auch sagen, wer da ...»

Yvonne ergriff die Flucht nach vorn. «Verschwinden Sie hier! Sie wissen sicher, daß der Innenminister und ich ... Wenn ich mich bei dem beschwere, ist es aus mit Ihrer großen Karriere!»

«Oder mit der Ihres Mannes!»

Yvonne starrte ihn an, total perplex. Bluffte er, war das einer seiner fiesen Tricks, oder hatte er wirklich noch nichts erfahren vom Suizid ihres Mannes? Sie blieb unentschieden, als sie ihn anfuhr: «Das ist ja nun der Gipfel an Pietätlosigkeit!»

«Ich bitte Sie ...!» Catzoa verwies darauf, daß Bramme mit seinen verschiedenen Teilsystemen zu stark vernetzt sei, als daß jemand ohne Zeugen etwas tun könne, vor allem Verbotenes, zumal wenn er überall seine Leute sitzen hätte, Hunderte von Ohren und Antennen. «Glauben Sie, ich wüßte nicht, daß Achternholt Ihr Liebhaber ist, daß Achternholt Ihren Mann erpreßt, siehe Brochtenbeck?»

«Beweise, mein Lieber, Beweise ...!»

«Beweisen kann ich immerhin, daß Achternholts Wagen noch immer in der Nähe der – sagen wir – Unfallstelle abgestellt ist; und unangreifbar ist auch die Aussage meiner beiden Zeugen, daß Sie den toten Achternholt in Ihrem Wagen, in diesen hier, eingeladen haben. Ich glaube nicht, daß Sie in der Eile was gefunden haben, um ihn für alle Ewigkeiten loszuwerden ... Achternholt liegt also hier im Kofferraum, aber, sagen Sie, wo ist denn Ihr Mann geblieben ...?»

Yvonne lachte schrill und hysterisch. «Das wissen Sie nicht? Ich denke: Sie wissen immer alles!»

«Nein ...» mußte Catzoa bekennen.

«Selbstmord hat er begangen, sich vor'n Zug geworfen!»

Catzoa blickte zu Boden. «Oh, mein Beileid ... Pardon ...!»

«Danke ...»

Catzoa spielte an einem Rennrad herum, das umgedreht, mit Lenker und Sattel nach unten in seiner Griffweite stand, ließ das Vorderrad schnurren wie ein Glücksrad auf dem Schützenfest. «Ich hab doch eben Stimmen hier in der Garage gehört … Dann war das gar nicht Ihr Mann …?»

«Wie denn? Die Nachbarn drüben vielleicht … Die haben nachts meistens ihre Ehekrise …»

Doch Catzoa ließ sich nicht ablenken. «Ich darf doch mal in den Kofferraum sehen …?»

«Nein. Oder haben Sie einen Durchsuchungsbefehl?»

«Das nicht, aber …» Catzoa stieß Yvonne so heftig beiseite, daß sie über das aufgebockte Rad hinweg gegen die Garagenwand stürzte, und nutzte die vier, fünf Sekunden ihrer Verwirrung, um zum Heck ihres Wagens zu springen und den Kofferraumdeckel nach oben zu reißen.

Catzoa, so abgebrüht und diensterfahren noch nicht, schrie auf, als er Achternholt sah, auf den ersten Blick erkannte. «Da ist ja die Leiche!»

Yvonne war wieder auf die Beine gekommen, zog sich Rock und Bluse glatt und schaffte es, mit der gelangweilten Kühle einer Nachrichtensprecherin in Richtung Achternholt zu sagen: «Ronnie, komm hoch, die Komödie ist aus!»

Während sie dies fast als großen Auftritt genoß, war Catzoa zum halboffenen Garagentor gesprungen und hatte seine Waffe aus dem verdeckten Halfter gerissen, auf alles vorbereitet.

Doch Achternholt nahm nur die Arme hoch und grinste breit.

Catzoa, mit einem IQ von 130 ausgestattet und stets bereit, allen Menschen alles Böse zuzutrauen, brauchte keine zehn Sekunden, bis er begriffen hatte, was hier gespielt wurde und was von den beiden schon, siehe «Unfall», inszeniert worden war. Achternholt galt ja allenthalben als phantastischer Schauspieler.

«Ich verstehe …» sagte er nur. «Darf ich Sie dann bitten, mich zu begleiten? Denn Mord bleibt Mord, wie genial und indirekt er auch eingefädelt worden ist.»

«Nein», erwiderte Yvonne und ließ sich auf einen der in der Garage abgestellten Gartenstühle fallen. «Ich bleibe hier.»

«Nicht doch!» sagte Achternholt, während er, geschmeidig wie ein Schlangenmensch, aus dem Kofferraum stieg. «Beweisen kann er uns nichts – und: Indizien sind noch lange kein Geständnis!»

«Laß mal, Ronnie, in wenigen Minuten wird er das alles vergessen haben, was er weiß, und einen anonymen Anruf wird er nie bekommen haben ...» Yvonne war um eine Art Mona-Lisa-Lächeln bemüht, kam wieder großartig ins Spiel. «Ich sage nur eins: Kopitz ...!»

Catzoa kniff die Augen zusammen.

«... die Komplett-Bau Kopitz & Pahl ... Rolf-Dieter ... Ich war ja nicht nur Sekretärin bei Kopitz, und ich hab es schwarz auf weiß, daß Sie da, lieber Catzoa, 'n verdammt krummes Ding mit ihm gedreht haben, im Zusammenhang damals mit dem Eigenheim Ihres Bruders. Kommt das in den *Spiegel*, ist es aus mit Ihren Träumen, dann kriegen Sie 'n Disziplinarverfahren angehängt, dann fliegen Sie – trotz all Ihrer Beziehungen ...!»

Catzoa schwieg, dachte an den Paragraphen 27 Absatz 2 der Landesdisziplinarordnung: Schuldhaftes Verhalten, und zwar vorsätzlich ... *Vorsätzlich handelt, wer eine Tat, die sich als Dienstvergehen darstellt, mit Wissen und Wollen – also in Kenntnis der Umstände, die den Tatbestand eines Dienstvergehens erfüllen – begeht (dolus directus)*. Hatte er zur Prüfung alles mal auswendig gelernt. Eröffnung des förmlichen Disziplinarverfahrens gegen ihn nach § 33 folgende BDO ... Verstoß gegen die Pflicht zu rechtmäßigem Handeln, Verstoß gegen die Pflicht zur Uneigennützigkeit ...

«Na?» fragte Yvonne nach einiger Zeit.

«Okay, lassen wir's beim Remis ...» Catzoa bückte sich, um durch das schräg stehende Garagentor ins Freie zu kommen, warf es von draußen mit einem Donnerschlag wieder zu, hatte dieses Match ganz offenbar verloren, was ziemlich schmerzhaft für ihn war, wußte aber auch, daß man auf dem Weg nach oben gar nicht anders konnte, als sich solche Blößen zu geben, selber erpreßbar zu werden, und daß es auch sein Gutes haben konnte, in dieser Weise Opfer zu sein, denn diejenigen, die ihn in der Hand hatten, mußten ja immer höchst interessiert daran sein, daß er nicht ins Bodenlose stürzte und dann auszupacken begann; im Gegenteil: Helfen mußten sie ihm.

So ging er zurück, zog das Garagentor wieder hoch und sagte, ganz Brammer Boulevard-Theater, zu Yvonne und Achternholt, die sich, wie anders auch, eng umschlungen hielten: «Ich glaube, wir sollten keine Feinde sein, sondern Partner.»

Achternholt schloß die Szene mit einem Schiller-Zitat: «Das eben ist der Fluch der bösen Tat, / Daß sie, fortzeugend, immer Böses muß gebären.» Und schlug dabei den Kofferraum zu. «In diesem Sinne ...! Vorhang!»

Das Dagobert-Bedürfnis

Der Untersuchungsrichter blickte mich an. «Sie haben mich sprechen wollen …?»

«Ja. Wenn Sie sich das hier bitte einmal durchlesen würden, Herr Dr. Kolläne …»

Fallschilderung I – 29. Oktober 1992

Ich hockte im dichten Gebüsch am Fuße des Bahndamms. Die Blätter waren zwar längst herbstbunt gefärbt, aber noch nicht alle abgefallen. Als Sichtschutz reichte es allemal. Wer mich dennoch von der Straße aus sah, mußte glauben, daß ich lediglich meine Notdurft verrichtete. Hier am Bahnhof Charlottenburg zogen sich die Gleise in einer ganz besonders breiten Schneise durch die Stadt. Hinten, weit weg von mir, hörte ich die S-Bahn-Züge, wenn die uralten Elektromotoren mühsam hochgeschaltet wurden, so schwer in Gang kamen wie Menschen mit chronischer Arthrose und ihr langgezogenes Ööööőhhhh bis noch hinauf zur Kantstraße drang. Vor mir aber lagen die Fernbahngleise.

Es war 17 Uhr 52.

Zeit für «meinen» Zug. Jeden Augenblick konnte die bullige Diesellok über mir erscheinen, die «Taiga-Trommel» aus Rußland. Wie ein dunkler Scherenschnitt vor dem blaßrosa Abendhimmel.

Meine Erregung glich der eines Mannes, der auf dem Bett lag, während sich die Frau, auf die er mit schreiender Spannung kaum länger warten konnte, noch schnell im Bad mit Aphrodisiaka-Düften betupfte. Es schien unerträglich zu werden, und alles drängte mich danach, den Mechanismus jetzt schon auszulösen.

Vor mir auf den Knien ruhte mein Bedienungspult. Der

«Multiplex» Commander MC 2020 FMS-Modul 35 S. Tausende von Männern, die ihre Schiffs- und Flugmodelle per Funksteuerung lenkten, besaßen Geräte dieser Art, und als ich meins in einem Geschäft am Hohenzollerndamm gekauft hatte, war das keinem in keinster Weise verdächtig erschienen. Ein Ruck an einem der Hebel – und in dem Geldabwurfgerät, das am Boden eines D-Zug-Wagens angebracht war, wurde durch einen kräftigen Elektromagneten der Haken zurückgerissen, an den die Karstadt-Leute die Geldtasche gehängt hatten. Die brauchte dann nur noch den Bahndamm hinunterzukollern – mir direkt in die Arme.

Das klassische Problem bei jeder Erpressung ist ja die Übergabe des Geldes. Seit 150 Jahren versuchten Kriminalschriftsteller diese Denksportaufgabe so verbissen zu lösen wie sonst nur das «Locked Room Mystery». Wie immer man es dreht und wendet: In dem Moment, wo der Erpresser das Geld an sich nehmen will, muß er seine Deckung verlassen und sich darbieten wie auf einem Präsentierteller. Der Ort der Geldübergabe ist ein fester Punkt. Da hilft dann logischerweise nur eins: Diesen Punkt sozusagen zu einer Linie werden zu lassen, einer möglichst langen. Indem man als Erpresser die Anweisung gibt, das Geldscheinbündel aus einem Flugzeug abzuwerfen, das man vom Boden aus per Funk dirigieren kann, oder eben aus einem fahrenden Zug fallen zu lassen. Auch hier hat man dann wieder den besagten kritischen Punkt, aber er liegt nicht von vornherein fest, so daß sich die Polizei vorab auf ihn konzentrieren könnte, sondern man bestimmt ihn nach eigenem Gutdünken, aber auch Kalkül, und zwingt die andere Seite zum Improvisieren. Und das können bürokratische Organisationen wie Polizei und Heer grundsätzlich schlecht.

Dies waren also meine Überlegungen, und ich hielt meine Abwurfvorrichtung für geradezu genial, denn keiner Polizei der Welt ist es möglich, Hunderte von Kilometern Bahnstrecke gleich intensiv im Auge zu haben. Schön, die Beamten fuhren mit im Zug, davon war auszugehen, und hatten sicherlich ihre Warnlämpchen oder akustischen Signale zusätzlich an meine Drähte gelötet, bemerkten also sofort, wenn ich den Haken auslöste, doch ehe so ein viele Tonnen schwerer Zug dann bremste, vergingen Sekunden bis Minuten. Allemal Zeit genug für mich, das Weite zu suchen. Mein Fahrrad lehnte unten am Baum. Schiefgehen konnte nichts.

Andererseits wußte ich natürlich, daß ein Plan um so perfekter war, je mehr er den Zufall in Rechnung stellte. Und darum hatte ich als Abwurfstelle diesmal die Innenstadt Berlins gewählt. Wenn wirklich etwas passierte, dann konnte ich hier viel eher untertauchen und irgendein Schlupfloch finden als auf freier Strecke, das heißt in offener Landschaft, wo sie mich per Hubschrauber vergleichsweise leicht verfolgen konnten.

Meine Erregung wuchs ins Unerträgliche. Ich konnte nicht mehr an mich halten und stöhnte auf vor Lust wie Schmerz. Das Herz, der Magen, die Galle. Die Angst, daß sie mich schnappten. Fünf Jahre Tegel, zehn Jahre Tegel. Aber auch die wilde Lust an dieser Angst. Mit dem Leben spielen und experimentieren, das war's. Alles oder nichts.

Da kam der Zug, und alles geschah nur noch. Recht eigentlich ohne mich. Ich war nur noch eine Figur, deren Mechanik so ablief, wie man sie irgendwann einmal eingestellt hatte.

Der Speisewagen, dann «mein» Wagen.

Alles wie im Traum …

Das innere Kommando: Den Hebel nach unten …!

Alles funktionierte.

Die Tasche rutscht den Bahndamm hinunter. Genau dort entlang, wo keine Sträucher stehen. Alles ist optimal berechnet. Ich greife sie und springe auf.

Da sehe ich die beiden MEK-Beamten.

Scheiße.

Es geht also auch diesmal wieder alles schief mit der Geldübergabe. Wie vor zwei Wochen an der Heerstraße. Da hatte ich zwei Gegenstände zurücklassen müssen, mein NVA-Nachtsicht- und ein CB-Funkgerät. Diesmal ist es meine Funksteuerung. Alles Spuren, die mir einmal …

Noch haben sie mich nicht.

Ich bin ich, und ich bin zehnmal klüger als diese hergelaufenen Bullen.

Ich lasse alles fallen, auch das Geld, und schaffe es gerade so, mein Rad vom Baum zu reißen. Natürlich ist es nicht irgendwie gesichert.

Der eine Beamte ist mir zum Greifen nahe. Als ich mich in den Sattel schwinge, muß ich mich so drehen, daß er mein Gesicht erkennt. Das wird ein Phantombild ergeben, wie sich's alle meine Jäger wünschen.

Ein Mann, viel jünger als ich.

Seine Hand zuckt vor wie eine Schlange …

… und er hat mich schon.

Da tritt er in einen Haufen Hundekacke und rutscht aus. Der zweite Beamte rempelt mich an wie ein Eishockeyspieler beim Check an die Bande, doch er bringt mich nicht zu Fall.

Ich trete mit aller Kraft in die Pedale und kann entkommen.

Mein Endorphinausstoß ist riesig, mein Glücksgefühl geradezu kosmisch. Ich gegen den Rest der Welt – und ich habe gewonnen.

Der Untersuchungsrichter hatte seine Lektüre beendet und fixierte mich ungläubig, fühlte sich auch irgendwie vergackeiert und fürchtete wohl, daß wir im Schrank eine Kamera versteckt hatten. Verstehen Sie Spaß?

«Der Ich-Erzähler hier … wollen Sie das selber sein?»

«Ja …» Ich starrte auf meine leicht zerkauten Fingernägel.

«Sie sind doch der -ky, der Schriftsteller, der mit den Kriminalromanen …?»

«Ja …»

«Und gleichzeitig Soziologie-Professor …?»

«Auch das.»

«Und dann wollen Sie …? Kommen Sie! Das ist doch irgendein Gag, mich auf den Arm zu nehmen, mich vorzuführen, mich als naiven Trottel zu brandmarken!» Er war nahe dran, mich rauszuwerfen.

«Nein, allen Ernstes, ich bin gekommen, um … Ich möchte ein Geständnis ablegen. Aber nicht nur das …»

«Sondern?»

«Auch eine Analyse dessen geben, was da alles war, sozusagen eine Phänomenologie des Dagobertismus abliefern. Teils mündlich, teils indem ich Ihnen meine Notizen der Einfachheit halber gleich rüberreiche.»

Der Untersuchungsrichter lächelte süffisant und fast ein wenig aasig. «Da bin ich aber mal auf Ihr Outing gespannt … Aber wenn das alles nur ein großer Presse-Gag werden soll und Sie mich hier instrumentalisieren wollen, auf neudeutsch: verarschen, dann …»

«Ich schwöre es Ihnen, Herr Dr. Kolläne: Ich bin Dagobert! Kein anderer ist Dagobert!»

«Das ist doch Quatsch!»

«Nein, das ist absolut logisch!»

«Unsinn!» Der Untersuchungsrichter schlug so heftig mit der flachen Hand auf seine Akten, daß es draußen auf dem Flur wie ein Schuß geklungen haben mußte, denn sofort schaute ein Bürobote herein.

«Wat is'n passiert?»

«Nichts ist passiert.» Dr. Kolläne scheuchte den Mann mit einer ungnädigen Handbewegung an seinen Aktenwagen zurück und drehte sich wieder zu mir herum. «Der Kaufhaus-Erpresser Dagobert alias Arno F. ist nachweislich am 22. April verhaftet worden!»

Ich lächelte. «Verhaftet worden ist lediglich ein Mann, der vom Staat wie von den Kaufhauskonzernen gekauft worden ist, Dagobert zu sein. Konnte es so weitergehen, daß die staatliche Autorität untergraben wurde und die Leute Angst haben mußten, wenn sie einkaufen gingen? Nein. Also hat man gemeinsam einen armen Teufel gesucht und gefunden, den man nun den Täter spielen läßt. Siehe Shakespeare: Die ganze Welt ist eine Bühne. Oder: BRD gleich Bananenrepublik Deutschland. Siehe auch das Celler Loch oder jüngst Bad Kleinen, wo sie ja auch alles so wunderbar inszeniert haben. Drei Jahre Haft für Arno F. – oder wie immer er heißt – und dann unter anderer Identität ein schönes Leben irgendwo in Florida.»

«Ach was!»

«Doch, doch. Dem Sicherheitsbedürfnis der Bürger ist Rechnung getragen, der hohe Wert ‹Crime doesn't pay› wirksam gefestigt, das bewahrt, was unseren Staat im Innersten zusammenhält.»

Dr. Kolläne lächelte mit der Überlegenheit, die Juristen eigen ist, seit sie die Hohepriester dieses Staates sind. «Ihre Konstruktion ist schon deswegen unhaltbar, weil sie den wirklichen Täter nicht miteinbezieht: Wenn der nun erneut zuschlagen würde, stürzte alles schnell in sich zusammen.»

«Wieso? Zum einen hat man angenommen, daß der sich nun erleichtert zurückziehen würde – zwar ohne Geld, aber glücklich über seine Amnestie, ein freier Mann –, zum anderen aber könnte man, käme es zu weiteren Aktionen, ja ohne jede Mühe auf einen Nachahmungstäter verweisen oder alles totschweigen und einen weiteren Deal versuchen. Das wäre also kein Problem.»

«Das ist doch nichts weiter als die Phantasie und Fabulierungswut eines Romanschriftstellers.»

Ich lächelte. «Wenn ich die einsetzen würde, käme eine ganz andere Geschichte heraus. Etwa so: Dagobert wurde am 1. Februar 1994 in der Polizei-Führungsakademie Hiltrup geboren, als fiktive Figur, um die Festnahme von Kaufhaus-Erpressern bei der Geldübergabe besser üben zu können. Nichts weiter als Simulation. Dann hat ein Pressemensch das mitgekriegt und ernst genommen. Zuerst Gelächter und Schadenfreude bei den Polizei-Oberen. Plötzlich aber hatte man begriffen, was ein so ins Leben gerufener Täter für Vorteile brachte: nicht nur fortwährende Übungsmöglichkeiten und mehr finanzielle Mittel, sondern vor allem neue Stellen, viel bessere Beförderungschancen. Also dementierte man nicht, und die Sache bekam ihre Eigendynamik und nahm ihren Lauf.»

«Ach, was!» Mehr fiel Dr. Kolläne nicht ein. «Arno F. …»

«… ist als solcher eine gewichtige These», mußte ich ihm zugestehen. «Aber denken Sie an Sir Karl Popper und das, was ihm zufolge erst richtige Wissenschaft ist: das ständige Streben, scheinbar auf ewig Gültiges doch noch zu falsifizieren, zu widerlegen. Und das sollten wir jetzt gemeinsam versuchen.»

Der Untersuchungsrichter stöhnte auf. «Meinetwegen.»

Ich lehnte mich zurück. «Wie gesagt: Ich bin Dagobert.»

Dr. Kolläne sah mich geradezu verächtlich an. «Sie hätten doch nie das technische Verständnis dafür, das Know-how für eine solche Geldabwurfvorrichtung …»

«Gestatten Sie …» Ich zog *die horen* aus der Aktentasche, das Heft 154 (34. Jahrgang, 1989) der renommierten «Zeitschrift für Literatur, Kunst und Kritik», das D. P. Meier-Lenz unter der Überschrift «Von Jack the Ripper und anderen Schlitzern & Killern» der Kriminalliteratur gewidmet hatte. «Hier finden Sie auf den Seiten 99 bis 102 meine Kurzgeschichte ‹Wie die Weltmeister›, wo der Kriminalassistent Ansgar Schadt und der Polizeifeuerwerker Jens-Uwe Sengebusch, unterbezahlt und total frustriert, den Früchtegroßhändler Hans-Günther Wülfgen erpressen. Wie sie das mit der Lösegeldübergabe managen wollen, das habe ich auf der Seite 101 genau beschrieben – und zwar schon im Jahre 1989. Bitte lesen Sie selbst. Ich habe Ihnen die entsprechende Passage gelb angestrichen ...»

In der stillgelegten Toilette des Triebwagens 14, der auf der Brammer Kreisbahn (BKB) im Schüler- und Berufsverkehr noch immer seinen Dienst versah, hatten sie nächtens auf dem Abstellgleis ein koffergroßes Rechteck aus dem Boden gesägt und – nach dem Wiedereinfügen, versteht sich – mit einem toll konstruierten Mechanismus versehen, der so beschaffen war, daß der eingesetzte Deckel nach unten auf die Schienen fiel, wenn man per Funk eine Sicherungsschiene zurückgleiten ließ. Und mit ihm der Koffer mit dem Lösegeld ... Zwei einziehbare Autoantennen mit ihren Motoren, vom selben Schrottplatz eine Batterie, schnell wieder aufgeladen, ein ferngesteuerter Rennwagen aus dem nächstbesten Hamburger Spielwarengeschäft; alles nur ein Klacks für sie. War der Koffer mit dem Lösegeld von Frau Wülfgen oder einer Person ihres Vertrauens («Keine Polizei!») im vorgegebenen Zug (Bramme Hauptbahnhof ab 17.02) und am ausgesuchten Ort («Verschlossene Toilette») vereinbarungsgerecht deponiert, so brauchten sie nur an einer beliebigen Stelle der 41 Kilometer langen Strecke im Dickicht zu lauern und aufs Knöpfchen zu drücken.

«Das war 1989 – und ich brauchte nur bei mir selber nachzulesen», sagte ich, während der Untersuchungsrichter das Literaturheft noch ungläubig musterte. Er schien zum ersten Mal an seinem Zweifel zu zweifeln.

«Nun ja, allerdings ...»

Ich fuhr fort, auf ihn einzureden. «Es fällt Ihnen schwer, mich als Dagobert zu sehen, ich weiß, aber was ist denn unmöglich in dieser Zeit: Anything goes ... Sicherlich, Dagobert ist im strafrechtlichen Sinne ein Verbrecher, aber Sie werden vielleicht Verständnis für ihn aufbringen, das heißt für mich, wenn ich Ihnen meine Gründe dargelegt habe, Dagobert zu werden. Dagobert ist auch mehr als ein Mensch, er ist gleichzeitig ein Phänomen, ein Zeitgeist-Anzeiger sozusagen. Gäbe es Dagobert noch nicht, man müßte ihn erschaffen, weil er einem starken gesellschaftlichen Bedürfnis entspricht. Vielleicht ist er auch gar nicht real, sondern lediglich eine kollektive Wunschvorstellung. Auf jeden Fall ist er nötig, um zu zeigen, warum die Welt so ist, wie sie eben ist.»

«Das ist mir ein wenig zu hoch.»

«Ich weiß, Sie sind Jurist, und beginnen wir deshalb mit dem, was hieb- und stichfest ist.»

Ich reichte ihm eine Liste über den Tisch, die ich mit «Indizien und Fakten» überschrieben hatte. Jedesmal war da – fein säuberlich mit einem * versehen – genauestens festgehalten, was ich wann, wo und wie gemacht hatte.

«Die Indizien und Fakten sprechen allesamt gegen mich, und ich will auch keinen Versuch unternehmen, alles abzuleugnen.»

** 13. Juni 1992: In der Porzellanabteilung des Hamburger Karstadt-Kaufhauses explodiert eine Rohrbombe.*

«Dazu kann ich Ihnen mit vielerlei Belegen – Quittungen, Fahrkarten, Zeugenaussagen – nachweisen, daß ich am 12. Juni bei meinem Verlag in Reinbek gewesen bin, also vor den Toren Hamburgs, um über meinen nächsten Kriminalroman zu sprechen – *Blut will der Dämon.*»

Der Untersuchungsrichter hob kurz den Blick, um mich zu fragen, warum denn nun gerade Karstadt und nicht Hertie, der Kaufhof oder Horten.

Ich verwies ihn zunächst auf die zweite Seite meiner Aufstellung:

** 6. Dezember 1993: Bei Karstadt am Hermannplatz in Berlin-Neukölln explodiert eine Rohrbombe.*

«… da haben Sie die Antwort: das Karstadt-Haus am Hermannplatz hat alles ausgelöst. Ich habe von meiner Geburt 1938 bis zum Jahre 1968 Babyzeit, Kindheit und Jugend in ebendiesem Neukölln verbracht, am Weichselplatz, in der Ossa- und in der Treptower Straße … Und meine ersten Schuljahre habe ich in dem großen Backsteingebäude am Hermannplatz absolviert …» Ich ließ die entsprechenden Dokumente wie Papiertauben über seinen Schreibtisch gleiten.

«Und Karstadt speziell?»

«… war sozusagen der Tempel meiner kindlichen wie pubertären Lüste. Spielsachen anfangs, Modellbahnen, später dann eine Verkäuferin in der Schreibwarenabteilung. Ihr Name: Sylvia … Bis zum Abitur bin ich ja in die Albert-Schweitzer-Schule gegangen, gleich nebenan in der Karl-Marx-Straße, und in jeder großen Pause bin ich schnell rüber zu ihr. Nicht, daß ich sie angesprochen hätte, ich habe sie nur angesehen, still angebetet und dann abends im Bett alleine alles erlebt … Sie war mein Traum, sie war die Göttin meiner Jünglingszeit. Nun ja, es gab nur eine Hoffnung für mich, sie wirklich zu erobern, nämlich Lehrling bei Karstadt zu werden und als ihr Kollege ganz legal um ihre Hand und ihren Körper anzuhalten.»

Der Untersuchungsrichter, ein nüchterner Mittdreißiger, mußte unwillkürlich schmunzeln. «Verstehe …»

«Anders ging das damals nicht, zumindest nicht im kleinbürgerlichen Wertsystem der unteren Mittelschicht Neuköllns. Ich hatte also nur die eine Chance … Und was passierte? Trotz meiner meisterhaft formulierten Bewerbung und eines wirklich mit allem Einsatz geführten Gesprächs wollte mich die Firma Karstadt nicht. Aus der Traum von Sylvia – und ein ewiges Trauma für mich. Eine ungeheuer große Verletzung meines Selbstwertgefühls, meiner Seele, ich war dem Selbstmord nahe und habe sogar … Aber lassen wir das …»

Der Untersuchungsrichter nickte. «Darum also Karstadt …»

«Ja. Und nicht weil – wie der sehr geschätzte Kollege Herbert Lichtenfeld vermutet – meine Mutter von einer Karstadt-Verkäuferin unfreundlich behandelt worden ist.»

Wir kamen ohne weiteres zum nächsten Punkt.

* *19. Mai 1993: Nach Geschäftsschluß detonierte eine Bombe bei Karstadt in Bielefeld, diesmal in der Radio- und Fernsehabteilung.*

Der Untersuchungsrichter verfiel in einen spöttischen Ton. «Wie ich vermute, haben Sie auch bestimmte Affinitäten zu Bielefeld … Vielleicht weil Arminia Bielefeld im Bundesligaskandal für Herthas Abstieg in die absolute Mittelmäßigkeit hauptschuldig ist …?»

«Nein, eher weil ich mich 1972 auf eine Professorenstelle an der Uni Bielefeld beworben habe, aber kläglich gescheitert bin. Außerdem bin ich in meiner Bremer Zeit viele Male in Bielefeld gewesen … als Mitarbeiter eines großen Forschungsprojektes von Renate Mayntz und Niklas Luhmann … ‹Personal im öffentlichen Dienst – Eintritt und Karrieren›.» Ich zeigte ihm das Vorwort der diesbezüglichen Veröffentlichung, wo mir ausdrücklich gedankt wurde. «Allerdings war ich am Tattage in meiner Rolle als Autor in Bielefeld, zu einer Lesung aus *Von oben herab* …» Auch dafür gab es Belege.

Der Untersuchungsrichter ging kommentarlos zu einem anderen Datum über.

* *15. Juli 1992: Neustrelitz in Mecklenburg-Vorpommern. Der erste Versuch einer Geldübergabe. Der Geldbote wird von mir aufgefordert, ein extra konstruiertes Abwurfgerät und eine Tasche mit einer Million Mark am letzten Wagen des Zuges Berlin–Rostock anzubringen. Ich warte am Bahndamm und löse den Mechanismus um 22 Uhr 30 per Funk auch aus, doch es klappt nicht, die Tasche bleibt hängen. Wenigstens kann ich entkommen.*

Der Untersuchungsrichter hakte ein. «Sie sind Schriftsteller, Herr -ky, Sie sind Soziologie-Professor … Wie kommen Sie denn da zu solchen Bastelkünsten?»

«Ganz einfach: Mein Urgroßvater war Kunsttischler, mein Großvater Elektromeister, mein Vater Maschinenbauer … Da ist das alles vererbt, zumindest in der Weise, daß ich mir alles abgesehen habe und von ihnen auch ständig angeleitet worden bin. Ich habe eine richtiggehende Werkstatt im Keller … und Ihre Spezialisten werden bei genauer Suche sicherlich Teile, Späne und dergleichen finden, die bei der Konstruktion der Rohrbomben, der Abwurfgeräte mit ihren Magneten und vor allem meiner wunderbaren kleinen Lore übriggeblieben sind …»

Der Untersuchungsrichter suchte die entsprechende Angabe auf meinem Zettel.

* *22. Januar 1994: Stillgelegte Gleisanlagen zwischen den Berliner Bahnhöfen Westend und Jungfernheide. Ich habe dort in drei Nächten eine Schiene freigelegt, das heißt, die in vielen Jahren gewachsenen Bäume und Sträucher mit einer Machete beseitigt und eine Mini-Lore draufgesetzt, eigentlich ein kleines Triebfahrzeug mit Motor und Batterien, robust genug, den Packen mit den 1,4 Millionen Mark einen Kilometer weit zu meinem Versteck zu bringen.*

«Was aber nicht geklappt hat?»

«Nein, weil eine Schraube zu lang war, mein Radkranz gegengestoßen und das Fahrzeug umgefallen ist. Muß ich übersehen haben. Ein unverzeihlicher Fehler …»

Der Untersuchungsrichter kam darauf zu sprechen, daß die Bahn in meinem Tun eine große Rolle spielte.

Ich lachte. «Das ist eine echte Besessenheit, fragen Sie meine engsten Bezugspersonen. *Love me, tender.* Aber nicht nur Tenderloks sind meine Leidenschaft, sondern vor allem S- und U-Bahnen, aber auch die gute alte Straßenbahn.»

Das sah er ein. Etwas anderes zu begreifen fiel ihm aber wesentlich schwerer: daß ich ja mit meinen Rohrbomben fahrlässig das Risiko eingegangen sei, Menschen zu verletzen, wenn nicht gar zu töten.

«Ist doch deren eigene Schuld, wenn sie meine Bücher nicht kaufen …»

«So leichthin ist das nicht abzutun, mein Lieber!» ermahnte er mich.

Ich versuchte es zunächst mit Sigmund Freud und seiner Unterscheidung zwischen Lebenstrieb und Todestrieb.

«Etwa ab 1920 unterscheidet er zwischen Lebenstrieb – Eros, Libido – und Todestrieb – Aggression, Destrudo. Alles Leben zeigt die immanente Tendenz, zum anorganischen Urzustand zurückzukehren, zum Tode also. Und dieser unsichtbare Todestrieb bedient sich der destruktiven Aggression. Lebens- und Todestrieb sind normalerweise vermischt, in pathologischen Fällen kann es aber zur Entmischung kommen.»

«Ist Dagobert eine solche pathologische Entmischung?» fragte der Untersuchungsrichter.

«Ja. Wahrscheinlich im Sinne der Regression. Er hat es nicht ausreichend gelernt, mit seinen Frustrationen fertig zu werden.»

«*Sie* mit *Ihren* Frustrationen …»

«So ist es. Habe ich den Nobelpreis für Literatur bekommen? Nein. Nicht einmal Hochliteratur bringe ich hervor, sondern nur Unterhaltung. Bin ich Professor an einer Nobeluniversität? Nein. Lediglich an einer Fachhochschule darf ich lehren. Ruft man mich, den ‹Tatort› zu schreiben? Nein. Und das Drehbuch nach meinem Roman *Von oben herab*, eine deutsch-amerikanische Koproduktion, verfasse nicht ich, sondern ein Screenplaywriter aus Santa Monica.»

Der Untersuchungsrichter nickte. «Da kann ich Sie voll und ganz verstehen.»

Ich wies ihn zusätzlich auf das «sogenannte Böse» von Konrad Lorenz und die Frustrations-Aggressions-Theorie von Dollard und anderen hin. Einmal hätte alles zum Ausbruch kommen müssen, Dagobert sei also sozusagen der Super-Gau meiner Psyche geworden.

«Aber wozu haben Sie denn da noch das viele Geld haben wollen, die anderthalb Millionen …? Das paßt doch gar nicht ins Raster …»

«Doch. Denken Sie mal an die Hungerhonorare, die Schreiber heute kriegen. Beim Taschenbuch fünf Prozent des

Ladenpreises, abzüglich Umsatzsteuer, abzüglich Einkommensteuer. Das gibt einen Stundenlohn von zehn Mark, allerhöchstens, wenn Sie zusammenrechnen, wieviel Zeit benötigt wird: für das Nachdenken über den Plot, für die Abstimmung mit Lektor und Verlag, für das Tippen von vielen hundert Seiten, das Umschreiben später, das Lesen der Fahnen ... Wahnsinn! Und nochmals Frust, wenn der Lektor anders will, wenn die Verlage keine Werbung machen, wenn die Kritiker Böses verbreiten. Und das alles für 49 Pfennige, die man für jedes Buch bekommt ... Bei einer Auflage von 15 000.»

Hieran anknüpfend gingen wir auf das nächste Ereignis ein.

* *14. August 1992: Reinbek bei Hamburg: Ich stecke im Krähenwald und warte auf den Zug. Über mir der Bahndamm. Ich bin mit dem Fahrrad gekommen, natürlich bei Karstadt gekauft, und trage eine graue Perücke. Es ist 17 Uhr 02. Der Zug taucht auf, rauscht an mir vorbei. Ich gebe das Signal zum Geldabwurf. Es funktioniert auch alles, und die Tasche fällt mir sozusagen in den Schoß, doch die Polizisten sind schneller als erwartet, ziehen sofort die Notbremse und springen ab. Ich muß mein Rad zurücklassen, und ein tiefhängender Ast streift mir auch noch die Perücke vom Kopf. Ich weiß, daß das Gelände umstellt ist, und habe nur eine Chance: Rowohlt, mein Verlag in der Hamburger Straße 17, nicht weit vom Bahnhof Reinbek entfernt. Ich schaffe es auch mit Müh und Not bis zum Pförtner. Der kennt mich, meldet mich beim Thriller-Lektorat, und ich kann mich auf die Toilette flüchten. In der Tasche finde ich dann allerdings kein Geld, sondern nur Papierschnipsel, einen Peilsender und eine Farbbombe. Beide kann ich rechtzeitig «entschärfen». Zwar weist der Sender den Beamten noch den Weg zum Verlagsgebäude, doch dort kommt natürlich niemand auf die Idee, in -ky einen Kaufhaus-Erpresser zu vermuten.*

Der Untersuchungsrichter konnte nun nicht anders, als lauthals loszulachen.

Ich hielt ihm daraufhin einen kleinen Vortrag über die anarchistischen Elemente, die wir alle in uns tragen. Staat, Gesellschaft, Normen, Rollen – alles engt uns ein, wir fühlen uns als total dressierte Wesen, nicht anders als Hunde. Nur daß es statt «Sitz!» eben heißt: «Zahl deine Steuern» und statt «Aus!» lapidar: «Lächle deinen Vorgesetzten an, anstatt ihm eine runterzuhauen». Aber in uns brodelt das Archaische, will sich entladen. Wir wollen uns die verlorene Freiheit wieder zurückholen und werden aggressiv dabei. Die Psychologen nennen das den Reaktanz-Effekt. Und irgendwie ist Dagobert ein kollektives Reaktanz-Motiv. Stellvertretend für uns alle verarscht er die Obrigkeit, rächt sich für all das, was sie uns an Triebverzicht, an Beschneidungen, an Einengungen zumutet. Polizei steht hier für Obrigkeit, für den Staat als Zwangsinstitution.

Ich zitierte die Bibel (Brief des Paulus an die Römer, 13. Kapitel):

1. Jedermann sei untertan der Obrigkeit, die Gewalt über ihn hat. Denn es ist keine Obrigkeit ohne von Gott; wo aber Obrigkeit ist, die ist von Gott verordnet. 2. Wer sich nun der Obrigkeit widersetzt, der widerstrebt Gottes Ordnung; die aber widerstreben, werden über sich ein Urteil empfangen.

«Und sehen Sie, Herr Dr. Kolläne, darum sind wir normalerweise unfähig und viel zu feige, gegen die Obrigkeit anzugehen und den Kampf gegen den Leviathan zu führen, aus Angst vor Staat und Polizei. Und da kommt nun dieser Dagobert und tut es, tut es für uns alle, ist unsere kollektive Projektion.»

Der Untersuchungsrichter fuhr auf. «Für mich ist das ein kleiner mieser Erpresser.»

«Für mich ein Held, ein Mythos.»

«Sie übersehen, lieber Professor Bosetzky, daß in unserem Lande der Ruf nach Sicherheit immer größer wird, der Ruf nach mehr und besserer Polizei.»

«Ja, sicher, das ist ja dieser immanente Widerspruch, die Ambivalenz, die Dialektik. Aus der Angst vor dem Verbrechen rührt der Schrei nach mehr Sicherheit und Polizei, aber instinktiv fürchten dieselben Leute die Polizei, den Polizeistaat, die deutsche Geschichte mit Stasi und Gestapo. Und eben aus diesem Widerspruch erwächst das Dagobert-Bedürfnis. Dagobert ist kein Zufall, Dagobert ist eine historische Zwangsläufigkeit, Dagobert entspringt dem Bedürfnis eines sozialen Systems nach dem Gleichgewicht zwischen Freiheit und Zwang, zwischen Ordnung und Unordnung, sprich: Chaos. Ordnung ist eben nur das halbe Leben – Dagobert repräsentiert die andere Hälfte. Und die ist genauso notwendig wie die erste.»

Der Untersuchungsrichter war nun ein wenig genervt von meinen Höhenflügen und wandte sich wieder den Fakten zu.

* *19. April 1993: Berlin-Britz. Die Sache mit der Holzkiste.*

«Wie war denn das, erzählen Sie mal …»

Da war nicht viel zu erzählen, er kannte das ja aus der Presse. Wie die Polizisten die Übergabetasche in eine von mir gebastelte Streusandkiste gelegt hatten und ich von unten, von einem Gully aus, herangekommen war. «Aber nur Papierschnipsel drin. Ich wurde langsam böse, immer aggressiver … Wie ein Spieler, der Jahr um Jahr seine Dart-Pfeile wirft, aber nie in das Rote in der Mitte trifft. Außerdem hatte ich große Pläne mit den 1,4 Millionen. Ich wollte sie nicht für mich – ich lebe vergleichsweise bescheiden und habe dicke das, was ich brauche –, ich wollte sie – die einzige Rolle, die für mich in dieser Welt noch zählt –, wollte sie als Robin Hood. Den Karstadt-Kapitalisten das Geld wegnehmen und es denen geben, die sich nichts Vernünftiges bei Karstadt kaufen können: den armen Muttchen, den Asylanten und Bürgerkriegsflüchtlingen, den Stadtstreichern und Bettlern … Ein Heim für Obdachlose wollte ich gründen …»

«Wie edel …»

«Schön, nicht nur Edelmut, sondern auch Ruhmessucht,

Egoismus und so weiter steckten dahinter, bis hin zu dem Wunsch, einmal ein Buch über das alles, über mich als Dagobert herauszugeben, doch gleichviel: Ich wollte die Karstadt-Millionen da einsetzen, wo der Staat versagt und die freien Wohlfahrtsträger nicht mehr können. Aber es ging ja immer wieder schief mit der Geldübergabe …»

Ich nannte ihm noch den 5. Januar 1993, wo man zwar alle Telefonzellen in der Berliner Innenstadt überwacht hatte, nicht aber die in Neukölln, von wo aus ich meine Anweisungen gegeben hatte (gegenüber der Walt-Disney-Schule). Die Geldtasche war dann auch um 18 Uhr 37 vom D-Zug Berlin–Stralsund aus abgeworfen worden, doch ich hatte vorher flüchten müssen, weil die Polizisten sich diesmal strategisch richtig postiert hatten.

Der Untersuchungsrichter wurde jetzt ein wenig ungeduldig. «Und wie kommen Sie zu Ihren speziellen Kenntnissen über die Berliner Kanalisation …? Da reicht es wohl nicht, daß man sich den ‹Dritten Mann› dreimal ansieht …?»

«Sie wissen, daß ich Organisationsforscher bin … Und da habe ich 1987 mit dem Kollegen Peter Heinrich zusammen – siehe unser Standardwerk *Mensch und Organisation* – ein Gutachten verfaßt. ‹Funktionale und Dysfunktionale Folgen der Strukturreform bei den Berliner Entwässerungswerken›. Und da bin ich etliche Male mit den Leuten durch die Kanalisationsschächte gezogen. Empirische Sozialforschung hat eben auch vor Ort zu erfolgen.» Ich reichte ihm unsere Broschüre hinüber.

Der Untersuchungsrichter nahm sie und blätterte wahllos in ihr herum, glaubte mir aber ganz offenbar noch immer nicht und wollte sehen, ob meine Schilderung Detail für Detail mit dem übereinstimmte, was die Polizei in ihren Protokollen festgehalten hatte. So kam er auf den Wolfensteindamm in Berlin-Steglitz zu sprechen und fragte mich, ob ich zu dieser «neuen Gully-Nummer» auch schon etwas zu Papier gebracht hätte. Ja, ich hatte:

Fallschilderung II – 25. Januar 1993

Ich sitze in einer Kanalisationshöhle und warte. Über mir befindet sich die Autobahnausfahrt, und das ewige Geräusch der Reifen nervt mich gewaltig. Eingefädelt ist auch diesmal alles bestens. Ich habe meine Mutter in Neukölln besucht und von da aus die Kripo angerufen. In einem Briefkasten in der Emser Straße würde die Nachricht stecken, wie sie sich am Ort der Geldübergabe zu verhalten hätten. Es ist ein wirklich irres Gefühl gewesen, diesen Brief in den Kasten zu werfen. Vor etwa zehn Augenpaaren. Die Wahnsinnslust des Exhibitionisten. Ach wie gut, daß niemand weiß, daß ich Rumpelstilzchen heiß.

Ich habe im Keller meines Einfamilienhauses eine kleine, aber gut ausgerüstete Werkstatt, und alle denken, ich würde da meine S-Bahn-Modelle bauen ... Nun, die Konstruktion hier am Wolfensteindamm hat sogar mir einige Mühe bereitet. Da, wo der von oben kommende Schacht ein wenig schmaler wird, habe ich eine Auffangvorrichtung eingesetzt, das heißt, eine Art Trichter mit Schnellzement so fest im Mauerwerk verankert, daß zwar das Geldpaket hindurchpaßt, nicht aber ein ausgewachsener Mensch. Mein Verfolger vom MEK wird also steckenbleiben wie ein Korken im Flaschenhals, und ich werde Zeit genug haben, in Richtung S-Bahnhof Steglitz zu laufen. Dort kann ich an einer uneinsehbaren Stelle die «Unterwelt» verlassen und die Straße entlanggehen. Ich stecke in der Uniform eines Feuerwehrmannes, der mit seiner Aktentasche auf dem Weg zum Dienstort ist. Diese Uniform ist echt. Sie ist ein Geschenk von Leuten, denen ich in einer Fortbildungsveranstaltung zur höheren Qualifikation und zum Aufstieg verholfen habe.

Ich habe meine Taschenlampe ausgeschaltet und warte. Dreckbrühe strömt an mir vorbei, es stinkt bestialisch. Ganze Rattensippen ziehen aus, um sich ihr Abendbrot zu sichern. Sie flutschen dicht an mir vorbei. Meine Knie sind weich, Ekel packt mich, das Würgen in Speiseröhre und Hals wird so unerträglich stark, daß ich mehrmals brechen muß. Ich habe Angst vor einer mutierten Ratte, einer Riesenratte, groß wie ein Bär. Jetzt ist es Angst ohne jede Lust. Ich stülpe mir die Kopfhörer über, um mich abzulenken. Oben in einem kleinen Gebüsch steht mein Richtmikrophon. Wenn die Beamten ihre Strategie absprechen, wenn sie sich per Funk ihre Befehle zurufen, dann kann ich das alles mithören und dementsprechend reagieren.

Über mir poltert es. Instinktiv ducke ich mich. Sie heben den Schachtdeckel hoch. Gleich muß das Geld in den Trichter rutschen.

Nein, der Deckel knallt wieder zu. Wie eine Explosion hört sich das hier unten an. Die oben sind gestört worden.

Meine Ohren schmerzen trotz der Kopfhörer. Dann rauscht es. Als hätten sie am Wolfensteindamm einen Springbrunnen angestellt. Später erfahre ich, daß direkt neben meinem Richtmikrophon jemand gepinkelt hat.

Die Beamten schimpfen leise und ringen offensichtlich mit einem, den sie für Dagobert halten.

«Var snäll och tala lite langsammere!» höre ich ihn sagen. Ein Schwede wohl.

Aber auch mit einem Sprayer haben sie Ärger.

«Da liegt 'n Mikrophon!» ruft einer.

«Dann steckt er hier im Schacht!»

Sie schreien sich etwas zu, das ich nicht mehr ganz verstehen kann.

Ich verliere die Nerven und flüchte zu meinem Notausstieg.

Der Untersuchungsrichter gab mir meine Bogen kommentarlos zurück. Sicherlich, er hatte es schwer. Da saß ihm jemand gegenüber, der sich über zwei Jahrzehnte lang alle Mühe gegeben hatte, die Fiktion als Wahrheit zu verkaufen, keinen

Trick gescheut hatte, um alles in seinen Büchern so authentisch wie möglich wirken zu lassen. Nach dem Motto: Wenn Straßen und Hausnummern stimmen, stimmt alles andere auch. Und diesmal nun sollte es ganz anders sein …?

Fast verzweifelt verwies ich auf die unzähligen Übereinstimmungen, die es in jedem Auftritt Dagoberts gab.

** 9. September 1992: Um 23 Uhr 30 explodiert bei Karstadt in Bremen meine nächste Bombe, und zwar in der Abteilung für Autozubehör.*

«Warum gerade Bremen, Herr Professor Bosetzky …?»

«Ganz einfach: Ich habe in den Jahren 1970 bis 1973 in Bremen gelebt und gearbeitet. Gewohnt haben wir in Osterholz, in der Armsener Straße, und tätig war ich als Wissenschaftlicher Mitarbeiter in der Senatskanzlei, genauer gesagt in der Kommission für Verwaltungsreform mit dem Dienstgebäude am Landweg. Aus dieser Zeit kenne ich das Karstadtgebäude ganz genau, denn am Freitag haben wir regelmäßig beim dienstlichen Frühstück kleine Spielchen veranstaltet, zum Beispiel geraten, wie viele Streichhölzer jemand in der geschlossenen Faust hielt, und der Verlierer mußte immer halbe Hähnchen von Karstadt holen. Aus dieser Zeit gibt es natürlich noch einige Freunde in Bremen … und die habe ich im September 1992 besucht.» Ich konnte ihm sogar noch die Flugtickets zeigen. «Und außerdem: Fragen Sie alle meine Bezugspersonen, wie sehr ich Autos hasse. Das war also kein Zufall, daß ich mir diese Abteilung ausgesucht habe. Zwei Fliegen mit einer Klappe.»

Der Untersuchungsrichter machte sich ungerührt Notizen. «Und weiter …»

** 15. September 1992: Bei Karstadt in Hannover lasse ich in der Haushaltswarenabteilung einen Sprengsatz explodieren, in einem Stoffschrank.*

«Hannover kenne ich aus meiner Siemens-Zeit. Ich bin ja gelernter Industriekaufmann und Siemens-Stammhauslehrling und habe einen Teil meiner Ausbildung – und zwar das zweite Halbjahr 1969 – in der dortigen ZN am Marschplatz verbracht. Zum fraglichen Zeitpunkt allerdings war ich in meiner Rolle als -ky in Hannover und habe im Germanistischen Seminar der Uni gelesen und mit den Dozenten und Studierenden lange diskutiert. Sehr nette und außerordentlich kompetente Leute dort.»

Wieder konnte ich dem Untersuchungsrichter eine Reihe von Belegen vorlegen, die ihn einfach überzeugen mußten: die Einladung der Germanisten, die Hotelrechnung, der Flugschein Tempelhof–Hannover und zurück.

Trotzdem blieb er skeptisch. «Ich kann's noch immer nicht fassen … Sie als …» Folgte die Aufzählung dessen, was mich in seinen Augen zum Erfolgsmenschen machte.

«Da irren Sie sich … Bedenken Sie, wie schrecklich ein Hochschullehrerleben ist. Jahr für Jahr dasselbe predigen. Über hundertmal habe ich schon erzählen müssen, was soziale Rollen sind. ‹Soziale Rollen sind Bündel von Erwartungen, die sich in einer gegebenen Gesellschaft an das Verhalten der Träger von Positionen knüpfen.› Wieder und wieder dasselbe. Das ist Entfremdung hoch drei. Da will man nur noch eins: sich betäuben, in andere Welten fliehen.»

«Aber Sie hatten doch als Ausgleich die Schreiberei», wandte er ein.

«Ach Gott, kennen Sie die Einsamkeit des Mannes an der Schreibmaschine, die Qual, wenn einem nichts mehr einfallen will und jeder Satz so stümperhaft klingt, als hätte man nie Berge von Büchern geschrieben? Nichts geht mehr … aus, ausgebrannt, gestorben.»

Ich zitierte, um das vollends deutlich zu machen, die Hermann-Hesse-Verse, die ich meinem Roman *Kein Reihenhaus für Robin Hood* vorangestellt hatte:

Im Leeren dreht sich, ohne Zwang und Not, / Frei unser Leben, stets zum Spiel bereit, / Doch heimlich dürsten wir nach Wirklichkeit, / Nach Zeugung und Geburt, nach Leid und Tod.

«Und ich wollte die pralle, die irre, die kitzlig-gefährliche Wirklichkeit nicht immer nur am Schreibtisch nachempfinden, sondern sie leben. Darum bin ich Dagobert geworden. Dopamin-, Serotonin-, Endorphin-Ausschüttung, alles wollte ich. Den großen Kick, Thrill, Abenteuer, Angst, multipliziertes Leben. Das Verbrechen als einzig noch mögliche Freizeitbeschäftigung, ja Lebensform. Die Lust an der Tabuverletzung. Sex, Orgasmus – das ist alles viel zu punktuell, nur von Blitzesdauer, das Dagobertsein aber zieht sich über Jahre hin, ist ein Dauerzustand: Wie ein Gott erhebe ich mich über Arbeit und Alltag. Und da Millionen in diesem Lande nichts anderes wollen als dies, ist Dagobert die Kultfigur für sie geworden. Was ich ihnen mit meinen Büchern, Hörspielen und Filmen nicht geben konnte, das habe ich ihnen als Dagobert gegeben.»

Der Untersuchungsrichter stöhnte laut und vernehmlich. «Darum beschlossen Sie also, Dagobert zu werden ...»

«Nicht nur ...» Ich mußte zugeben, daß da auch sehr individuell-egoistische Motive anzuführen waren. «Stichwort: Herostratentum, durch Ruhmessucht motiviertes Verbrechen.»

Er hatte nie davon gehört. Daß Herostratos, ein Grieche, im Jahre 356 v.Chr. den Artemis-Tempel zu Ephesus einzig und allein aus dem Grunde in Brand gesteckt hatte, um berühmt, um unsterblich zu werden. Was ihm ja auch gelungen war ...

«Und das erhoffen Sie sich auch ...?»

«Wer möchte nicht unsterblich sein? Ich bin jetzt 56 Jahre alt und werde nach diesem Geständnis mindestens fünf Jahre in der Justizvollzugsanstalt Tegel verbringen müssen. Sie werden fragen, ob ich das als Schriftsteller und Soziologie-Professor denn eigentlich nötig hätte. Nun ja, der eine will in hohen Jahren noch in den Bundestag, um dort als Alterspräsident im

Rampenlicht zu stehen, der andere versucht es als Knacki. Was uns da trägt, ist die narzißtische Bedürftigkeit, wenn nicht gar die narzißtische Unersättlichkeit. Wir sind unersättlich, wenn es darum geht, geliebt, gelesen und beachtet zu werden. Einzigartig sein, der Sieger, der Größte. Wenn Schriftsteller dies wollen, und sicherlich wollen es alle, wenn es auch die meisten verschweigen und verdrängen, dann sind sie böse dran, denn jeder Blick in eine Buchhandlung nimmt ihnen den Atem, und ein Besuch der Buchmesse läßt sie an Selbstmord denken, denn übermächtig sind die Toten wie die Lebenden. Lawinen von Büchern gehen über sie hinweg, Bücher anderer erschlagen und ersticken sie. Bleiben wir beim Krimi-Genre: Was habe ich da für eine Chance gegen Chandler und Hammett, gegen die Highsmith und die Sayers, gegen Edgar Wallace und Conan Doyle? Doch keine. Aber als Dagobert, da ziere ich die Titelseiten von *stern* und *zitty*, bin ich den TV- und Radiosendern viele Minuten und den Zeitungen und Zeitschriften viele, viele Seiten wert, schreibt man Bücher über mich und will man Filme drehen. Sie werden verstehen, daß ich dieser Versuchung nicht widerstehen konnte. Endlich bekomme ich die Streicheleinheiten, die ich so notwendig brauche wie ein Süchtiger den Stoff.»

Ich bin in den Medien, also bin ich.

Der Untersuchungsrichter blieb noch ein Weilchen bei diesem Motiv, und wir kamen zu Fragen der Ich-Identität und der Selbstinszenierung.

«Dagobert ist das typische Produkt einer Inszenierungsgesellschaft, wie wir sie geworden sind, ein Volk, in dem ‹gesellschaftliche Ordnung als ständig neu herzustellendes Sozialprodukt und als Darstellungsleistung jedes einzelnen Gesellschaftsmitgliedes sichtbar wird›. So mein Kollege Hans-Georg Soeffner in: *Die Ordnung der Rituale.* Natürlich ist es ein gehöriges Stück Regression, Rückfall in kindliches Verhalten. Siehe die Slapstick-Freude, als der Polizist mich nicht kriegt, weil er in Hundescheiße tritt.»

Der Untersuchungsrichter war noch immer unschlüssig, schob mir das Strafgesetzbuch über den Tisch und bat mich, unter 145 d nachzusehen. Ich tat es.

§ 145 d. Vortäuschen einer Straftat. (1) Wer wider besseres Wissen einer Behörde oder einer zur Entgegennahme von Anzeigen zuständigen Stelle vortäuscht ... daß eine rechtswidrige Tat begangen worden sei ... wird mit Freiheitsstrafe bis zu drei Jahren oder mit Geldstrafe bestraft ...

«Gott, ich bin der Dagobert!» schrie ich.

Der Untersuchungsrichter lachte. «Sie sind der zehnte echte Dagobert, den wir schon haben ...»

«Er steckt halt in uns allen. Wir brauchen ihn für unsere Projektionen. Das ist es ja, was ich das Dagobert-Bedürfnis nenne.»

Es war sogar Mitgefühl und Zuneigung, mit denen er mich nun betrachtete. «Ich schätze Sie sehr, Herr -ky, und darum die herzliche Bitte an Sie: Gehen Sie nach Hause, vergessen wir alles ganz schnell ...» Dies mit einem Blick, der deutlich sagte: Du Armer du, du bist wirklich reif für die Psychiatrie.

Ich fuhr hoch. «Ihr habt mich schon um eine spektakuläre Verhaftung betrogen! Vor allen Kameras der Welt wollte ich als Dagobert auftreten. Nun gönnt mir doch wenigstens noch ein klein bißchen Publicity!»

Dr. Kollänes Wohlwollen wuchs ins Unermeßliche. «Der Geschäftsführer des Argon Verlages ist ein alter Freund von mir. Ich werd mal mit ihm sprechen. Vielleicht läßt er sich breitschlagen und gibt eine Anthologie mit Dagobert-Geschichten heraus.»

Macht sie alle!

Rico haßte seine Finger. Abgenagt wie sie waren und gelb vom Nikotin. Vor allem aber, weil sie ihm nicht gehorchen wollten. Wenn er dachte, jetzt muß ein *a* kommen, dann sauste sein linker kleiner Finger auf das *s* hinab. *Hsu sb* … Verdammte Scheiße! Die Schreibmaschine hatte er auf der Müllkippe bei Wernsdorf gefunden. Da hatten Derrick und Schimanski keine Chance gegen ihn. Endlich hatte er den Text fertig getippt.

McDuff, du schwule Sau, hau ab aus Berlin! Sonst pusten wir dir das Gehirn aus'm Kopf!

Der Bürgerkrieg fand auf dem Eise statt und wurde ausgetragen nach den Regeln der DEL. In der Eissporthalle in der Jafféstraße bekämpften sich der BSC Preußen (West) und der EHC Eisbären (Ost) zum dritten Mal in dieser Saison. Jede Mannschaft stand stellvertretend für die eine Hälfte der Stadt, wenn nicht gar des ganzen Landes.

Kaiser Wilhelm. So die Assoziation von Hans-Jürgen Mannhardt (West), denn die Preußen spielten in den alten Farben Schwarz-Weiß-Rot, einer ihrer Fanklubs hieß sinnig «Preußens Gloria», und manchen sah er unverdrossen die verbotene Reichskriegsflagge schwenken.

Stasiklub. So die Assoziation von Yaiza Teetzmann (Ost), als ihr bewußt wurde, daß die Eisbären ja die Nachfolger des SC Dynamo Erich Mielke waren, sagte aber laut, es sei dennoch ihr Verein. «… irgendwie so.»

«Nun ja, die Eisbären sind Tabellenletzter – und Preußen führt die Liga an …»

Die Mannschaften liefen aufs Eis, und der Stadionsprecher startete das Eröffnungsritual, indem er bei der Vorstellung der Preußen nur die Nummer und den Vornamen der

Spieler aufrief und die Fans im Chor den Nachnamen hinzufügen ließ.

«… die Nummer 8 – Tom …»

«O'Reagan!» kam es aus vielen tausend biergeölten Kehlen.

Mannhardt stopfte sich Schaumstoffstöpsel in die Ohren.

«… die Nummer 16 – Schorsch …»

«Holzmann!»

«… die Nummer 1 – Tony …»

«Tanti!» kreischten die Fans.

Bei John Chabot, dem Top-Scorer der Deutschen Eishokkey-Liga, schnellte die Phonzahl weiter in die Höhe, richtig infernalisch aber wurde der Lärm erst, als die Nummer 99 vorgestellt wurde. «Martin …»

«McDuff …!»

Julia und Johannes klaubten händeweise Konfetti aus ihren mitgebrachten Plastiktüten und warfen es von den Stehplätzen hinunter auf die Ränge mit den Sitzen.

Mannhardt bekam das meiste davon auf den Kopf und schüttelte sich wie ein naßgewordener Bär. Yaiza Teetzmann schlug das Programmheft auf und suchte nach den beiden Seiten mit McDuff.

Mit dem Superstar der NHL wird Preußen endlich deutscher Meister.

Gott, war das ein Mann! Für den hätte sie selbst einen Michael Douglas sausenlassen. Gut, daß sie ihren Vibrator im Nachttisch hatte.

Mannhardt grinste. «Na, da ist ja eine völlig weg.»

«Du Sau, du Macho!»

«Komm …» Es ging das Gerücht, daß Martin McDuff Aids hatte. Es sprach für die anderen, daß sie ihn mitspielen ließen, denn daß Blut floß, war nie auszuschließen, insbesondere beim Cross-Check oder bei einer der Prügeleien auf dem Eis, die es immer wieder gab.

Bei den Eisbären-Fans, die man in dem hintersten Winkel

der Halle, ganz oben in der Ecke, in einem eigenen Block konzentriert hatte, wurden Spottgesänge laut.

Rico stieß die Hand mit ausgestrecktem Zeigefinger so nach unten, als wollte er McDuff mit einer Lanze durchbohren, ihm zumindest aber die Augen ausstechen.

Das Spiel begann, und Mannhardt genoß es wie ein Magenkranker, der wochenlang nur Brei bekommen hatte und nun das erste Steak auf seinem Teller sah. Wenn man immer nur Softie und Pazifist mit Lichterkettenseligkeit sein mußte, lechzte er danach, daß sich die Gladiatoren die Köpfe blutig schlugen, daß sich einmal auch Archaisches Bahn brechen konnte. Aus dem braven Hütehund brach der Wolf hervor. Und mit allen Preußen schrie er abwechselnd:

Macht sie alle, schießt sie aus der Halle!
Hier regiert der BSC!
Ihr könnt nach Hause fahr'n, Ihr könnt nach Hause fahr'n …

Kaum hatten die Fans das nächste Bier richtig gekippt, stand es schon 2:0 für den BSC Preußen, und der Torschütze hieß beide Male Martin McDuff.

Bei den Eisbären-Fans verlor einer die Nerven und schoß mit einer Signalpistole in die Halle. Wie grüner Schlamm in einem Horrorfilm quollen Polizisten in die Halle. Jemand warf ihnen Rauchbomben auf den Kopf. Im Nu war alles eingehüllt.

Vom Hochhaus an der Potsdamer Brücke hatte er einen herrlichen Blick über die Stadt. Ja, er war HIV-positiv. Ohne den Streik in der NHL und die ausgefallene Saison zu Hause wäre ihm die Flucht nicht so einfach geglückt. Seine Kräfte ließen schon nach, doch für die deutsche Liga reichte es noch allemal. Wenn sie ihn denn weiterspielen ließen. Hinter den Kulissen war man schon dabei, ihm die Lizenz wieder abzunehmen. Und dann die Morddrohung. Doch seine Fans vergötterten ihn. Über seinem Bett hing ein Spruchband, das sie ihm geschenkt hatten, und das war ein großer Trost für Martin McDuff:

Du bist unsterblich für uns!

Seine polnische Reinemachefrau kam aus dem Bad und fragte, wie es ihm ginge und ob sie für ihren Enkel ein Autogramm haben könne.

Er gab es ihr und sagte dann, daß er zum Training müsse. Doch er kam noch nicht weg, denn das Telefon klingelte, und ein sicheres Gefühl sagte ihm, daß es wichtig war. Dorothy war dran, seine geschiedene Frau, fünf Jahre älter als er. Sie sagte, daß sie gerade bei einer Freundin in Boston sei und man viel über ihn geredet habe. Ob es ihm gut ginge? Noch, ja. Er sagte, daß sie – trotz allem – das Liebste sei, was er noch hätte. «Du bist so nahe …» Sie brach in Tränen aus, konnte nicht mehr weitersprechen und legte wieder auf.

Daraufhin ging er. Es waren etliche Treppen nach unten ins Parkhaus zu laufen.

Wenig später fiel der Schuß.

Mannhardt mochte im ersten Augenblick nicht glauben, daß es sich bei dem Toten im Hausflur wirklich um den großen Star der Preußen handeln sollte. Auf dem Eis hatte Martin McDuff bei aller Eleganz seiner Bewegungen bullig gewirkt, doch jetzt, wo ihn keine Schlittschuhkufen gute fünf bis sechs Zentimeter größer machten, als er wirklich war, und all die voluminösen Schützer und Schoner gänzlich fehlten, erschien er ihm fast schmächtig. Vielleicht auch deswegen, weil er leicht gekrümmt am Boden lag. Oder war es so, daß der Tod alle Übermenschen auf ein normales Maß zusammenschrumpfen ließ?

«Dehnungssaum und Abstreifring um das Einschußloch herum, Beschmauchung und Einsprengung unverbrannter Pulverteile …» Yaiza Teetzmann hatte sich hinuntergebeugt. «Sieht ganz nach einem Nahschuß aus.»

Mannhardt kam nicht an gegen seine Assoziationen. Torschuß, Nahschuß, Schlagschuß von der blauen Linie. Macht sie alle, schießt sie aus der Halle. «Wie sagte meine Oma immer: Gestern noch auf hohen Rossen, heute durch die Brust geschossen.»

«Ick könnte heulen», sagte Yaiza Teetzmann.

«Nicht im Dienst. Das mindert die Beförderungschancen.»

«Fragen wa die Leute.»

Es wurde Mitternacht, und sie hatten nicht mal mehr die Energie, nach Hause zu fahren. Da hätten sie vor lauter Erschöpfung ohnehin nicht schlafen können. Also blieben sie im Büro, wo sie wenigstens Überstunden anrechnen konnten. Alles war schon x-mal gesagt worden, und sie drehten sich immer wieder im Kreise, ohne aber aufhören zu können.

«Wir wissen also nur, daß wir nichts wissen», erkannte Mannhardt.

«Doch: Selbstmord hat er nicht begangen. Keine Waffe gefunden, kein strahliges Aufplatzen der Haut durch Pulvergasdruck. Oder doch …?»

«Selbstmord wäre dir am liebsten, klar, denn wer anders sollte ihn sonst ermordet haben als einer deiner Eisbären-Fans?»

Yaiza Teetzmann reagierte gereizt. «a) sind det nich meine Fans und b) hat keena eenen am Tatort jesehn.»

Mannhardt warf ihr den Bogen mit der Morddrohung über den Tisch zu. «Noch echtes VEB-Papier. Kenn ich aus meiner Jugend, das Motto: Ami go home, spare dein Atom.»

«Spar du dir deine Verdächtigungen.»

«Tatsache ist, daß die Schreibmaschine in der Deutschen Demokratischen Republik produziert worden ist. Die berühmte Marke Erika.»

«Und ’ne andere Tatsache is, daß McDuff in seina Heimat durchaus keen Waisenknabe jewesen is. Stichwort Schlägereien, Stichwort Drogen. Sein Bruda hat deswejen fünf Jahre jekriegt. Und seine Schwester, die soll …»

«Das ist wirklich rührend, wie du dich bemühst, den Verdacht von deinen Ossi-Fans zu nehmen, aber …» Mannhardt kam nicht weiter, das Telefon dudelte dazwischen. Es war Heike, die sich langsam Sorgen um ihn machte. Er konnte sie beruhigen. «Nichts passiert, nur … wir kommen mit McDuff nicht weiter.»

«Macduff, ah ja: ‹Hier des Tyrannen Haupt; die Welt ist frei.›»

«Hast du zuviel Ouzo getrunken?»

«Nein: Shakespeare, *Macbeth.* Kurz vor Schluß, wo Macduff den Tyrannen erschlagen hat.»

«Scheint mir, daß man das nicht auf unsern Fall übertragen kann. Schade. Bleiben uns nur die Eisbären und ihre Fans …»

Bei seinen Freunden war Rico immer noch «Der Eisenbahner», obwohl sie ihn im Bw Rummelsburg gefeuert hatten. Zuviel Alk, zu oft blaujemacht. Jetzt kriegte er Stütze und mußte ab und an auf'm Friedhof Wege harken und Gräber ausheben, sprich: gemeinnützige Arbeiten verrichten. Scheiße, ey, aber wat sollste machen. Ohne Eishockey hätte er sich schon längst vorn Zug jeschmissen. Bei seinen Eltern war er rausgeflogen, hatte aber bei einem Kumpel inner Laube Unterschlupf gefunden. In Friedrichsfelde. «Kolonie Mühlenberg» – oda wie det hieß.

Da in Friedrichsfeld, gleich am Tierpark, dem Zoo-Ost, saßen sie in einer Kneipe und sprachen über das nächste Spiel gegen die Preußen, diesmal wieder im alten Wellblechpalast in Hohenschönhausen.

«Prost!» Rico hob sein Glas. «Daruff, det dieses Schwein von McDuff endlich int Jras jebissen hat. Jetze siegen wir!»

Sie zogen los zum Spiel.

Mannhardt kam sich im Ostberliner Hohenschönhausen noch immer wie im Ausland vor, im feindlichen. Jeden Moment konnte einer von der Vopo oder der Stasi kommen und ihn festnehmen, weil er als Westberliner keinen Passierschein bei sich hatte. Und seine Vorgesetzten hatten ihm zu allem Überfluß auch noch strengstens untersagt, nach Ostberlin zu fahren. Er hatte regelrechte Angst davor, an die Souvenirstände zu treten oder zu den Bierverkäufern zu gehen und die Leute zu fragen, ob sie denn eine Ahnung hätten, wer Martin McDuff aus Gardner, Massachusetts, erschossen haben könnte. Da, wo sich die Eisbären-Fans mit ihren blau-gelben Schals versammelt hatten, wagte er sich eh nicht hin. Wozu hatte er denn seine Assistentin?

Yaiza Teetzmann hatte sich sogar ein weißes Eisbären-Trikot gekauft und lief nun als die Nummer 5, Richard Zemlicka, herum. Waren die Preußen mit Amerikanern und Kanadiern gespickt, respektive Deutsch-Amerikanern und Deutsch-Kanadiern, so setzten die Eisbären vornehmlich auf Tschechen und Russen, konnten aber auch echte deutsche Namen vorweisen, Kannewurf zum Beispiel, Krause oder Schmidt. Und ihr Manager, Lorenz Funk aus Bayern, war eine altbundesdeutsche Eishockeylegende und hatte vormals für die Preußen viele Siege errungen. Das alles hatte Yaiza Teetzmann in den letzten Stunden gelernt, um mitreden zu können.

Ganz untätig allerdings wollte Mannhardt auch nicht herumstehen, und so suchte er mit angemessener Eile nach einem Gesprächspartner, der nicht gleich ausflippen würde, wenn er sich als Wessi und Kripomann zu erkennen gab. Sein Blick fiel auf einen Mann, der in einem Eisbärfell steckte und Programme verkaufte. Er ging hin und verlangte eins.

«Von drüben?» fragte der Eisbär.

«Wo is'n das?» fragte Mannhardt zurück. «Für mich gibt's nur noch ein Berlin.» Und da er sich nun ohnehin schon enttarnt hatte, zog er auch gleich seine Kripomarke aus der Tasche. «Wir ermitteln in der Mordsache McDuff ...»

Der Eisbär grinste. «Ich helfe Ihnen gerne. Aber nur, wenn ich nachher 'n paar Informationen bekomme ...»

Mannhardt staunte. «Wozu'n das?»

«Wenn einer meiner Autoren aus dem Fall McDuff 'n Buch machen will ...»

Es stellte sich heraus, daß der Eisbär einen Verlag gleichen Namens betrieb und bei den Spielen des EHC Eisbären stets dabei war, um Werbung zu betreiben, aber auch, um die armen Teufel aus dem Osten der Stadt zu unterstützen.

Ihr Dialog wurde unterbrochen, denn als jetzt die Polizei den Bus mit den Preußen-Fans zum vorgesehenen Block lotste, erhob sich bei ihren Gegenparts auf der Eisbären-Seite lautes Kriegsgeschrei. Ohne Eskorte wäre man übereinander hergefallen.

«Halten Sie es denn für möglich, daß einer der Fans tatsächlich geschossen haben könnte?» fragte Mannhardt.

«Nein.»

Yaiza Teetzmann war da anderer Meinung, als sie jetzt mit ihrem Zemlicka-Trikot zu den beiden Männern trat. «Siehst du den Langen da mit der Eisenbahnermütze uff'm Kopp? Der soll 'n janz besondern Haß uff McDuff jehabt ham.»

Mannhardt konnte ihre Objektivität kaum fassen. «Warten wir mal, bis das Spiel aus ist, und sehen dann weiter ...»

Wieder hatten die Eisbären verloren, wenn auch diesmal nicht 3 : 9 wie beim Auswärtsspiel im Westen, sondern nur 3 : 4. Mannhardt taten sie wie auch alle ihre Fans leid.

«Gott, ich möchte auch nicht immer bei den Losern sein, den Verlierern ...»

«Macht nischt», sagte Yaiza Teetzmann. «Durch die Vereinigung mit euch sind wa doch sowieso die jroßen Siega, sonst würd et uns doch ooch so beschissen jehn wie den Leutchen da in Rumänien oda Kasachstan.»

Mannhardt sah sie prüfend an, konnte aber nicht herausfinden, inwieweit das spöttisch gemeint war und er verscheißert wurde.

Sie standen auf dem zugigen Vorplatz des S-Bahnhofs

Friedrichsfelde-Ost und warteten auf die Rückkehr der Eisbären-Fans. Rechts von ihnen ragten die Plattenbauten in den nachtgrauen Himmel.

«Da möcht ick ma 'ne Wohnung ham», sagte Yaiza Teetzmann.

«Was'n: hier in Berlin-Swerdlowsk?»

«Haste 'ne Villa in Dahlem für mich?»

«Nur das Geld für 'ne Bockwurst.»

Auf dem Weg zum Imbißstand mußten sie im Slalom die Vietnamesen umkurven, die hier – mit und ohne hölzerne Obstkiste – unverzollte Zigaretten verkauften.

Mannhardt war darüber wenig begeistert. «Ein Staat, der es gestattet, daß kriminelle Handlungen so ungeniert und ungestört begangen werden ...»

Yaiza Teetzmann lachte. «Zeig doch ma deine Marke ...»

«Ist doch nicht mein Ressort.»

«Sofort wär'n se weg, und wenn de se hättest, dann könnteste se ooch nich abschie'm.»

Mannhardt wurde drastisch. «Der Staat sollte außer Mord und Totschlag kein anderes Delikt mehr unter Strafe stellen.»

«Wenn schon, denn det ooch nich mehr. Stell da ma vor, wat man da für Stellen einsparn könnte.»

«Du, das ist die Idee: totale Verschlankung des Staates. Keine Polizei mehr, keine Richter, keine Staatsanwälte. Der mündige Bürger begeht keine Straftaten, Punkt.»

Sie machten sich über ihre Bockwürste her. Links röhrten die Straßenbahnen, alte Tatra-Wagen aus der Tschechoslowakei, den Berg zum Tierpark hinunter, vor ihnen warteten moderne Busse aus dem Westen, hinter ihnen im Einschnitt hielten S-Bahnzüge der Linien S 5 (Straußberg Nord–Charlottenburg), S 7 (Ahrensfelde–Potsdam) und S 75 (Wartenberg–Westkreuz). Mannhardt hielt es – auch im Jahre 94 – noch immer für einen blöden Traum, daß die S-Bahn wieder die ganze Stadt durchquerte. Es konnte nicht sein, was nicht sein durfte.

Er hatte schon verdammt kalte Füße bekommen. «Vielleicht fahren sie gar nicht mit der S-Bahn nach Friedrichsfelde zurück, sondern mit der Straßenbahn …?»

«Gehn wa ma zur Brücke und gucken da …»

Richtig, nachdem sie weitere zehn Minuten in der beißenden Kälte gestanden und gewartet hatten, hielt vor ihnen ein orangeroter Zug der Linie 27 und entließ ein gutes Dutzend Eisbären-Fans in die Nacht. Unter ihnen war auch der Lange mit der Eisenbahnermütze.

Ein anderer stieß ihn an. «Ey, Rico, kommste noch mit uff'n Bier?»

Mannhardt vernahm es mit Freude. Der Vorname war die halbe Miete. Vielleicht war es unklug, ihn schon jetzt und hier zur Rede zu stellen und nicht noch ein Weilchen unbemerkt zu observieren, aber Mannhardt war durch das lange Warten genervt. So ging er spontan auf Rico zu und hielt ihn am Ärmel seiner dünnen Winterjacke fest.

«Wir hätten dich gern mal 'n Moment gesprochen …»

«Wat is'n?»

«Wir suchen Zeugen im Mordfall McDuff.»

Kaum war das Wort McDuff gefallen, da explodierte Rico förmlich und sprang vor die Straßenbahn, die gerade im Anfahren war.

«Halt!»

Vielleicht hätten Yaiza Teetzmann und er ihn noch erwischt, denn der Straßenbahnfahrer war voll auf die Bremse getreten, doch Ricos Kumpel stellten sich ihnen massiv in den Weg. Da gab es einen Bodycheck nach dem anderen zu überstehen, und als sie sich endlich durchgekämpft hatten, war Rico schon nach unten zur S-Bahn abgetaucht. Sie hetzten den überdachten Steg entlang, der vom Empfangsgebäude zum Bahnsteig ging und das südliche der beiden Streckengleise überspannte. Zwei Treppen führten zum Bahnsteig hinab. Auf denen mußte sich Rico gerade befinden.

Im Laufen warf Mannhardt einen Blick nach links und

rechts auf die Gleise hinunter. «Kein Zug in Sicht, wir kriegen ihn noch.»

Doch da irrte er, denn als sie die rechte der beiden Treppen hinuntergesprungen waren, sahen sie den Fan mit der Eisenbahnermütze nur noch als Schatten über die fünf, sechs Fernbahngleise springen, die nordwärts zwischen S-Bahn und angrenzenden Lauben verliefen.

Es war kurz nach 23 Uhr, und sie hatten keine Chance mehr, Rico noch zu fassen.

Mannhardt versuchte, wieder ganz normal zu atmen. «Immerhin haben wir damit schon, was wir eigentlich wollen: das Geständnis, daß er's gewesen ist. Blasen wir zur großen Fahndung, dann kriegen wir ihn bald.»

Für Julia und Johannes Morczinski war Eishockey das wahre Leben. Sie saß ansonsten den ganzen Tag bei ALDI an der Kasse, er im Führerstand Berliner U-Bahnzüge. Beide waren in dieser Zeit kaum etwas anderes als Maschinen. Sie zog die Waren über den Scanner und tippte Preise ein, gab Wechselgeld heraus und sagte kaum mehr als «Bitte», «Danke» und «Auf Wiedersehen». Er fuhr auf der Linie 7 von Rudow nach Spandau – und von Spandau nach Rudow – 59 Minuten lang durch nichts als einen endlos langen Tunnel, unterbrochen nur von 38 Bahnhöfen. Halten, Türen öffnen, Türen schließen, «Zurückbleiben» und wieder anfahren. Tagaus, tagein. Da blieb nur eins: sich eine andere Welt erschaffen – oder abwandern in die Psychiatrie. Der BSC Preußen – McDuff, Chabot, Tanti, Holzmann –, das war wie eine Droge für sie und ihr Fanklub eine Sekte. Und Martin McDuff war ihr Idol, ihr Gott, ihr Guru. Ihre kleine Wohnung in der Neuköllner Weisestraße war hergerichtet als Kultstätte für Preußens Nummer 99. Sie wußten mehr über sein Leben als Martin McDuff selber. Er hatte ihrem Dasein Sinn gegeben.

Johannes war dabei, ein Poster an die Wand zu tackern. Das schußartige Geräusch ließ ihn jedesmal zusammenzucken.

«Guck doch mal, Julia, ist das jetzt gerade?»

«Ja-a.»

«Na bitte. Was sag ich immer: Der Johannes, der kann es.» Damit setzte er mit einem schnellen Tackerschuß die letzte Klammer.

«Das ist das schönste Poster, das ich von Martin hab», sagte Julia. «Da schießt er 1992 gegen die Edmonton Oilers das 1 : 0.»

Johannes blieb auf der Leiter stehen. «Und der Puck hier, wo soll'n der hin?»

«Welcher?»

«Na, der hier.»

«Das ist der, mit dem Martin beim Sudden Death das Siegestor geschossen hat, weißte nich mehr?»

«Doch. Für seine Schulmannschaft bei der Staatsmeisterschaft von Massachusetts.»

Julia gab ihm Weisungen. «Und den Schläger von den Pittsburgh Penguins, den nagelste neben das Poster, üba das Trikot.»

Johannes schlug zwei Nägel in die Wand und legte den Puck darauf. «Und der Trauerflor?»

«Um sein Foto rum.»

«Mit so 'ner Widmung hat det bestimmt keena», sagte Johannes.

Julia las sie vor: «Für Julia und Johannes with love.» Sie begann zu schluchzen. «Das ist alles so schrecklich …!»

Johannes stieg von der Leiter und nahm sie in die Arme. «Laß man, jetzt ist er ja erlöst von allem.»

«Du hast recht, das müssen wir uns immer wieder sagen …»

«Mein Vater hat immer gesagt: Wenn's am schönsten ist, dann soll man aufhören. Und es hat ihn doch jetzt mitten im Leben getroffen, als er ganz oben war, bevor das ganze Elend gekommen ist.»

«Wir sollten darüber glücklich sein, wirklich … Wir machen das hier fertig, und dann kommen alle vom Fanklub her … Das ist dann wie 'ne Gedenkstätte. Unser kleines ‹Martin-McDuff-Museum›.»

«Toll, ja.»

«Ich hol mal das Trikot aus dem Jahr, wo er bei den New York Islanders war …» Sie riß Schranktür und Schubfächer auf. Einiges fiel heraus, Bettwäsche, Handtücher und Badelaken, zum Schluß auch ein schwerer Gegenstand. Sie schrie auf. «Was is'n das hier …!?»

Johannes bemühte sich, gleichmütig zu wirken. «Was soll'n das schon sein: 'ne Pistole ist das …» Er hob sie auf.

«Wozu brauchen wir 'ne Pistole?»

«Wozu braucht man schon eine?»

Julia grinste. «Haste Angst, daß uns die Eisbären-Fans platt machen wollen? Ach!»

«Man kann nie wissen.»

«Haste schon mal damit geschossen?»

Johannes zögerte eine winzige Sekunde. «Nein …»

Julia war seine leichte Unsicherheit nicht entgangen. «Doch. Gib mal her!»

Er wollte es verhindern, doch sie entriß ihm die Pistole. Und in diesem Augenblick glaubte sie, die volle Wahrheit erkannt zu haben. «Johannes, du warst das, der …» Sie fixierte ihn mit starr-inquisitorischem Blick.

Johannes wich ihr aus, trat ans Fenster und machte es genervt auf. «Was denn nun schon wieder?»

«Na, McDuff!» schrie sie.

«Ja», schrie er so laut zurück, daß es ihr wie eine Explosion erschien. «Ja, ich habe!»

Julia war unfähig, diese Information nur aufzunehmen, geschweige denn, sie irgendwie zu werten. «Du hast ihn erschossen …» Sie hauchte es nur.

Jetzt brach es aus Johannes heraus. «Ich hab ihn erlöst. Aber nicht nur seinetwegen, ich hab's vor allen Dingen für uns getan, für dich, um dich zu retten. Das war ja schon krankhaft bei dir, du warst ja ganz besessen von ihm. McDuff hinten, McDuff vorne. Und wenn wir im Bett waren, dann haste mit ihm geschlafen und nicht mehr mit mir.»

Julia stürzte auf ihn zu und schlug auf ihn ein. «Deine Eifersucht …! Du bist ein Schwein, du bist ein mieser kleiner Mörder!»

Johannes hielt sie fest. «Nein, ich hab's getan, um dich zu retten, damit du nicht völlig abkippst, wenn er langsam dahinsiecht. Du wärst doch in die Psychiatrie gekommen. Da mußte ich doch was tun gegen! Weil ich dich liebe, Mann, weil ich dich nicht verlieren will. Julia, bitte, ich mußte es tun. Für mich, für dich und für McDuff. Ja, auch für ihn. Ich häng doch auch an ihm.»

«Das ist und bleibt 'n Mord.»

«Es war Sterbehilfe, das Beste, was man für ihn tun konnte.» Julia hatte sich nun wieder so weit beruhigt, daß er sie loslassen konnte.

«Du kommst in'n Knast dafür.»

Johannes riß eine Zeitung vom Tisch. «Hier, lies doch mal, wen sie für den Täter halten: einen von den Eisbären-Fans, diesen Rico Grosse … Das is der mit der Eisenbahnermütze. Und der is so clever, den kriegen sie nie. Damit ist die Sache dann erledigt. Schluß, aus.»

Julia fiel auf die Couch, zog die Knie an und preßte die Hände vors Gesicht. «Bitte, Jo, sag, daß es nicht wahr ist. Ich kann mit keinem Mann zusammenleben, der McDuff erschossen hat. Auch wenn er's gut gemeint hat.»

Johannes kniete vor ihr nieder. «Julia, ich …»

«Bitte: Du hast das eben nur gesagt, weil du denkst, daß es mir imponieren würde, daß ich es großartig finde. Es war alles nur 'n schlechter Scherz von dir …»

Johannes trat an das Poster und sah McDuff in die Augen. «Ja, entschuldige bitte …»

In dem Augenblick, da Johannes dies sagte, saß Rico Grosse bei Mannhardt im Büro. Eine Zivilstreife hatte ihn auf dem

Bahnhof Bornholmer Straße entdeckt und festgenommen. Er hatte keine Probleme gemacht. Seinen Eisbären-Schal hatte er zwar abgebunden, seine alte Eisenbahnermütze aber aufbehalten.

«Sie geben also zu, daß das Ihre Schreibmaschine ist?» Kollegen hatten sie in der Laube des Freundes in Friedrichsfelde gefunden.

«Ja.» Was sollte Rico da leugnen.

«Und das hier, das haben Sie geschrieben: *McDuff, du schwule Sau, hau ab aus Berlin! Sonst pusten wir dir das Gehirn aus'm Kopf!* Ja oder nein?»

«Ja.»

«Weil Sie McDuff gehaßt haben?»

«Ham wa alle.»

«Weil er Amerikaner war?»

«Weil er 'n Wessi war.»

Mannhardt sah auf die *Eishockey News*, die er sich gekauft hatte, um einen besseren Einblick in die Szene zu haben. McDuff gehörte zum Ideal-Team der Woche. Er sah zu Yaiza Teetzmann hinüber: Weitermachen, Powerplay.

«Du hast also dran jedacht, McDuff um die Ecke zu bringen?»

«Ham wa alle.»

«Damit die Eisbären 'ne größere Chance haben, auch mal 'n Sieg zu landen?»

«Wozu'n sonst?»

Yaiza Teetzmann mußte sich eingestehen, daß dieser Gedanke von glasklarer Logik war. Ein Mensch wie Rico, der die ganze Wendescheiße überleben wollte, mußte was haben, woran er sich klammern konnte. Aber das konnte kein Sportverein sein, der immer verlor und in der Tabelle ganz unten stand, während sich der Erzfeind aus dem Westen oben an der Spitze sonnte. Klar, was man da zu tun hatte. Sie erschrak über sich selber und zwang sich zu professioneller Kühle.

«Wo waren Sie letzten Mittwoch zwischen elf und zwölf Uhr?»

Rico sprang auf. «Den Mord, den laß ick mir nich anhängen!»

Yaiza Teetzmann fiel ins Du zurück. «Haste also kein Alibi?»

Es dauerte zwar ein Weilchen, aber dann kam es: «Doch, ick hab uff'm Sozialamt jesessen und jewartet.»

Eine halbe Stunde später standen sie am Schreibtisch der Sachbearbeiterin, die für Ricos Sozialhilfeakten zuständig war.

«War dieser Mann hier ...» Mannhardt hielt ihr ein Foto hin. «... am letzten Mittwoch zwischen elf und zwölf Uhr bei Ihnen im Amt?»

«Rico Grosse, mal sehen ...» Die Beamtin blätterte sehr umständlich in ihrem Kalender. «... 'n Termin hatte er nicht.»

Mannhardt sah Yaiza Teetzmann an: Na bitte, damit haben wir ihn.

«... aber warten Sie mal: 's kann sein, daß er außer der Reihe gekommen ist, mit 'ner Beschwerde bei meiner Gruppenleiterin.» Die junge Beamtin lief ins Nebenzimmer.

Die stecken doch alle unter einer Decke, dachte Mannhardt, jetzt setzt sie alles daran, ihrem Landsmann 'n Alibi zu verschaffen. Das ist die berühmte Solidarität der alten DDRler.

Hoffentlich machen sie jetzt nicht muschemusche, dachte Yaiza Teetzmann, das fällt dann alles auf mich zurück.

Die Gruppenleiterin erschien in der Tür. «Tut mir leid, aber Ihr Klient ist wirklich hier gewesen, hundertprozentig. Der mit der Eisenbahnermütze. Er hat hier sogar mit 'n paar anderen randaliert, und Ihre Kollegen mußten kommen. Die werden das auch im Protokoll festgehalten haben.»

Das hatten sie in der Tat.

«Bingo!» rief Yaiza Teetzmann.

Gott, dachte Mannhardt, es war doch offensichtlich, daß Ricos Leute die Randale inszeniert hatten, damit er in aller Ruhe das Attentat auf McDuff verüben konnte.

Beim Mittagessen las Mannhardt in der Zeitung, daß McDuffs geschiedene Frau, Dorothy, nach Berlin gekommen war, um die Urne mit der Asche des Stars nach Massachusetts heimzuholen. Abgestiegen war sie im Lincoln-Hotel. Spontan griff er zum Telefon, um sie zu fragen, ob sie nicht etwas wüßte, was seine Mordkommission weiterbringen konnte.

«Ist denn dein Englisch gut genug?» fragte Yaiza Teetzmann, der Schlimmes schwante.

«Sicher», log Mannhardt und hoffte, sich mit Hilfe seines Wörterbuchs einigermaßen aus der Affäre ziehen zu können.

Doch als er Dorothy McDuff dann am Apparat hatte, kam er alsbald mächtig ins Schwitzen. «Hallo, Miss McDuff, here is Hans-Jürgen Mannhardt from the Berlin Police. I'm the leader from the … of the commission … äh … of the task force, which is searching the murder of your further husband. Can you give us a tip?» Kaum hatte er das Wort «tip» ausgesprochen, fiel ihm ein, daß das ja Trinkgeld hieß, und er suchte fieberhaft nach dem englischen Wort für Ratschlag. «A advance, *an* advance …»

«Don't panic!»

«Excuse me, but we don't have a hot … track here in Berlin …» Langsam ging es, und er konnte sich auch in etwa zusammenreimen, was Dorothy McDuff ihm mitteilen wollte. Daß alle ihren Ex-Mann geliebt hätten, daß er keinerlei Kontakte zu irgendeiner mafiösen Verbindung gehabt hätte, aber daß er, nachdem er von seiner Aids-Erkrankung erfahren habe, mit ein paar abstrusen Gedanken herumgelaufen sei. Unter anderem habe er sich von seinem vielen Geld einen Killer kaufen wollen, um sich umlegen zu lassen, wenn es gar nicht mehr gehen sollte.

«Ein bißchen spleenig zwar, aber vorstellbar.» Yaiza Teetzmann dachte fieberhaft nach. «Bloß: Wenn das ein Profi war, dann kriegen wir den nie.»

«Dann bleibt nur eins …» Mannhardt erinnerte sich an einen alten Song des legendären Duos Wolfgang Neuss und Wolfgang Müller. «Schlag nach bei Shakespeare …» Das gelbe Reclamheft mit dem Text von *Macbeth* hatte ihm Heike mit in die Stullenbüchse gelegt.

Er überflog die Zeilen, doch was er da las, wollte ihm auch kein rechtes Aha-Erlebnis bescheren.

Wie Engel mit Posaunenzungen sich / Erheben werden gegen diese tief / Verdammenswerte Tat des Meuchelmörders …

Komm, täuschen wir die Welt; der Blick verhehle / Durch heitern Schein das Ziel der schwarzen Seele …

Dem Ohr dies einer Frau zu wiederholen, / Wär' sichrer Mord für sie …

Das sagte zwar alles McDuff, doch es ergab keinen Sinn. Auch so kamen sie nicht weiter.

«Gehen wir zum nächsten Preußen-Spiel», sagte Mannhardt schließlich. «Vielleicht bringt uns das neue Erkenntnisse.»

Die Spieler blieben so ruckartig stehen, als wäre *freeze* gerufen worden. Alle Besucher erhoben sich von ihren Sitzen, und auch auf den Fanblöcken sprach keiner mehr ein Wort. Die Gedenkminute für Martin McDuff war angebrochen. Der Hallensprecher sprach die passenden Worte.

«Liebe Sportfreunde! Das Spiel ruht, und wir haben uns jetzt alle zu einer Gedenkminute für Martin McDuff erhoben. Er war ein großartiger Sportler, ein wunderbarer Freund, ein einzigartiger Kollege. Die Berliner haben ihn schnell in ihr Herz geschlossen, sein Verlust trifft uns alle. Wir hatten einen Kameraden, einen besseren finden wir nicht …»

Wo es ansonsten infernalisch dröhnte, ertönte nun sanfte Trauermusik. Dann herrschte fast absolute Stille. Nur wenige kämpften vergeblich gegen ihren Husten an.

Mannhardt flüsterte Yaiza ins Ohr: «Brauchste 'n Taschentuch?»

«Laß mich doch heulen. Und guck ma selba in'n Spiegel …»

Der Hallensprecher setzte von neuem an. «Im Namen aller Trauernden danke ich euch. Das Leben muß weitergehen, wenn auch ohne unsere Nummer 99, die der BSC Preußen nie wieder vergeben wird. In der Drittelpause könnt ihr euch alle in die Kondolenzliste eintragen, die am Eingang ausliegt.»

Die Spieler verließen das Eis. Die Werbearie begann. Die Eismaschine fuhr in die Halle. Die Besucher setzten sich in Bewegung, um die Pause für verschiedene Bedürfnisse zu nutzen.

Viele der weiblichen Fans, die an Mannhardt vorüberzogen, weinten noch immer.

«Det war ihr Gott», sagte Yaiza Teetzmann. «Wenn se sonst nischt andret hab'n im Leben …»

«Du hast 'n Beruf, du hast Abitur, du bist wer im Leben – und dennoch bist auch du voll abgefahren auf ihn …»

«Stimmt. Und weeßte, wat ick jedacht habe, als det jehießen hat, der McDuff, der is HIV-positiv?» Sie sah ihn erwartungsvoll an.

Mannhardt schüttelte den Kopf. «Nein, woher …»

«Dit war mehr so 'n Traum, so 'ne Wahnvorstellung, aba ick hab et janz deutlich vor mir jesehen: wie ick meine Waffe nehme und ihn erschieße. Um ihn zu erlösen. Besser so, als wenn er noch fürchterlich jelitten hätte.»

Mannhardt klatschte sich mit der flachen Hand gegen die Stirn. «Mann, Yaiza, wenn das mal nicht die Lösung ist! Komm, laß dich umarmen!»

Sie stieß ihn zurück. «Quatsch!»

«Natürlich nicht du, eins von den Mädchen, von den Groupies hier könnte es gewesen sein. Oder einer von den Jungen. Das sind doch alles irgendwie Verrückte. Verstehst du nicht, diese fixe Idee: Erlösen wir McDuff.»

«Das ist doch irgendwie hirnrissig!»

«Warum denn nicht? Anything goes.»

Yaiza Teetzmann blieb skeptisch. «Komm, det mag bei Popstars geh'n – Michael Jackson und Phil Collins vielleicht –, aba nicht bei eenem, der Eishockey spielt.»

Mannhardt ließ nicht locker. «Aber du hast doch selbst gesagt, du hättest den Gedanken auch schon gehabt.»

«Etwas denken und es dann auch tun, det is doch 'n himmelweiter Unterschied.»

Mannhardt konnte nicht anders, als ein wenig zu sticheln. «Du bist ja auch nur 'n harmloser Fall. Und freu dich doch: Das entlastet deine heißgeliebten Eisbär-Fans auf alle Fälle mächtig.»

Sie lachte. «So gesehen – vielen Dank für die Vorlage.»

«Bitte sehr. Edel sei der Mensch, hilfreich und gut.»

Yaiza Teetzmann brachte es auf den Punkt. «Und nu suchen wa also nicht mehr bei denen, die McDuff kraß gehaßt haben, sondern umgekehrt bei denen, wo das mit der Liebe pathologisch war.»

«So ist es. Bei den Fanklubs.»

Da waren viele Namen durchzugehen.

Als Mannhardt bei Julia und Johannes klingelte, waren die gerade beim Saubermachen, und der Staubsauger lief. Erst nach mehrmaligem Klingeln wurde ihm geöffnet.

«Schönen guten Tag, die Kripo, Mannhardt mein Name. Sie sind Johannes Morczinski?»

«Ja, wieso?»

Mannhardt tat so, als müßte er sich dringend kratzen, und gähnte unauffällig hinter vorgehaltener Hand. Es war sein x-tes Interview an diesem Tag. «Sie wissen sicher, daß wir im Mordfall McDuff ermitteln.»

Johannes tat erstaunt. «Immer noch? Ich denke, es ist einer von den Eisbären gewesen, oder nicht?»

«Um das herauszubekommen, sprechen wir jetzt mit allen Preußen-Fans. Darf ich mal kurz ...»

Johannes ließ ihn in die Wohnung und stellte ihm Julia vor. «Meine Frau …»

«Angenehm», sagte Mannhardt mit einer arg verstaubten Wendung. Wenig später stand er im Wohnzimmer und staunte. «Oh, das ist ja eine richtige Kultecke hier. Sie haben Martin McDuff mehr als verehrt …?»

Johannes nickte. «Ja nun, an irgendwas muß sich der Mensch doch festhalten können.»

Ihr Berufsleben, wie sie es im Anschluß daran schilderten, war wirklich trist. Mannhardt wollte sie ein wenig trösten und sagte, daß es ihm auch nicht viel anders ginge, doch sie widersprachen ihm heftig. Der Schimanski-Effekt, dachte er, wie schön.

Er brachte die Sache zu Ende und sagte: «Und darum also vergötterten Sie Martin McDuff … Und Sie sind sogar drüben in Massachusetts gewesen, wo er geboren wurde?»

Julia nickte. «Ja, aber nicht nur seinetwegen, auch, weil ich da 'ne Freundin in der Nähe habe, in Boston.»

Mannhardt hatte kaum noch die Kraft, richtig zuzuhören. Das war doch alles Quatsch, was die da machten, das brachte doch nichts. «Ah ja … Und … äh … Können Sie sich vorstellen, daß jemand aus den Reihen der Preußen-Fans McDuff getötet hat?»

Julia sah ihn mit großen braunen Augen an. «Warum denn das?»

«Um ihn zu erlösen. Sterbehilfe sozusagen, damit er sich nicht quälen muß.»

«Det ist doch irre!» rief Julia.

Mannhardt stimmte ihr zu. «Ein bißchen Wahn könnte schon dabeigewesen sein.

Johannes winkte ab. «Nee, bestimmt keiner von uns. Det ist doch eher Hollywood.»

Mannhardt lachte. «Gott, Hollywood ist heutzutage überall.»

Julia blieb ernst: «Wir haben keine Ahnung, wer es gewesen sein könnte.»

Mannhardt riß sich zusammen und beschloß, seinen besten Trumpf auf den Tisch zu legen. «Vielleicht diejenigen, die ihm den Spruch geschenkt haben, der bei ihm im Apartment hing ...»

«Welchen Spruch?» fragte Johannes.

«*Du bist unsterblich für uns!*»

Julia sah ihn arglos an. «Das waren wir, aber ...»

Mannhardt griff nun an. «Und Sie, Herr Morczinski, Sie sind doch mal bei der Freiwilligen Polizeireserve gewesen, Sie wissen also auch, wie man mit einer Waffe umgeht.»

Johannes fuhr auf. «Wollen Sie damit etwa sagen, daß ich ...?»

Mannhardt wehrte ab. «Nein, um Gottes willen. Aber ich muß alle Fans aufsuchen, die sozusagen süchtig sind, und sie nach ihren Alibis fragen. Also: Wo waren Sie letzten Mittwoch zwischen elf und zwölf Uhr?»

«Letzten Mittwoch zwischen elf und zwölf Uhr?» wiederholte Johannes die Frage.

Mannhardt war hellwach. «Ja. Um genau 11 Uhr 29 ist der Schuß gefallen, der McDuff getötet hat.»

Julia brauchte nicht lange nachzudenken. «Da sind wir zu Hause gewesen, im Bett.»

Mannhardt schaute verwundert. «Ich denke, Sie arbeiten beide.»

«Johannes hat doch Schichtdienst, und ich hatte meinen freien Tag.»

Mannhardt stand auf, wollte ihnen aber noch einen altbewährten Köder hinwerfen. «Okay, dann werde ich mal wieder ...» Er machte ein paar Schritte auf die Tür zu. «Schade, ich hätt's Ihnen fast gegönnt. Wer immer McDuff erschossen hat – aus Liebe zu ihm, weil er ihn erlösen wollte –, der kommt ganz groß raus in den Medien, der kann seine Geschichte meistbietend verkaufen, sicher für 'ne sechsstellige Summe. Und er steht einmal in seinem Leben total im Mittelpunkt. Der Prozeß mit allem Drum und Dran. Und das viele Geld vor allem ...»

Daraufhin sagte Julia ganz schlicht, daß sie sehr zufrieden seien mit dem, was sie beide hätten.

Mannhardt tippte das Protokoll über seinen Besuch bei Julia und Johannes, und Yaiza Teetzmann fragte ihn, ob er an einen Haftbefehl gedacht habe. Er verneinte.

«Du, mach det mal, die warns bestimmt, ich hab das so im Urin.»

Mannhardt wurde richtiggehend böse. «Komm, Yaiza, hör auf damit! Du willst doch bloß, daß deine Landsleute endlich aus'm Schneider sind. Oder kommt das sogar vom Senat ganz oben, daß ein Ossi auf keinen Fall der Täter sein darf? Dabei ist doch auch das Alibi von diesem Rico nicht ganz wasserdicht. Vielleicht hat er 'n Bruder, 'n Doppelgänger oder was weiß ich – oder die halten da alle zusammen in ihrer altbewährten Solidarität.»

Yaiza Teetzmann ließ sich nicht beirren. «Ick möchte jede Wette eingehen, daß die det jewesen sind, die beeden Preußen-Fans. Aba du willst det bloß nicht wahrhaben, wie pervers det allet hier im Westen is.»

Sie hätte noch weiter vom Leder gezogen, doch auf einmal stand Krystina Brodzki in der Tür, die Frau, die McDuff den Haushalt besorgt hatte. Sie stellte sich vor, Mannhardt ging ihr entgegen.

«Ah ja, kommen Sie doch bitte rein, Frau Brodzki … Ein Kollege von uns hat ja schon mit Ihnen gesprochen.»

Frau Brodzki blieb stehen. «Ja, aber da habe ich noch nicht gewußt, was ich jetzt weiß.»

«Wieso'n das?» fragte Yaiza Teetzmann.

«Weil inzwischen seine Trauerfeier war, und da habe ich seine geschiedene Frau gesehen …»

Mannhardt vermochte ihr nicht ganz zu folgen. «Ja und?»

Jetzt kam es: «Das ist dieselbe Frau, die vorher bei ihm rumgeschlichen ist, in seiner Straße. Und die hat ihn erschossen, aus Rache, weil – sie hat ihn gehaßt. Er hat es mir erzählt.»

Zwei Stunden später standen sie im Lincoln-Hotel und waren dabei, Dorothy McDuff festzunehmen.

«Wir hatten schon einmal miteinander telefoniert», sagte Mannhardt.

«Ich erinnere mich. Sie sprechen so ein wundervolles Englisch.»

«Danke, Sie ebenfalls …» Er stellte ihr Yaiza Teetzmann vor und fragte dann, ob sie noch heute abreisen wollte.

«Wenn ich die Urne abgeholt habe. Mit seiner Asche. Er wollte in Massachusetts begraben werden. In Gardner, wo er geboren worden ist.»

Mannhardt suchte nach dem Haftbefehl. «Es tut mir leid, aber daraus wird wohl nichts werden.»

«Wieso das?»

Yaiza Teetzmann gab ihr die Antwort. «Sie sind kurz vor der Tat in der Nähe seines Apartments gesehen worden …»

Dorothy McDuff tippte sich an die Stirn. «Ihr spinnt ja alle. Ich bin erst nach Berlin gekommen, als er lange tot war! Fast eine Woche später.»

Mannhardt blieb gelassen. «Als Dorothy McDuff, ja, aber als Meredith Hawkins sind Sie schon vorher hiergewesen, unter falschem Namen also. Das ist absolut sicher, und deshalb haben wir auch einen Haftbefehl gegen Sie erwirken können. Wenn Sie uns bitte folgen würden …»

Auch das nächste Heimspiel des BSC Preußen wollten sich Hans-Jürgen Mannhardt und Yaiza Teetzmann nicht entgehen lassen. Nun hatte die Eishockeysucht auch sie gepackt.

Yaiza entdeckte alsbald Julia und Johannes und meinte, daß sich die beiden ja nun freuen könnten.

«Dein Freund Rico nicht weniger», gab Mannhardt zurück. «Alle danken wir also unseren amerikanischen Waffenbrüdern, daß sie uns erlöst haben – wieder einmal.»

«Noch streitet Dorothy ja alles ab …»

«Komm, es gibt die Zeugenaussagen aus New York, daß

sie mit der Absicht nach Berlin geflogen ist, ihn umzubringen. Es gibt die Aussage der Reinemachefrau. Morgen früh wird sie aufgeben, paß auf. Sie hat ihm nie verziehen, daß er sie verlassen hat … nachdem er sie angesteckt hat.»

«Wenn das kein Motiv is – da haste recht.»

Die Preußen-Fans legten wieder los.

Macht sie alle, schießt sie aus der Halle!

Als sich Mannhardt umdrehte, stand Johannes hinter ihm.

«Herr Mannhardt?»

«Oh … der Johannes Morczinski … Nicht in der U-Bahn heute, keinen Dienst?»

Johannes senkte den Kopf. «Ich schätze, 'n paar Jahre nich mehr …»

Mannhardt lachte. «Wieso das, haben Sie plötzlich den Beruf gewechselt?»

«Nein, ich möchte ein Geständnis ablegen: Ich habe Martin erschossen, Martin McDuff.»

In derselben Sekunde fiel das erste Tor. Allerdings gegen die Preußen.

Totenstille in der Halle.

Einmal im Leben

Das ist kein Kinderspiel, das ist harte Knochenarbeit, wenn du in der Baugrube stehst und ab sieben Uhr morgens Sand nach oben schippst. Wie 'n Sklave kommst du dir vor. Und alles für 'n Hungerlohn. Dabei hätte ich von meiner Intelligenz her ganz was anderes werden können. Alle sagen das. Meine Lehrer, die Kriminalbeamten, die Jugendrichter, die Bewährungshelfer. Du merkst, daß ich schon 'n paar Vorstrafen auf'm Buckel habe. Wie das so ist im Leben. Nichts Großes aber. Diebstahl eines Geldbeutels im Freibad, Mopeddiebstahl bei Entweichung aus dem Heim, unbefugte Kfz-Benutzung in Tateinheit mit Fahren ohne Führerschein und Diebstahl aus Kundenfahrzeugen beim Arbeitgeber. Das war an der Tankstelle, wo ich meine Lehre als Kfz-Mechaniker beginnen sollte. Klar, daß du damit total auf'm Abstellgleis bist. Aber bei der EUROMAG hinterher haben sie mich nicht deswegen gefeuert, weil ich was geklaut habe, sondern aus reiner Schikane.

Letzten Freitag stehe ich allein in meiner Baugrube, nur der Kopf guckt noch raus, und stochere mit meinem Spaten zwischen den vielen Kabeln und Rohren herum. Wenn du da mal was durchgetrennt hast, gibt's immer mächtig Theater, mußte also verdammt aufpassen bei. Nieselregen, kein Mensch weit und breit am Bürgerpark hinten, nicht mal 'n Jogger.

Da kommt plötzlich einer auf 'nem Riesenmotorrad auf mich zugerast. Kein Wunder, zwei Streifenwagen jagen ihn. So richtig wie im Kino, mit Blaulicht und Martinshorn an. Ich denk schon, der knallt mir in die Grube, da kriegt er gerade noch die Kurve. Aber mir fliegt haarscharf was am Kopf vorbei, 'ne Plastiktüte. Die Polizisten merken nichts davon, die brettern wie mit 'nem Formel-1-Wagen an der Baustelle vorbei. Als ich mich bücke und in die Plastiktüte reinsehe, trifft mich der Schlag. Da stecken 'ne schwarze Pudelmütze und 'n Revolver drin. Sieht also ganz nach Bankraub aus. Muß aber Pech gehabt haben, der Junge. Ich reiße den Revolver raus. Was lese ich: Smith & Wesson Modell 58 .41 Magnum «M & P». Als Waffennarr weiß ich natürlich Bescheid. Das M & P steht für «Military and Police», und das ist in den USA die Dienstwaffe nicht nur der Highway-, sondern auch der Forstschutz- und der Wasserpolizei, weil sie auch als Jagdwaffe für Bären, Jaguare und Krokodile geeignet ist. Sechsschüssige Trommel.

Der Schweiß bricht mir aus, vor Aufregung zittere ich am ganzen Körper. Mann, du, mit so 'ner Waffe in der Hand bist du der absolute King! Jetzt soll mal noch einer kommen und über mich lachen! Ich hab nämlich 'ne Hasenscharte und nuschle ein bißchen beim Sprechen. Und ein wenig klein geraten bin ich auch. Aber wenn jetzt noch einer «Nuppel» zu mir sagt, dann …

Schon bin ich aus der Grube geklettert und hab die Tüte mit dem Revolver unterm Bauwagen versteckt. Als die Polizei später fragt, ob ich «sachdienliche Hinweise» zu machen hätte, guck ich bloß blöd und schüttele den Kopf.

Zu Hause bei mir hab ich dann auf dem Bett gelegen und überlegt, was nun …? War ja nun alles anders mit einer Smith & Wesson in der Hand. Zuerst ist mir 'ne Flugzeugentführung eingefallen. Ich kapere mir 'ne Boeing 757 und hab im Nu zweihundert Leute so richtig in meiner Gewalt. Wie die sich vor Angst in die Hosen machen. Und dann immer von einem Flughafen zum anderen gejettet. London, New York, San Francisco, Tokio, Australien.

Ich küsse meine Smith & Wesson. Über ein Kilo wiegt mein Baby. Das Balkenkorn vorne auf dem Lauf ist so rot wie der Lippenstift von Mona. Das war meine erste große Liebe. Im Heim damals, als sie mich von zu Hause weggeholt hatten.

Fünf Patronen stecken noch in der großen Trommel drin. Eine muß der Bankräuber schon verschossen haben.

Was ich habe, ist keine richtige Wohnung, sondern 'ne Laube, und die gehört eigentlich meinem Stiefvater. Der sitzt aber derzeit im Bau. So kann ich mich mit meiner Smith & Wesson auf den Weg machen, ohne daß einer dumme Fragen stellt. Mal in der Zeitung stehen, das ist das erste, was ich möchte. Einmal im Leben soll die Welt Kenntnis von mir nehmen. Und zittern sollen sie vor mir! Die Schweine alle! Die S-Bahn muß gleich kommen, da hocken sie alle drin, die fetten Säue! Ich renne auf die Brücke. Es ist schon dunkel, aber ich bin ein verdammt guter Schütze. Als ich den Fahrer links hinter seiner Scheibe sitzen sehe, drücke ich ab. Es gibt eine Notbremsung mit Riesengetöse. Die Funken fliegen nur so, und es stinkt ganz tierisch nach verglühtem Eisen.

Nächsten Tag steht in der *Bild*, daß der Mann 'n Streifschuß an der Schulter hat. Zwanzig Fahrgäste haben Verletzungen erlitten. Ein Gejammere ist das. Mann, was meint ihr, was ich schon für Verletzungen erlitten habe! Sie haben Angst vor weiteren Anschlägen. Na, wunderbar! Was mich ärgert, ist, daß mein Name nicht dabeisteht. Auch kein Foto von mir. Das hab ich nicht bedacht. Andererseits, dann hätten mich die Bullen ja sofort geschnappt. Aber irgendwann will ich auch mit Namen und Bild in die Zeitung rein.

Vier Schuß hab ich noch. Was kann man damit machen, daß sie in den Illustrierten groß über mich berichten? Und viel Geld dafür zahlen, daß sie den Exklusivbericht kriegen?

Geld, das ist das Stichwort. Wozu hab ich 'n Revolver und 'ne Maske. Banken gibt's ja jetzt an jeder Straßenecke. Die Waffe gezückt, 'ne Plastiktüte hingehalten, «Geld her, das ist 'n Überfall!» gerufen – und schon hast du zehntausend Mark zu deiner freien Verfügung. Da kauf ich mir dann 'n Auto für, hol mir 'n paar vernünftige Klamotten und geh abends auf die Piste, um mir 'ne klasse Frau zu suchen. Oder ich seh zu, daß ich meine Mutter aus der Klinik rausholen kann. Die ist da nicht drin, weil sie 'ne Macke hat, sondern weil sich's da besser leben läßt als zu Hause mit den paar Mark, die sie vom Sozialamt kriegt. Denk ich mir mal.

Doch als ich vor der Schalterhalle stehe, krieg ich das große Muffensausen. Ich schaff das einfach nicht. Voll Scheiße! So 'ne richtige Blockade. Hätt' ich mir auch nicht träumen lassen. Kommt da auch noch 'n alter Lehrer von mir vorbei. «Hallo, Roberto, wie geht's?» Wegen dem bin ich mal sitzengeblieben. Ich kann mich gerade noch bremsen, sonst hätt ich ihn abgeknallt.

Als ich wieder in meiner Laube bin, fang ich an zu heulen. Hast du wieder mal versagt, du Arsch! Nicht mal das kannste! Ich setz mir den Revolver an die Schläfe. Wenn er zu nichts weiter gut ist, dann dazu wenigstens. Bevor sie mich in den Knast schicken. Denn ich hab da was vergessen, was ganz wichtig ist, ich Idiot. Inzwischen werden sie nämlich die Kugel gefunden haben, die mein Vorgänger verschossen hat, also der, der die Smith & Wesson in meine Baugrube reingeschmissen hat, und auch die, die ich in die S-Bahn gejagt habe. Übermorgen weiß die Kripo dann, daß die beiden Kugeln aus derselben Waffe stammen. Da braucht man gar nicht viele Krimis sehen. Was dann? Dann überlegen sie noch mal, wo der Motorradfahrer seine Waffe gelassen haben könnte, entsorgt, wie man heute so sagt, und kommen auf die Baugrube. Anruf bei meiner Firma: Wer hat denn von Ihren Leuten da gearbeitet? Der Roberto, aber der ist seit zwei Tagen nicht mehr auf Arbeit gewesen. Aha!

Stundenlang liege ich in meiner Laube und warte, daß es klingelt. Meine Smith & Wesson immer griffbereit. Jeden Moment kann es soweit sein. Ich bin gespannt, was ich dann machen werde. Mir selber 'ne Kugel in den Kopf jagen oder die Beamten abknallen, die mich holen wollen? Du, ich kann dir sagen, das ist ein unheimlich geiles Gefühl, haste bestimmt noch nie gehabt.

Dabei geht mir immer wieder durch den Kopf, daß ich die

vier Kugeln, die ich noch habe, nicht verschenken darf. Was kann man am besten damit machen? Eine Flugzeugentführung wäre schon das beste, um groß rauszukommen, so richtig mit ein paar Filmteams vor Ort, aber ich hab keine Idee, wie ich die Sicherheitsbeamten am Flughafen austricksen kann. Muß man eben woanders Geiseln nehmen. Ich geh alles durch. Ein Linienbus bei uns hier wär gar nicht schlecht. Vor allem sehen dann alle, die mich kennen, daß ich es bin. Mann, ey, dem Roberto, dem hätt' das keiner zugetraut!

Aber dann hockt da irgend so ein Scharfschütze auf'm Dach und knallt mich ab. Finaler Rettungsschuß, kennst du ja.

«Wenn du stirbst, kannst du dich nur verbessern», hat mein Vater immer gesagt, bevor er elend abgekratzt ist. Glaub ich aber nicht. Man kann immer noch was aus seinem Leben machen. Vor allem, wenn man 'ne Smith & Wesson hat. Was aber?

Ich überlege. Man kann sich zum Beispiel an denen rächen, die einen auf'm Gewissen haben. Und da fallen mir 'ne Menge Leute ein. Rainer zum Beispiel. Das war der letzte Freund meiner Mutter, und der hat dafür gesorgt, daß sie so abgesackt ist. Oder Dr. Schrompf. Wegen dem bin ich nicht aufs Gymnasium gekommen. Am besten aber, ich fange mit dem Lange an, das ist der Personalleiter bei der EUROMAG, der mich rausgeschmissen hat, nach dem Einbruch da. Angeblich soll ich meinem Bruder den Tip dazu gegeben haben. Stimmt aber echt nicht, das war reine Sippenhaft. Aber wenn du mal auf der Verliererstraße bist, dann geht das eben so. Vier Schuß hab ich …

Oder ich nehm mir einfach einen x-beliebigen Menschen. Stellvertretend für alle. Einen Fettsack, der alles hat, oder eine reiche Tussi.

Noch besser aber, ich greif mir meine Smith & Wesson und seh zu, daß ich damit irgendwo an 'ne richtige Maschinenpistole rankomme. An 'ner Bundeswehrkaserne vielleicht.

Nur mit 'ner Maschinenpistole kannst du nämlich 'n richtiges Massaker veranstalten. Einfach draufhalten, wo 'ne Menge Menschen zusammen sind. Dann bist du garantiert nächsten Tag in der Zeitung, und sie drehen 'n richtigen Kinofilm über dein Leben, wie alles so gewesen ist. Mit deinem richtigen Namen. Das geht, weil du dann 'ne «Person der Zeitgeschichte» bist, wie das so heißt. Stell dir mal vor, heute bist du 'n armes Schwein, das keiner kennt, und morgen 'ne Person der Zeitgeschichte, die hunderttausend Mark auf'm Konto hat. Alle wollen 'n Interview mit dir und dich in ihrer Talk-Show haben. Und überleg doch mal, richtig lebst du doch nur, wenn du im Fernsehen bist.

Mal sehen, was ich machen werde. Der Tag ist ja lang und das Wetter wunderschön.

Ich stehe auf, stecke meine Smith & Wesson ein und schleiche mich aus meiner Laube.

Keiner da, der mich noch aufhalten kann.

Und wieder saust die Guillotine nieder

Der Landesbeauftragte für das Image Berlins hatte seinen persönlichen Referenten zu mir geschickt, und LaBIma II war anzusehen, daß ihm seine Mission eine schlaflose Nacht bereitet hatte.

«Ich bin ein Bewunderer Ihrer Werke, aber Sie kennen das ja: die rationale Disziplin im Weberschen Idealtypus der Bürokratie ...»

Ich nickte. «Die Verinnerlichung des Prinzips, alle empfangenen Weisungen ohne Rücksicht auf die eigene Einstellung bedingungslos auszuführen.»

«So haben Sie es mir im Hörsaal selber beigebracht, und so ist es auch.» LaBIma II fuhr sich über das zerquälte Gesicht und schwieg eine Weile.

Ich ging zum Fernseher, um die ENTER-EINS-Wiederholung vom gestrigen Abend mit schnellem Knopfdruck abzuschalten, doch das funktionierte nicht. Gott, ja, ich hatte ganz vergessen, daß die neuen Apparate keinen AUS-Knopf mehr hatten. LaBIma II lächelte maliziös, als er mein kleines Mißgeschick bemerkte. Besser konnte man sich nicht als Ewiggestriger entlarven. Schnell fragte ich ihn, warum er mich aufgesucht habe.

«Sie machen uns Sorgen, Herr -ky, wenn ich Sie so nennen darf.»

«Wieso das?»

«Weil Sie noch immer keine Straftat begangen haben.»

«Ich bin nun einmal so erzogen worden, daß ich ‹Üb immer Treu und Redlichkeit› als höchsten aller Werte verinnerlicht habe. Sie sehen mich als klassisches Opfer der sozialen Verhältnisse: aufgewachsen in einer intakten Familie, ohne jedes Trauma, und Hochschullehrer. Ich flehe Sie an: Was kann ich dafür, daß mich meine Eltern nicht mißhandelt haben? Andere Kinder hatten das Glück, daß ihre Mutter Prostituierte war und ihr Vater Alki und dauernd im Knast gesessen hat, ich nicht.»

LaBIma II winkte ab. «Ich weiß, immer sind die anderen schuld, und so etwas wie einen freien Willen gibt es nicht.»

«So wie es bei mir aussieht, bin ich nicht resozialisierbar, denn ich war ja nie sozialisiert in Sinne eines erfolgreichen Kriminellen.»

«Jeder kann, wenn er nur will, alles ist nur eine Sache der inneren Einstellung und der Hingabe an seine Gesellschaft. Und vom Kopfe her müßte Ihnen doch, schließlich sind Sie Soziologe, klar sein, daß wir in diesem Lande nichts nötiger brauchen als ein weiteres steiles Ansteigen der Kriminalitätsrate, denn Kriminalität schafft Arbeitsplätze ... Arbeitsplätze bei der Polizei, bei den privaten Sicherheitsdiensten, bei der einschlägigen Industrie – denken Sie an Alarmanlagen, Elektroschokker und CS-Gas-Dosen –, bei den Gerichten – Staatsanwälte, Richter, Jugendgerichtshelfer, Anwälte –, in den Justizvollzugsanstalten, in den Krankenhäusern und auf den Friedhöfen. Täglich drei Ermordete mehr, und wieder hat ein Totengräber Lohn und Brot und entlastet die Arbeitslosenhilfe. Noch einmal: Kriminalität schafft Arbeitsplätze, und Kriminalität müssen wir nicht aus Japan importieren, Kriminalität können wir selber erzeugen ... wenn nur jeder will, auch Sie.»

Ich stöhnte auf. «Ich kann nun mal nicht anders ...»

«Natürlich können Sie, andere können es ja auch.» LaBIma II warf mir eine Broschüre mit der neuesten Kriminalstatistik auf den Tisch. «Nur Berlin hinkt da hinterher. Dabei wissen wir doch alle, daß wir Berliner in Deutschland wie auch global nur eine Chance haben, wenn wir New York immer ähnlicher werden, ja, es noch übertrumpfen. Als die Weltmetropole des Verbrechens zu gelten ist unsere einzige Überlebenschance. Und nichts paßt uns da besser ins Konzept, als wenn geborene Berliner, die sich irgendwie einen Namen gemacht haben, eine Straftat begehen.»

Ich krümmte mich geradezu. «Aber wie denn nur …?»

«Wo ein Wille ist, ist auch ein Weg», sagte LaBlma 11, nicht eben originell, und kam mir mit dem neuen § 360 des StGB: «Wer nicht bereit ist, ein gemeinschaftsnützliches Verbrechen zu begehen oder zu ihm anzustiften, wird mit Freiheitsstrafe bis zu zehn Jahren oder mit Einzug seines Vermögens bestraft. In besonders schweren Fällen und im Wiederholungsfalle ist auf lebenslange Freiheits- oder auf Todesstrafe zu erkennen.»

Bei den letzten Worten zeigte er auf den Fernseher, denn es hatte sich eingebürgert, daß ENTER-EINS die Hinrichtungen, die per Guillotine erfolgten, jeden Freitag um 21 Uhr live vom Berliner Schloßplatz übertrug. Dies bei einer Einschaltquote von 97,8 Prozent, wobei allerdings die Hälfte der Werbeeinnahmen zweckgebunden in den Berliner Landeshaushalt floß und dem Gesundheitswesen zugute kam. Ohne diese Übertragungen hätte man die Entbindungsstationen der Krankenhäuser längst schließen müssen.

Neue Werte brauchte unser Land, und wir hatten sie von den Dobu erhalten, einem kleinen Volk an der Ostspitze Neuguineas, von dem Ruth Benedict in ihrem Standardwerk *Urformen der Kultur* berichtet hatte. Gesetzlos und hinterlistig waren die Dobu, immer darauf aus, den anderen zu schädigen oder gar zu töten. Und dennoch herrschte auf Dobu kein Chaos. Diese Gesellschaft hatte die Jahrtausende unbeschadet überlebt.

Vor dem Hintergrund des neuen Wertewandels war es nur allzu logisch, daß sie LaBIma 11 zu mir geschickt hatten: Mit ihm zog die neue Zeit. Doch ich hatte noch mit Albert Camus gelernt, daß erst Auflehnung dem Leben seinen Sinn gab, und weigerte mich weiterhin, ein Verbrechen zu begehen.

«Nun gut …» LaBIma 11 stand auf. «Ich bin voller Mitleid mit Ihnen – Empathie haben wir ja damals alle gelernt bei Ihnen –, komme aber nicht umhin, Ihnen unser Ultimatum mitzuteilen: Entweder Sie begehen bis zum 31. dieses Monats einen Diebstahl, einen Raub und einen Mord … oder die Guillotine, das Fallbeil, wartet auf Sie. So will es die neue freiheitlich-demokratische Grundordnung, und Sie sind ja als Beamter des Landes Berlin verpflichtet, jederzeit aktiv an ihrer Verteidigung mitzuwirken.»

Damit nahm er seinen Hut, deutete eine leichte Verbeugung an, lächelte noch einmal entschuldigend und verließ meine Wohnung. Nachdem ich in mich zusammengefallen war und zehn Minuten lang wie in Trance dagesessen hatte, kam mir Friedrich Engels in den Sinn: Freiheit als Einsicht in die Notwendigkeit. Und zugleich die Weisheit Nummer eins meines vor dreißig Jahren verstorbenen Vaters: Du kannst nicht gegen die Klistierspritze anpupen. Also stand ich auf, nahm meine dünne schwarze Aktenmappe – ein Geschenk der CDU, als ich 1978 auf deren Entbürokratisierungskongreß in Bonn ein Referat gehalten hatte – und machte mich auf zur nächstgelegenen Buchhandlung, um die erste der von mir ultimativ geforderten Straftaten zu begehen.

«Guten Tag, ich möchte mich erst einmal ein wenig umsehen …»

Ich legte meine schwarze Ledermappe auf den Büchertisch neben der Kasse und ging suchend an den Regalen vorbei, dabei meine eigenen Werke, standen sie zu weit hinten, nach vorne ziehend. Wie die meisten Kolleginnen und Kollegen das machten. Aber langsam verschwamm mir alles vor Augen, der Kreislauf spielte nicht mehr mit. Die hohe Adrenalinausschüttung. Ich hatte mir meinen ersten Diebstahl leichter vorgestellt. Es wurde so schlimm, daß ich mich an einem der Regale festhalten mußte. Meine Gedärme krampften sich zusammen, Durchfall drohte. Ich bekam mich nur mühsam wieder in den Griff und steuerte zurück in Richtung Tür. Bloß schnell weg von hier. Doch mein Über-Ich hielt mich mit hallender Stimme zurück: *Vergiß nicht, du bist zum Klauen hier!* Also erinnerte ich mich an den sogenannten «Mappen-Trick», wie ich ihn meinen Studenten jedes Semester beim

Thema «Der ganz gewöhnliche Kriminelle – Ladendiebstahl» vorführte: Man greift sich zusammen mit seiner Mappe ein Buch, preßt es mit dieser, unsichtbar für den Händler, gegen die Hüfte und verläßt mit einem freundlichen Lächeln sowie den Worten «Tut mir leid, ich habe nichts gefunden» mit aufrechtem Gang den bestohlenen Laden.

Bei soviel Übung gelang mir dieses Manöver denn auch tadellos, und zu Hause angekommen, wählte ich sogleich die Nummer, die mir LaBlma II hinterlassen hatte.

«Ich bin ja so erleichtert, daß mir das gelungen ist.»

Doch LaBIma II lachte nur verhalten höhnisch. «Mitnichten.»

«Wieso?»

«Weil der Buchhändler keine Anzeige gegen Sie erstattet hat.»

«Ich hab doch aber ein Buch bei ihm geklaut.»

«Eben nicht. Sie haben doch Ihr spezielles Konto bei Ihrem Buchhändler, und der Mann hat es einfach abgebucht. Wie immer, wenn Sie es eilig haben und davonstürzen. Und außerdem glaubt er nicht, daß jemand – ich zitiere – ‹so bekloppt sein könnte, ausgerechnet dieses Buch zu stehlen›.»

Jetzt erst sah ich mir an, was ich da hatte mitgehen lassen: Erhard Zwerg, *99 Zwergfellattacken*. O Gott, ja.

Die Bestürzung, daß ich mich so vergriffen hatte, war schlimmer als die, noch immer keine Straftat auf dem Konto zu haben. Was tun mit dem gestohlenen Buch? Ein Werk von Erhard Zwerg in meinen Regalen zu haben war unerträglich, entwertete alles andere, das da stand. Andererseits war meine Ehrfurcht vor jedem Buch so groß, daß ich es nicht übers Herz brachte, die *99 Zwergfellattacken* einfach wegzuwerfen. Also schenkte ich sie meinem Freund Matthias zum Geburtstag. Der war ein derartiger Geizkragen, daß ich dabei keinerlei Skrupel haben mußte. Und ich schwöre bei allem, was mir heilig ist, nicht im entferntesten geahnt zu haben, was Matthias später mit Zwergs Kurzgeschichten anstellen sollte, zumal ich zuvor Berge von billig erworbenem richtigem Toilettenpapier bei ihm gesehen hatte.

Am nächsten Tage tauchte LaBlma II zum zweiten Male bei mir auf, diesmal mit einer kleinen Walther-Pistole in der Aktentasche.

«Vielleicht fällt Ihnen damit alles andere leichter ... Das in der Bank zum Beispiel.»

Wenn es denn sein mußte: Augen zu und durch. Ich handelte wie im Rausch, wie unter Drogeneinfluß; mein Großhirn war völlig ausgeschaltet. Weder nach links noch nach rechts sehend, mit einem echten Tunnelblick also, stürzte ich in die nächstbeste Sparkassenfiliale und hielt auf den Kassenschalter zu, nur von der einen Angst getragen, mich nicht wie Woody Allen in *Woody, der Unglücksrabe* anzustellen, wo er dem Kassierer einen Zettel hinüberreicht, auf dem in etwa hingekritzelt steht: *Wenn ich kein Geld bekomme, richte ich meine Waffel auf Sie*. Waffel statt Waffe.

«Dies ist ein Überfall!» hörte ich mich rufen. «Geld her – oder ich richte meine Waffe auf Sie!» Hatte ich Waffel oder Waffe gesagt? Ich wußte es nicht mehr. Also riß ich meine Walther-Pistole heraus.

«Scheiße!» schrie es da im Hintergrund, und ein bärtiger Mann kam auf mich zugestürzt. «-ky, du Arsch, wenn du aus deinem Drehbuch rausgestrichen bist, dann nimmt das gefälligst hin wie ein Mann. Los, verschwinde, wir drehen hier!» Er packte mich und stieß mich auf die Straße hinaus.

Ich lief zum Park hinüber und sank auf eine Bank. Vielleicht sollte ich die aus der Verankerung reißen und mit nach Hause nehmen, fuhr es mir durch den Kopf, um wenigstens einen kleinen Bankraub vorweisen zu können. Und ich rüttelte tatsächlich daran, so fertig war ich mit den Nerven. *Komm, das ist kein Sitcom-Gag!*

Nur allmählich kam ich wieder zur Besinnung. Daß die Ehrlichen immer die Dummen waren, davon konnte ausgegangen werden, daß sie sich aber so dumm anstellten wie ich, kam doch überraschend. Millionen in diesem Lande begingen andauernd eine Straftat nach der anderen ... nur ich schaffte es nicht. Es war ein fürchterliches Gefühl, so als Versager gebrandmarkt zu sein. Klar, ich Idiot blieb ja auch bei Rot an den Ampeln stehen, wenn das nächste Auto erst Weihnachten kam, und zahlte Steuern für Lesungen, von denen kein Finanzamt je erfahren hätte.

Ziellos lief ich durch die Straßen. Ich wußte, daß ich ein anderer Mensch werden mußte. Die Intervention von LaBlma II war gerade noch zur rechten Zeit gekommen. Und es war sonnenklar, daß ich nur ans andere, ans rettende Ufer gelangte, wenn ich jetzt wirklich einen Mord beging. Auch im hohen Alter mußte man noch flexibel sein und durfte sich dem Fortschritt nicht verschließen, ich sah es ein. Und ich bereute zutiefst, bis jetzt immer der alten Maxime angehangen zu haben: Edel sei der Mensch, hilfreich und gut. LaBIma II hatte ja so recht, daß unsere Gesellschaft damit verloren war.

Doch wen sollte ich ermorden? Schön, ich hatte Gegner, ich hatte Neider und Feinde, aber daß ich einen derart haßte, bis zum Mord hin also, war mir wesensfremd. Erschüttert über diese Erkenntnis, streifte ich durch die südlichen Vororte der Stadt, durch Grunewald, Schlachtensee und Dahlem. Und fand immer noch keinen, den ich erschießen wollte ...

... bis ich vor einer der Villen einen Gartenzwerg sah, herausgeputzt als Hochliterat mit Brecht-Frisur und Brille.

Alea jacta est. War nur noch herauszufinden, wo Erhard Zwerg seinen Wohnsitz hatte. Das war mit einem Anruf bei seiner Zeitung schnell erledigt. Es war dieselbe Zeitung, in der er meine Romane immer verriß, arrogant und ätzend, inkompetent und ungerecht. Und auch die meiner Freunde.

Cool wie ein professioneller Killer brach ich in seine Wohnung ein. Doch als ich dann in Zwergs Schlafzimmer stand, war ich einem Herzanfall nahe, denn in seiner Stirn klaffte ein großes Loch, und er war bereits so tot, wie ein toter Mensch nur sein konnte. Einer meiner Kollegen war mir zuvorgekommen. Zwar jagte ich ihm mit geschlossenen Augen und weggedrehtem Kopf noch eine Kugel ins Knie, mich dabei vor Abscheu erbrechend, doch natürlich hatten die Kripo-Spezialisten keine Mühe, mich zu überführen und als Nicht-Täter festzunehmen.

«Damit hat sich Ihr Schicksal entschieden», sagte La-BIma 11.

Nun sitze ich in der Untersuchungshaftanstalt Moabit und warte darauf, am nächsten Freitag in der großen ENTER-EINS-Show mit Hilfe der musealen Berliner Guillotine enthauptet zu werden. Und ich freue mich auf diese Szene, denn wann hat ein Schriftsteller wie ich schon einmal die Chance, auf Einschaltquoten von 97,8 Prozent zu kommen? Und ich habe mit dem Aufnahmeleiter aushandeln können, daß drei meiner Bücher – *Brennholz für Kartoffelschalen, Capri und Kartoffelpuffer* und *Wie ein Tier* – neben der Guillotine aufgebaut werden und voll ins Bild kommen. So viel an PR zu haben ist absoluter Wahnsinn. Alle meine Träume sind damit in Erfüllung gegangen.

Bitte nicht vergessen: Nächsten Freitag um 20 Uhr 15 ENTER-EINS einschalten, die Nummer eins des Fernseh-Entertainments, und mit der ganzen Familie die Sendung aller Sendungen sehen: «Und wieder saust die Guillotine nieder.» Ich freue mich auf Sie. Und Kopf hoch, vielleicht haben Sie auch einmal so viel Glück wie ich …

Die Tochter des Senators

«**Ihr Völker der Welt**, ihr Völker in Amerika, in England, in Frankreich, in Italien! Schaut auf diese Stadt …!» So hatte es Ernst Reuter, Berlins großer Bürgermeister, am 9. September 1948 vor dem Reichstag ausgerufen, und 60 Jahre später waren die Blicke der Welt abermals auf Berlin gerichtet. Nicht, weil es eine neue Blockade gegeben hatte und man die Berliner noch einmal auf kleiner Flamme gar kochen wollte, sondern ganz im Gegenteil: Die Stadt boomte, schwamm im Geld und war auf dem besten Wege, die berühmte Insel der Glückseligen zu werden. Die großen Banken hatten ihre neuen Zentralen ebenso am grünen Strand der Spree errichtet, wie Siemens den Schwerpunkt seiner Produktion zurück nach Siemensstadt verlagert hatte, und für nahezu jeden Wirtschaftszweig war es selbstverständlich geworden, im Briefkopf die Berliner Adresse besonders auffällig zu zeigen. Wer arbeiten wollte, der hatte auch Arbeit und verdiente «spitzenmäßig», und die Kriminalitätsrate war nur noch so hoch wie bei den Trobriander-Insulanern, den Eipos, den Zuñis oder den Yanomami-Indianern, ging also praktisch gegen null.

Zehn Jahre vorher, als ich gerade immatrikuliert worden war, hatte es noch ganz anders ausgesehen, da hatte es in den Zeiten der Sparhaushalte und der öffentlichen Armut gerade die erste Welle der Amokläufe gegeben. Die Archive sind voll mit Berichten darüber. Soweit ich das erforscht habe, beginnt es am 19. April 1998 in der *BZ am Sonntag* auf der Hauptstadtseite mit der Überschrift «… und plötzlich töten sie». In fetten Lettern heißt es da: «Eine Kleinigkeit reicht aus. Ein versehentlicher Rempler an der Supermarktkasse, ein vermeintlich provozierender Blick. Oder einfach nur die falsche Parklücke – und schon drehen sie durch. Ziehen Messer, schwingen Baseballschläger. Plötzlich, unerwartet, fallen sie über Unschuldige her, verletzen, töten sogar. Warum?» Darauf war nie eine schlüssige Antwort gefunden worden, und mein Philosophieprofessor an der Humboldt-Universität hatte sich hinter David Hume verstecken müssen: «Das Ganze der Welt ist ein Rätsel, ein unerklärliches Mysterium. Zweifel, Ungewißheit, Enthaltung des Urteils sind das einzige Ergebnis, zu dem die schärfste und sorgsamste Untersuchung uns führen kann.» Es kamen Gerüchte auf, ein terroristischer Ableger der Bonner Berlin-Gegner hätte die Leute hier mit Amokläufer-Viren infiziert, um Berlin als Sitz von Parlament und Regierung unmöglich zu machen und eine Revision der diesbezüglichen Beschlüsse zu erreichen. Wie auch immer, jedenfalls hatte es in der Folge fast täglich einen Amoklauf gegeben, und bei der großen Feier zur Jahrtausendwende waren am Brandenburger Tor sage und schreibe 74 Menschen von einem, wie es hieß, «völlig durchgeknallten Staatssekretär der Innenverwaltung» mit einer Maschinenpistole niedergemäht worden. Dann aber, mit den ersten Tagen des Jahres 2000, hatte das große Wunder begonnen – und in Berlin hatte sich die Utopie einer friedvollen, menschlichen und positiv multikulturellen Metropole erfüllt. Auch dafür gab es keine rationale Erklärung, doch das störte niemanden. Wir genossen unser Leben und waren glücklich, Berliner zu sein, absolut top und weit vor New York, Paris, Rio, Tokio, London und all den anderen sogenannten Heiligen Städten.

Alles drängte nach Berlin, was so weit ging, daß die Amerikaner ihre Super-Bowl 2007, also das Top-Event ihres Footballs, im modernisierten Berliner Olympiastadion ausspielten und die San Francisco 49ers gegen die Green Bay Packers bei uns an der Spree gegeneinander antraten. Und dabei lernte ich auch Sharon kennen ... Sie saß auf dem Platz neben mir, und als unser Lieblingsteam den entscheidenden Touch-down erzielt hatte, lagen wir uns vor Freude in den Armen.

«Etwas, das man durchaus auch an anderen Orten wiederholen könnte», bemerkte ich nach Ende des Spiels. «Zumindest darf ich mich einmal zaghaft nach deiner Telefonnummer erkundigen.»

«Die ist leider geheim …»

Ich kämpfte nun wie die Helden auf dem Spielfeld und bekam schließlich heraus, daß sie Sharon hieß, Sharon Schulz, und die Tochter eines unserer angesehensten Senatoren war, gezeugt bei dessen Studium in Alabama mit einer Amerikanerin, deren Eltern aus Kuba stammten, was auch erklärte, daß Sharon immer aussah wie frisch aus dem Bräunungsstudio gekommen, also fabelhaft. Ihr IQ bewegte sich in schwindelnden Höhen, und sie hatte sich mit ihrem ersten Roman, *Denn der Herr ist ein verzehrendes Feuer*, nicht nur schnell an die europäische Spitze geschrieben, sondern stand auch mit ihren gerade 28 Jahren kurz davor, einen Germanistiklehrstuhl an der Uni Potsdam zu bekommen.

Warum nun verliebte sich eine Frau wie sie ausgerechnet in mich, den ewigen und leicht verlotterten Studenten der Kulturwissenschaften? Wahrscheinlich, weil ich das war, was man in der Fachwelt unter einem Soziopathen verstand. Der ist zugleich charmant, überdurchschnittlich intelligent, impulsiv, überaktiv und immer auf der Suche nach Nervenkitzel, bedingungslos egozentrisch, launisch, alkoholanfällig und unfähig zur Planung seines Lebens. Ich kam aus dem Wedding und war halt anders als die Männer aus ihren Kreisen, sah besser aus, war der bessere Lover und hatte ganz und gar den Reiz des Verbotenen. Außerdem litt sie unter dem Helfersyndrom und war wohl darauf aus, mich zu retten, das heißt, zu einem nützlichen Mitglied der menschlichen Gesellschaft zu machen. Kurzum, sie war mir ebenso hörig wie ich ihr, und der Sommer 2007 war für uns ein einziger Rausch.

Dann aber, mit Beginn des Herbstes, wurde alles anders. Hatte Sharon bis jetzt alle Wesenszüge ihrer kubanischen Ahnen an den Tag gelegt, also die pure Lebenslust à la *Sábado de Rumba*, erschien sie mir nun zunehmend melancholisch bis schwermütig, und mit dem Wissen, das ich mir als Zivi in der Psychiatrie angeeignet hatte, diagnostizierte ich bei ihr schließlich schwere Depressionen.

«Sharon, was ist bloß los mit dir?»

«Nichts ist los mit mir!» rief sie, zitierte aber schon drei Atemzüge danach schwer deutbare Verse von Else Lasker-Schüler. «Es riß mein Lachen sich aus mir, / Mein Lachen mit den Kinderaugen, / Mein junges, springendes Lachen / Singt Tag der dunklen Nacht vor deiner Tür.»

«Du mußt doch etwas haben ...»

«Ich habe es nur satt, immerzu gefragt zu werden, ob ich etwas habe!»

Mit der Zeit wich der depressive Ausdruck aus Sharons Gesicht und sie wirkte eher abgehoben und erhaben, so als wollte sie mir ständig mitteilen, daß sie zu den wenigen Menschen gehörte, die auserwählt waren, ich aber nicht. Wie in Trance lief sie umher, unter Hypnose, irgendwie in einer Meta-Welt zu Hause. Die Ursache dafür vermochte ich nicht zu ergründen, sosehr ich mir den Kopf zermarterte. Zuerst, als sie nicht mehr mit mir schlafen wollte, hatte ich angenommen, daß ein anderer Mann dahintersteckte, doch das war es nicht.

«Körperliche Liebe, das ist nichts mehr für mich», erklärte sie. «Um es mit einem sehr altmodischen Begriff auf den Punkt zu bringen: Ich habe allem entsagt.»

Auch ihre Eltern waren, als ich sie ansprach, so verschlossen wie sie und legten mir nahe, meine Beziehung zu Sharon aufzugeben. Alles habe seine Zeit, und für uns beide sei sie abgelaufen, nun zähle anderes. Was aber zählte, das sagten sie nicht. Nur, daß ich mich am besten ganz von ihrer Tochter fernhalten sollte.

«Ist es denn eine ansteckende Krankheit, die sie hat?» fragte ich. «Ein unbekanntes Virus ...»

«So könnte man es ausdrücken. Aber wie auch immer ...» Der Senator schloß die Augen. «Sharon wird in nächster Zeit isoliert leben müssen, um sich in aller Ruhe vorzubereiten.»

«Auf den Tod?»

«Ja, auf ihren Tod.»

Ich wollte Abschied von ihr nehmen, doch während meines Gesprächs mit ihrem Vater hatte sie unbemerkt das Haus am Schlachtensee verlassen.

Es folgten schwere Wochen für mich. Die Ärzte konnten sich meinen Zustand nicht erklären, aber schließlich siegte doch mein Selbsterhaltungstrieb. Nicht die Medizinmänner heilten meine Wunden, sondern die Zeit, jedenfalls so weit, daß ich wieder studieren und in den Semesterferien mein Geld verdienen konnte. Von Sharon hörte und las ich nichts mehr, weder eine Kurzgeschichte noch eine Todesanzeige. Meine Großmutter versuchte mich zu trösten: «Mach dir nichts daraus, die Frau hat dich einfach fallenlassen.»

Seit Sharon aus meinem Leben verschwunden war, begann ich mich zu verändern. Aus dem faulen und liebenswerten Schlawiner, dem Soziopathen oder, um es in der Sprache der Romantik ein wenig freundlicher zu sagen, dem Taugenichts wurde nun mehr und mehr das besagte nützliche Mitglied der menschlichen Gesellschaft. Mit dem Ziel, eines Tages als Kulturjournalist mein täglich Brot zu verdienen, machte ich meine Scheine an der Uni und besuchte häufig die Sprechstunde eines hochangesehenen Professors, um bei ihm meine Diplomarbeit zu schreiben. Da ich mich in letzter Zeit auf die Ethnologie geworfen hatte, hatten wir bald ein Thema gefunden, das ich gern bearbeiten wollte.

In den Semesterferien hatte ich diesmal einen Job bekommen, der nicht eben meine Kompetenz erweiterte, den ich aber dennoch annehmbar fand, weil ich von jeher eine gewisse Affinität zu Flugplätzen hatte: In Berlin-Tempelhof durfte ich, wenn eine Maschine ausgerollt war, mit einem blauen Plstiksack loslaufen und zusammenklauben, was die Passagiere hinterlassen hatten, vor allem Zeitungen, Servietten, Taschentücher, Verpackungen und Kotztüten. An sich hatte man Tempelhof 1999 schließen wollen, doch der unglaubliche Aufstieg Berlins hätte dies absurd erscheinen lassen.

Trotz des regen Flugverkehrs gab es in den ersten Wochen um die Mittagszeit schon einmal eine halbe Stunde, wo ich mich in einen ruhigen Winkel zurückziehen und in meinen Büchern lesen konnte. Es war alles durchzuflöhen, was Bronislaw Malinowski, Margaret Mead, Ruth Benedict, Jean Liedloff, Irenäus Eibl-Eibesfeldt und viele andere Koryphäen jemals zu Papier gebracht hatten, wobei ich, was die Indianer- wie die arabischen Stämme anging, davon profitieren konnte, daß ich Karl May fast auswendig kannte.

Weit kam ich mit meinen Studien allerdings nicht, denn die Olympischen Spiele 2008 begannen. Wo? In Berlin natürlich. Im Jahr 2000 war man ja dank einer laienhaften Präsentation Mitte der 90er nicht zum Zuge gekommen, bei der Abstimmung für die Spiele acht Jahre später aber hatte sich das IOC einstimmig für Berlin entschieden. Und die Völker der Welt schauten nicht nur nach Berlin, sondern sie kamen auch alle eingeschwebt, und ich war manchmal bis zu zwanzig Stunden im Einsatz. Die Maschinen landeten teilweise so dicht hintereinander wie vorher nur bei der legendären Luftbrücke 1948/49. Berlin war nun wirklich der Nabel der Welt, und an Prominenz gab es so viel zu bestaunen, daß ich selbst bei der Landung des spanischen Königs den Kopf kaum noch hob. Nur einmal schreckte ich hoch, als ich Sharons Vater im Pulk mit anderen Berliner Senatorinnen und Senatoren dem Regierenden Bürgermeister hinterherlaufen sah. Doch bevor ich ihn ansprechen und nach seiner Tochter fragen konnte, waren sie in irgendeiner VIP-Lounge verschwunden.

Ich war an diesem Tag so fertig, daß ich beschloß, zum Schlafen gar nicht mehr nach Hause zu fahren, sondern mir in den Katakomben des kamelfarbenen Flughafengebäudes ein stilles Plätzchen zu suchen. Hitlers «Zentralflughafen Tempelhof», mitten in der Stadt gelegen, galt als das größte Bauwerk Europas. Neunundzwanzig Gebäudeteile umfaßte es, und die

Gesamtfläche betrug eine Million Quadratmeter. Drei Kilometer mußte man laufen, eine gute halbe Stunde, ehe man den Koloß umrundet hatte. Lange Zeit hatte sich das Gerücht gehalten, in den untersten seiner zehn Kellergeschosse hätten sich führende Nazis einen Mikrokosmos für die Ewigkeit geschaffen und lebten dort munter und sich vermehrend fort. Wie auch immer, Teile des riesigen Komplexes galten auch zu Beginn des neuen Jahrtausends als so wenig exakt vermessen wie etwa das Innere der Cheops-Pyramide. Immer hatte man anderes zu tun gehabt, oder es war einfach nicht genügend Geld vorhanden gewesen, um die dicken Betondecken aufzustemmen und darunter nach verborgenen Gängen, Schächten und Gewölben zu suchen.

Ich will nicht behaupten, daß ich mich in diesem Labyrinth hinreichend auskannte, doch ein wenig mehr als der Durchschnittsbürger wußte ich darüber, weil ich 1997 einmal für einige Wochen dort gearbeitet hatte, und zwar als Bühnenarbeiter bei einer Musical-Produktion. In den Pausen waren wir überall herumgestromert, immer auf der Suche nach Reliquien aus der Nazizeit, die sich gewinnbringend verkaufen ließen. Doch außer ein paar Gasmasken hatten wir nichts entdeckt.

Dies alles war mir heute egal, denn bedingt durch den ganzen Streß hatte ich einen furchtbaren Durchfall und nur eines im Sinn: so schnell wie möglich eine Toilette zu finden. Doch die erste war verschlossen und die zweite defekt, das heißt, die Kloschüssel fehlte. Ich hastete nach unten, wo ich Stellen kannte, an denen man auch ohne Toilette seine Notdurft verrichten konnte, ohne Ärger zu bekommen. Elektrisches Licht gab es hier nicht mehr. Eine Taschenlampe trug ich immer am Gürtel, und so machte es keine Mühe, eine geeignete Stelle zu finden. Ratten gab es hier keine, wovon hätten sie auch leben sollen?

Ich hockte mich also hin und stöhnte leise auf, so erleichtert war ich. Mein Stöhnen kam als Echo zurück. Nein, als ferner Schrei. Ich fuhr hoch und lauschte. Mir schien es, als drang von irgendwoher sinfonische Musik zu mir, leise und dennoch bombastisch. Nazis? Stimmte es also, daß sie sich hier ihre eigene Welt geschaffen hatten, wie auf einem fernen Planeten? Sofort war mir klar, daß ich zu Ruhm und Reichtum kam, wenn das wirklich stimmte und ich meine Entdekkung exklusiv an die Medien verkaufen konnte. Vielleicht hatte Hitler doch einen Sohn gehabt, der hier jetzt herrschte …

Ich vergaß alle Vorsicht und tastete mich in die Richtung, aus der ich den Schrei und die Musik gehört hatte, die Taschenlampe ausgeschaltet. Nach etwa hundert Metern kam ich an eine Stahltür, die die Aufschrift U 56 trug, nicht verschlossen war und sich ohne großen Kraftaufwand nach innen schieben ließ. Hinter ihr führte eine breite Treppe weiter in die Tiefe. Ich schnupperte. Vor nicht allzu langer Zeit mußte hier eine Frau mit einem nicht eben billigen Parfüm entlang gegangen sein. Nun begriff ich gar nichts mehr.

Ich hatte jedes Zeitgefühl verloren, als ich plötzlich gegen etwas stieß, das sich wie ein Feldbett anfühlte. Als ich meine Lampe kurz aufflammen ließ, stellte es sich aber als eine fahrbare Krankentrage heraus. *Privathospital Scharmützelsee* las ich auf einer der Decken. Nie gehört. Wahrscheinlich hatten sich Hitlers Paladine da auskurieren lassen, war mein erster Gedanke, doch dann sah ich, daß es diese Schrifttype unmöglich schon vor 45 gegeben haben konnte. Das war doch die Comic Sans MS, wie ich sie auf meinem Computer hatte. Die Sache wurde zunehmend mysteriöser, und so erschrak ich gar nicht sonderlich, als ich fünfzig Meter weiter auf zwei Särge stieß.

In diesem Augenblick hatte ich eine Idee … Unsinn, das war zu absurd und einfach hirnrissig. Wahrscheinlich war mein Durchfall die Folge einer schweren Salmonelleninfektion und ich lag mit 40 Grad Fieber im Krankenhaus und phantasierte. Nein, tat ich nicht, ich war im Vollbesitz meiner geistigen Kräfte, und der Wachmann, der im matten Licht einer 15-Watt-Lampe am Ende meines Ganges saß, war auch absolut echt. Er gehörte derselben Firma an, die früher für die Sicherheit in der Berliner S-Bahn gesorgt hatte und in Konkurs gegangen war, als da partout nichts mehr passieren wollte. Ich wartete, bis er einmal kurz aufgestanden war, um sich hinter der nächsten Ecke die Beine zu vertreten. Jetzt kamen mir meine Erfahrungen als Zivi in der geschlossenen Abteilung der Psychiatrie zugute, denn Sekunden später lag der Mann gefesselt und geknebelt am Boden, während ich in seiner Uniform und mit seiner Pistole weiterging, jetzt wieder gesteuert von dieser aufreizend prätentiösen Musik, die mich entfernt an die Eröffnung der Olympischen Spiele von Atlanta erinnerte. Sie schien aus einer großen Halle zu kommen, die noch unter dem Niveau des Ganges liegen mußte, den ich nun entlanglief. Weitere Wachmänner traf ich nicht mehr, auch keine Polizisten oder Soldaten. Wer immer hier unten lebte, schien sich sehr sicher zu fühlen.

Dann kam ich an ein Oberlichtfenster und konnte in einen Raum hinuntersehen, der in etwa die Größe eines Kirchenschiffes eines ganz normalen Gotteshauses in Deutschland hatte. Kein Dom also, sondern eher die Vaterunser-Kirche in Wilmersdorf, wo Sharons Bruder geheiratet hatte. Doch dies war keine Kirche, sondern … ja, was? Eine Art Priester gab es, auch wenn ich dessen Gewand noch nie gesehen hatte. Er stand auch vor keinem Altar, sondern vor einem flachen Stein. Und auf diesem Stein lag ein Mensch mit entblößter Brust. Er schrie nicht, er betete, alles in allem so gefaßt wie jemand, der in den OP geschoben wurde. Wie unter Hypnose wirkte er. Jetzt erkannte ich ihn. Es war Patrick, der Sohn eines unserer Senatoren, ich hatte ihn des öfteren mit Sharon bei Parties getroffen. Ehe ich einen weiteren Gedanken fassen konnte, war der Priester heran, zog einen Dolch hervor, schnitt ihm die Brust auf und riß sein Herz heraus. Es zuckte noch, während die sinfonische Musik aufbrandete. Die vielleicht zwanzig in schwarze Gewänder gehüllten Männer und Frauen sanken zu Boden und flehten eine Gottheit an, deren

Namen ich vorher nie gehört hatte. Sie alle aber kannte ich: Es war der gesamte Berliner Senat, der hier versammelt war.

Ich hatte keinen Zweifel, worum es sich bei diesem Ritual handelte, denn genau damit beschäftigte ich mich in meiner Diplomarbeit: Menschenopfer …

Nach archaischen Vorstellungen bestand die Funktion dieser Opfer darin, ein ganzes Volk von der «Befleckung» zu befreien und den Zorn einer Gottheit zu besänftigen, indem man Jünglinge und Jungfrauen zu ihrer Ehre tötete. Es waren Menschen als Sündenböcke, die man in den alten griechischen Städten, auch in Athen, schlachtete, steinigte oder verbrannte. Sogar in der Bibel, im ersten Buch Mose, 22. Kapitel, kann man davon lesen, wenn Gott zu Abraham spricht: «Nimm Isaak, deinen einzigen Sohn, den du liebhast, und gehe hin in das Land Morija und opfere ihn daselbst …»

Jetzt wußte ich, worin der sagenhafte Aufstieg unserer Stadt begründet lag. Als es keine Rettung mehr gab, hatte man es mit dem letzten Mittel versucht. Und Erfolg gehabt. Nun, wenn es denn half … Schließlich war ich so etwas wie ein eingefleischter Lokalpatriot. Ich wollte mich gerade leise zurückziehen, da sah ich, wie sie das nächste Opfer in die Halle trugen.

«Sharon!»

Fast hätte ich mich durch meinen Schrei verraten. Was mich rettete, war wohl die Musik, die alles überdeckte. Es gelang mir jedenfalls, ungesehen nach unten zu kommen. Man war abgelenkt, weil der Regierende Bürgermeister eine Rede hielt, die vielleicht etwas salbungsvoll war, aber durchaus zu Herzen ging. Er sprach darüber, wie der Senat die Götter milde stimmte, indem man ihnen dasjenige opferte, was man am liebsten hatte. Sharon lag dabei ruhig auf einem Katafalk, und ihr weißes Gewand stand in schmerzlichem Kontrast zu dessen tiefem Schwarz. Ich konnte nicht mehr an mich halten.

«Nein, sie nicht auch noch!»

Ich stürzte in die Halle, riß Sharon vom Katafalk, preßte sie an mich und schleifte sie auf den Gang hinaus. Man war zu überrascht, um an sofortige Verfolgung zu denken, auch hatte man viel weniger Ortskenntnisse als ich. So schaffte ich es, aufs Rollfeld zu gelangen. Wenn ich bis zur 737-900 der *Intereuro* kam, waren wir gerettet.

«Laß mich!» rief Sharon aber, als sie auf einmal zu sich kam. «Die Stadt ist alles, ich bin nichts.»

Und da sie sich heftig wehrte, gelang es den Wachmannschaften schließlich, mich zu überwältigen.

Ich sitze seitdem in der Psychiatrie, während ich von Sharon nichts mehr gehört habe. Mein Pfleger sagt, in der Zeitung habe gestanden, daß sie bei einem Autounfall ums Leben gekommen sei. Wie auch immer, gestern ist die UNO von New York nach Berlin gezogen und Hertha BSC Deutscher Fußballmeister geworden.

Das Licht in der Mitte des Tunnels

«Worin bestehen Ziel und Zweck des Lebendigen?» fragte Paul M. Pfannenschwarz, um die Antwort sogleich selber zu geben. «Sie bestehen darin, daß es sich innerhalb der Grenzen seiner Möglichkeiten vollendet, die Pflanze also keimt, blüht und Früchte trägt. Jedes Lebewesen trägt Zweck und Ziel in sich selber und entfaltet sich gemäß dieser seiner inneren Zielstrebigkeit.»

Er stand dabei nicht etwa in einem Hörsaal, sondern im Führerstand eines Berliner U-Bahntriebwagens vom Typ G gleich «Gisela», und nicht mehrere hundert Studenten folgten seinen Worten, sondern nur Rico, sein Zugbegleiter. Sie hatten gerade den Bahnhof Zoo verlassen und rollten nun durch den Tunnel Richtung Fidel-Castro-Platz.

«Die Natur, meine sehr verehrten Damen und Herren», fuhr er fort, «ist erfüllt vom Drang nach Selbstverwirklichung und Selbstvervollkommnung. Das gilt nun in ganz besonderer Weise auch für den Menschen, und darum sind Entelechie und Teleologie die bedeutendsten Grundgedanken im Weltbild des Aristoteles.»

Die schwarze Tunnelröhre. Ein grünes Licht. Die schwarze Tunnelröhre. Ein grünes Licht. Die schwarze Tunnelröhre. Ein weißes Licht, ein Punkt, der ständig größer wurde und schließlich den nächsten Bahnhof gebar. Ein Film ohne Ende, wie eine Schlaufe. Zum hundertvierten Mal an diesem Tag drehten sie die nächste Szene: Rico als Zugbegleiter (Zb) trat auf den Bahnsteig hinaus, ließ den rechten Arm in die Höhe schnellen, wenn der Zugabfertiger (Za) den Befehlsstab hochgehoben hatte, bestieg den Zug und betätigte den Summer, worauf er, Paul M. Pfannenschwarz, als Zugfahrer (Zf) die sechs Wagen in Bewegung setzte und mit seiner Kurbel die Motoren Stufe für Stufe hochschaltete.

Als U-Bahnfahrer zu arbeiten war ambivalent. Einerseits und hauptsächlich war es Entfremdung pur, Entfremdung von der menschlichen Gattung, unerträglich in seiner Monotonie und krank machend, ließ sofort Karl Marx aufscheinen: «Der Arbeiter fühlt sich daher erst außer der Arbeit bei sich und in der Arbeit außer sich. Ihre Fremdheit tritt darin rein hervor, daß, sobald kein physischer oder sonstiger Zwang existiert, die Arbeit als Pest geflohen wird.» Andererseits aber hatte der Beruf auch etwas, das für ihn durchaus Lustcharakter besaß. Seine erste Modelleisenbahn stand ihm immer vor Augen, wie er da als Vierjähriger am Regler gedreht hatte und die Züge losgesaust waren. So war es durchaus auch kindliche Freude, die ihn erfüllte, wenn er seine U-Bahn in den Tunnel gleiten ließ. Wie eine Schlange. Wie den Penis in den Schoß einer begehrenswerten Frau.

Und immer wieder war Licht am Ende des Tunnels … Heraklit kam ihm in den Sinn: «Aus allem wird eins und aus einem alles.» Und noch etwas anderes ließ ihn das Dasein im Tunnel ertragen: die Nähe zum Nichts und die Angst, die Friedrich Dürrenmatt einmal beschrieben hatte: die Angst, daß sich sein Zug bis zum Ende aller Tage im Nichts eines endlosen Tunnels verlor, unterwegs zur Mitte der Erde. Er war durchaus auch Heidegger-Schüler: «In der hellen Nacht des Nichts der Angst ersteht erst die ursprüngliche Offenbarkeit des Seienden als eines solchen: daß es Seiendes ist – und nicht nichts.» Und wenn die Arbeitstage unter der Erde endlos wurden, dann dachte er immer wieder: «Das Nichts nichtet.»

Wieder brach der Philosophieprofessor in ihm durch, und er begann mit starker Stimme zu dozieren: «Der Tunnel, meine sehr verehrten Damen und Herren, ist der optimale Ort zur Kontemplation. Das muß schon Plotin gewußt haben, wenn er schreibt: ‹Zu dem Höchsten gelangen wir erst dann, wenn wir bei vollkommener Vertiefung in uns selbst, auch über das Denken uns erhebend, im Zustand der Bewußtlosigkeit, der Ekstase, des Einfachwerdens von dem göttlichen Lichte plötzlich erfüllt und mit dem göttlichen Urwesen so unmittelbar eins werden, daß jeder Unterschied zwischen ihm und uns verschwindet.› Im Tunnel erfährt man schnell, was das ist, das abgesenkte Bewußtsein, und nirgendwo anders als in ihm lernt man, in sich selbst hineinzusehen. Und denken Sie da an Augustinus: ‹Ich war mir selbst zur Frage geworden.› Das ist der Beginn aller Philosophie. Im Tunnel wird man sich immer wieder selbst zur Frage, und nur so gelangt man zur Wahrheit. Das U-Bahnfahren im Tunnel ist auch die Abgeschiedenheit von sich selber, die Selbstaufgabe im Sinne Eckharts: ‹All unser Wesen liegt in nichts als in einem Zunichtewerden.› Wer Jahr für Jahr hier unten arbeitet, der wird in diesem Sinne zunichte, glauben Sie mir das, meine sehr verehrten Damen und Herren. Oder nehmen wir Pascal, den ich über alles schätze: ‹Nie erfassen wir das wahre Wesen der Dinge, stets nur irgendeinen Anschein von der Mitte der Dinge, in einer ewigen Verzweiflung darüber, weder ihren Ursprung noch ihr Ziel zu kennen. Ich sehe überall nichts als Dunkelheit.› Und was könnte man als Zugfahrer bei der Berliner U-Bahn anders ausrufen als dieses geniale: ‹Ich sehe überall nichts als Dunkelheit!›»

«Warum haben sie dich eigentlich nicht auch ins Umerziehungslager gesteckt?» fragte Rico, mit dreißig Jahren schon ein alter Mann, lustlos an einer Grilleta kauend. «Die sitzen doch sonst alle in der Döberitzer Heide …»

«Die zu bürgerlichen Professoren …» Pfannenschwarz überlegte nicht lange. «Weil ich nie gegen die DDR gehetzt habe und sich einige Freunde in der SED für mich stark gemacht haben. Wäre es andersherum gekommen und ganz Deutschland an den Westen gefallen, hätte ich meinerseits dafür gesorgt, daß ihnen das Schlimmste erspart geblieben wäre.»

«Arbeit für alle hätten wir da bestimmt nicht gehabt.»

«Auch keine Heizer mehr auf den Elektroloks», murmelte Paul M. Pfannenschwarz. Die waren technisch ebenso überflüssig wie die Zugbegleiter in einem modernen U-Bahnzug. Aber so schaffte man in der Tat Arbeitsplätze – und hatte zudem die Chance, daß jeder jeden beobachten konnte. Auf diese Art und Weise brauchte man in der Sozialistischen Republik Deutschland (SRD) keine Gen-Datenbanken, keinen Großen Lauschangriff und keine Rasterfahndung, um des Verbrechens Herr zu werden.

Pfannenschwarz ertappte sich dabei, daß er nun auch schon staatstragend zu denken begann, und er tadelte sich mit Blaise Pascal (1623–1662), dem großen französischen Philosophen, Physiker und Mathematiker, dessen *Pensées sur la religion* Thema seiner Habilitationsschrift gewesen waren. «Was für eine Chimäre ist also der Mensch! Was für eine Novität, was für ein Monstrum, was für ein Chaos, was für ein Subjekt des Widerspruchs, was für ein Wunder! Richter aller Dinge, einfältiger Erdenwurm, Verwalter des Wahren, Kloake der Ungewißheit und des Irrtums; Glanz und Auswurf des Alls.»

Dr. phil. Paul M. Pfannenschwarz, ein Auswurf des Alls … Früher Philosophieprofessor an der FU Berlin in Westberlin, dann arbeitslos, jetzt Zugfahrer. Sein letztes großes Werk – *Die Wenn-Welten* – hatten sie vernichtet, bevor es gedruckt worden war. Ein Stasi-Mann war mit den Worten «Solche Bomben entschärfen wir ganz einfach» hohnlachend mit einem Magneten über die letzte Diskette gefahren. «Die bürgerliche Philosophie», hatte er gesagt, «geht jetzt davon aus, daß ein Philosoph um so philosophischer ist, je radikaler er das Bestehende fragwürdig macht und in Frage stellt. Und daß wir das nun gar nicht lieben, sollte Ihnen wohl einleuchten.»

Und dann hatte er sich langsam, aber sicher, einschleichend, sagten die Psychologen dazu, mit der neuen deutschen Welt vertraut gemacht. Jetzt wußte er, daß man nicht mehr Anthologie sagte, wenn man eine Sammlung literarischer Beiträge meinte, sondern *Chrestomathie*, daß ein *Diskussionsbesamer* einer war, der eine Debatte am Laufen hielt, wenn es an sich nichts mehr zu sagen gab, daß ein *Dispatcher* die Verkehrsleitung in seinem *Kombinat* besorgte, daß man als alter Mensch in ein *Feierabendheim* kam, daß seine Personalakte nun *Kaderakte* hieß, daß man alte Bahnhöfe nicht mehr sanierte, sondern *rekonstruierte*, daß MMM keine besonders exquisite Sektmarke war, sondern die «Messe der Meister von Morgen» meinte, einen Teil der *Jugendneuererbewegung*, daß «*Freundschaft*» der Gruß der FDJler war – und und und.

Es widerte ihn an, mit wie wenig Widerstand sich alle Westler dieser subtilen Gehirnwäsche ausgesetzt hatten, er eingeschlossen, wie hoch die Suggestibilitätsdisponiertheit aller doch war. «Genauso wie 33», murmelte er des öfteren, wenn er im Führerstand saß und sich seine Augen nicht so recht ans Dunkel des Tunnels gewöhnen wollten.

U-Bahnfahren war wie Rosenkranzbeten. 27 Bahnhöfe gab es auf der Linie 2, auf der er seinen Dienst versah, und er hatte ein wenig umlernen müssen. Der Bahnhof Theodor-Heuss-Platz hieß jetzt Erich-Honecker-Platz, und statt Ernst-Reuter-Platz las man an den Wänden Fidel-Castro-Platz. Auch an Stationsnamen wie Otto-Grotewohl- und Dimitroffstraße hatte sich sein westlich programmiertes Gehirn erst sehr langsam zu gewöhnen vermocht. Nicht verschwiegen werden sollte, daß es auf seiner Strecke auch zwei Hochbahnteile gab, doch die interessierten ihn wenig, er war ein Tunnelmensch.

Die Schienen des Kleinprofils waren so krumm und schief, wie er das von seiner Modellbahn kannte, schnell auf dem Teppich verlegt. Die Stromschiene wurde von oben bestrichen, und wer mit ihr in Berührung kam, verschmorte schnell bei einer Spannung von 750 Volt. Rechts an der Tunnelwand liefen die Kabelstränge entlang, in der Mitte gab es meistens Pfeiler. Hin und wieder, um die Streckenarbeiter zu warnen, hatte man breite weiße Streifen an die Wände gepinselt, in denen schmale rote Bänder liefen. Wenn sich die Randkränze an den Schienen rieben, entstand ein feiner Eisenstaub, der langsam alles überzog. Wie Sterne glühten die Signallichter auf – der Aldebaran, die Beteigeuze, der Arktur und andere rote Riesen – und irritierten ihn, wenn sie dann auf Grün umsprangen. Bläulich wie Sirius und Spica funkelten die Lampen an den Notausstiegen.

«Paß uff», warnte ihn Rico. «Wittenbergplatz, da hatten se letzte Woche jleich zwee Selbstmörder. Beedet Wessis, die mit der Wende nich klarjekommen sind.»

Das war auch sein großes Trauma: die U-Bahn als bevorzugtes Mittel des Suizids. Und gern hätte er den Satz des Sokrates vorne an den Führerstand geklebt: «Was du auch tust, du wirst es bereuen.» Zur Abschreckung derer, die sich vor seinen Zug werfen wollten. So absurd es schien.

Auf dem Bahnhof Zoologischer Garten ging seine Schicht zu Ende, und nachdem er seiner Ablösung alles übergeben hatte, stieg er mit Knien, die vom vielen Sitzen etwas wacklig geworden waren, die Treppen zur Joachimsthaler Straße hinauf und schaute blinzelnd in die Abendsonne. Die Gegend um den Bahnhof Zoo hatte sich allmählich dem angeglichen, was man schon früher aus dem Osten kannte: Ruinen schaffen ohne Waffen. Doch dieser Prozeß war derart langsam vorangeschritten, daß die Leute ihn kaum bemerkt hatten. Nicht nur das, die meisten genossen es augenscheinlich, daß es nun wieder so beschaulich zuging wie in den Tagen, da Westberlin als die Insel der Glückseligen gegolten hatte. Arbeit hatten sie jetzt alle, und wenn man etwas über Raub und Diebstahl, Mord und Totschlag erfahren wollte, mußte man zusehen, daß man die Österreichische Television empfangen konnte. In Wien saß auch die deutsche Exilregierung, vom österreichischen Bundeskanzler Jörg Haider nach Kräften gefördert, von Gerhard Schröder bis Wolfgang Schäuble. Aber der Volksaufstand in Deutschland ließ auf sich warten. Weder in Hamburg und Hannover noch in Köln, Düsseldorf, Stuttgart oder München gab es eine nennenswerte Bürgerbewegung gegen Krenz und Co. *Der Mensch ist ein Gewohnheitstier.* Dies war die meistgebrauchte Wendung in diesen Jahren. Auch in der SRD ließ sich leben, und wer es cool und clever angegangen war, saß jetzt in der Nomenklatura und hatte ausgesorgt.

In der Kaufhalle unter den S-Bahnbögen gab es zwar viel weniger Auswahl als früher, aber nicht wenige der alten Westprodukte waren noch immer in den Regalen zu finden, wenn auch die Verpackung jetzt ziemlich farblos war und der alte Firmenname zumeist mit einem VEB davor versehen war. Und natürlich war die Versorgungslage in Berlin, der Hauptstadt der SRD, viel besser als in Hamburg, München oder Köln, und irgendwie schienen sie im Politbüro doch Epikur zur Kenntnis genommen zu haben. «Die Lust ist Ursprung und Ziel des glücklichen Lebens.» Der Einzelhandelsverkaufspreis (EVP) war jetzt mit NDM (Neuer Deutscher Mark) ausgezeichnet, und eine Flasche Selterswasser kostete wie eh und je elf NDM.

Pfannenschwarz kam vom Kurfürstendamm und bog in die Harry-Tisch-Straße ein, wo er in seiner Einraumwohnung lebte. Hier war der Bürgersteig breit genug, um für das gesamte Karree eine zentrale Hausbriefkastenanlage aufstellen zu können. Er hatte das Fach 962 und fischte mühsam einen Brief der Arbeiter- und Bauernfakultät (ABF) der FU Berlin heraus. Schnell riß er ihn auf. Nein, an einen Lehrauftrag zum Thema «Aristoteles' Teleologiegedanke im sozialistischen Gesamtdeutschland» sei derzeit nicht zu denken. Sonderlich enttäuscht war er nicht.

Der Abschnittsbevollmächtigte (ABV) stellte sich ihm in den Weg und mahnte ihn, dem Hausvertrauensmann wirklich jeden Besuch zu melden, damit der das Hausbuch ordentlich führen könne.

«Und wenn Sie weiterhin Ihre alten Briefbögen mit der Adresse Knesebeckstraße auf den Postweg bringen sollten, werden wir Anzeige erstatten müssen.»

«Ja, ich werde das ändern ...»

«Und Sie werden nächsten Samstag auch Punkt elf Uhr zum Subbotnik erscheinen.»

Paul M. Pfannenschwarz nickte ergeben. In der Tat, den letzten freiwilligen Arbeitseinsatz bei der Rekonstruktion der eingestürzten Deutschland-, äh: Wilhelm-Pieck-Halle am S-Bahnhof Eichkamp hatte er verschlafen.

Oben angekommen, gab es keinen Strom, und als er den Havariedienst anrufen wollte, ging niemand an den Apparat. Auch sein Diktiergerät funktionierte nicht mehr. Im Intershop am Zoo sollte es welche aus Korea geben, doch er wollte seine Forumschecks lieber noch aufheben, um sich für seine tausend Euro, die er an Devisen, sprich: Valuta hatte, später einen westlichen Computer zu kaufen. Schreiben mußte er, das war seine Sucht geblieben, und irgendwann fand sich schon jemand, der seine Texte über die Friedensgrenze nach Frankreich schmuggelte. Auch sein Brotröster funktionierte nicht mehr, aber in der Woche vor dem nächsten SED-Parteitag sollte ja Ku'damm/Ecke Schlüterstraße eine zentrale «Komplexannahme» errichtet werden, und dann war das mit den Reparaturen alles viel leichter.

Was ihn noch am ehesten ablenkte, war der Fußball. Zwar kam sein alter japanischer Fernseher mit der ständig schwankenden Spannung kaum noch klar, doch er konnte die Übersicht am Ende der «Aktuellen Kamera» eben noch entziffern:

Motor München – Energie Schalke 04	**3 : 1**
1. FC Magdeburg – Roter Stern Stuttgart	**0 : 2**
Lokomotive Dortmund – FC Karl-Marx-Stadt	**4 : 2**
Chemie Leverkusen – Trabant Wolfsburg	**2 : 1**
SV Anker Hamburg – Dynamo Berlin	**2 : 7**
Wismut Aue – Turbine Karlsruhe	**1 : 1**
Interflug Frankfurt – Empor Rostock	**3 : 4**
Konsum Kaiserslautern – Rheintouristik Köln	**2 : 2**
Stahl Bochum – Containerschiffahrt Bremen	**0 : 0**

Was sollte das Ganze, fragte er sich, das Politbüro sorgte ja ohnehin dafür, daß Dynamo Berlin immer wieder Deutscher Meister wurde.

Er war zu müde, um etwas anderes zu machen als fernzusehen. Im ersten Programm des Deutschen Fernsehfunks (DFF) gab es «Ein Kessel Buntes» aus der Erich-Mielke-Halle in Hamburg mit einem großen Auftritt der Singebewegung Gotthilf Fischer, im zweiten einen Bericht über den Besuch von Bundeskanzler Egon Krenz in München, wo er in einem feierlichen Akt die *Süddeutsche Zeitung* – nach dem *Neuen Deutschland* und der *Frankfurter Allgemeinen Zeitung* – zum dritten Zentralorgan der SED erhoben hatte. Bundesaußenminister Gregor Gysi war in Bonn mit dem irakischen Außenminister zusammengetroffen, um den neuen deutsch-irakischen Freundschaftsvertrag zu unterzeichnen.

Pfannenschwarz schaltete den Fernseher aus und stülpte sich den Kopfhörer seines Walkmans über, um BBC zu hören. Aus Massachusetts meldeten sie, daß Helmut Kohl an Leberkrebs erkrankt sei und nur noch wenige Wochen zu leben habe. Seine Frau Hannelore sei ihm ins Exil gefolgt und kümmere sich rührend um ihn. Bundespräsident Stefan Heym, in seinem Berliner Amtssitz Schloß Bellevue ans Bett gefesselt, konnte sich noch immer nicht entschließen, der Heimkehr Kohls nach Oggersheim zuzustimmen. Man befürchtete ganz offensichtlich Unruhen in der gesamten Pfalz, wenn er nach seinem Ableben dort beigesetzt werden sollte. Bei Kehl waren zwei junge Männer aus Rosenheim erschossen worden, als sie versucht hatten, durch den Rhein nach Frankreich zu schwimmen. Die Grenzen nach Dänemark, Holland, Belgien, Luxemburg, Frankreich, der Schweiz und Österreich waren inzwischen ebenso perfekt gesichert wie früher die deutsch-deutsche Grenze. Unter dem tosenden Beifall von mehr als sechzigtausend Zuhörern hatte der Vorsitzende des Ministerrats der Sozialistischen Republik Deutschland, Dr. Edmund Waider von der Block-CSU, in Nürnberg ausgerufen: «Wer nach Deutschland hineinkommt und wer aus Deutschland wieder hinaus darf oder hinausgeworfen wird, das bestimmen alleine wir!»

Pfannenschwarz sah auf die Uhr. In einer Stunde wollte er Susan sehen, und zwar am Leonid-Breschnew-Prospekt, wie die Straße des 17. Juni seit der Wende hieß. Sie war seit einem halben Jahr als Korrespondentin der *Washington Post* in der SRD akkreditiert und wurde ganz sicher rund um die Uhr von der Stasi beschattet. Miteinander reden konnten sie kaum und Zärtlichkeiten austauschen erst recht nicht, doch ihre Nachrichten übermittelte ihnen der Ober einer HO-Gaststätte am Ku'damm, der sein Geld von der CIA erhielt. Paul M. Pfannenschwarz ging hinüber, wurde eilfertig plaziert, bestellte sich einen Goldbroiler mit Sättigungsbeilage und eine Club Cola und wartete, was ihm ins Ohr geflüstert wurde.

«Der Tunnelbau kommt gut voran ... Sie fährt heute um 21 Uhr 30 mit dem Auto am Bahnhof Tiergarten vorbei. Sie kommen aus der S-Bahn heraus, überqueren bei Rot den Fahrdamm und werden um ein Haar angefahren ...»

«Danke», sagte Paul M. Pfannenschwarz und schien nur das Brathuhn zu meinen.

Eine Woche vor der Wende hatte er Susan bei einem Philosophenkongreß in Boston kennengelernt. Beide liebten sie Blaise Pascal, und so kam es dann, daß auch sie sich liebten. Alles schien gut zu werden, doch dann waren die Würfel der Weltgeschichte so gefallen, daß Deutschland unter der Regie der DDR wiedervereinigt worden war. Das Elend der Trennung war groß, doch mit Pascal fand er im Elend des Menschen dessen wahres Ziel. «Die Größe des Menschen ist darin groß, daß er sich als elend erkennt. Ein Baum erkennt sich nicht als elend. Das also heißt elend sein: sich als elend erkennen; aber es heißt groß sein, zu erkennen, daß man elend ist.» Diese Worte Pascals schrieb er Sharon nach Gardner/Massachusetts, wo ihr Vater mit einer Möbelfabrik Millionen machte. Und sie schrieb zurück, daß das SRD-Regime zwar Gewalt über ihn habe, ihn aber nicht in die Knie zwingen könne, auch im U-Bahntunnel nicht, denn nicht einmal die Macht des All, die All-Macht im wahrsten Sinne des Wortes schaffe dies, denke man an Blaise Pascals Worte: «Wenn das All ihn zermalmte, wäre der Mensch noch erhabener als das, was ihn tötet, weil er weiß, daß er stirbt und welche Überlegenheit das All über ihn hat; das All weiß nichts davon.»

Das Date am Bahnhof Tiergarten gelang, und die wenigen Sekunden, die sie sich in die Augen schauen konnten, mußten ihm eine heiße Liebesnacht ersetzen. Und was sie ihm zuflüstern konnte, war nichts, was an Romeo und Julia erinnerte, sondern eine scheinbar ganz nüchtern klingende Nachricht: «Morgen um 22 Uhr 07. Ein pinkfarbenes Licht leuchtet an der Tunnelwand.» Und trotzdem stöhnte Pfannenschwarz wie am Ende eines Liebesaktes, denn das war die Erlösung für ihn. Seine U-Bahnlinie fuhr nämlich am Leipziger Platz unter dem neuen Botschaftsgebäude der USA hindurch, und Susans Vater hatte es mit seinem Geld geschafft, zwei der Botschaftssekretäre zu bewegen, einen schmalen Stollen vom Heizungskeller zum U-Bahntunnel zu graben. Die Betonwand war durch geschickt gefärbte Pappe ersetzt worden, und mit dem pinkfarbenen Licht wollte man ihm anzeigen, wo er seinen Zug punktgenau zu stoppen hatte. Ihn später mit gefälschten Papieren ausreisen zu lassen war kein Problem, denn mit ein paar Devisen war die SRD-Regierung immer ruhigzustellen.

Die Stunden vor dem entscheidenden Augenblick waren qualvoll zu nennen. Immer wieder zögerte er, denn auf Republikflucht stand noch immer lange Haft, und an den Grenzen der SRD wurde wie eh und je auf Flüchtlinge geschossen. Fast war er so depressiv wie Schopenhauer: «Jede Lebensgeschichte ist eine Leidensgeschichte.» Dann jedoch folgte eine manische Welle bei ihm, und er dachte an Epikurs Satz: «Die Erkenntnis, daß der Tod ein Nichts ist, macht uns das vergängliche Leben erst köstlich.» Wer ihn aber recht eigentlich in seinem Entschluß bestärkte, war Karl Jaspers: «Wir werden wir selbst, indem wir in die Grenzsituation offenen Auges eintreten.»

Der Schock traf ihn, als er auf dem Bahnhof Fidel-Castro-Platz seinen Dienst antreten wollte, denn als Zugbegleiter hatten sie ihm heute nicht Rico, seinen alten Kumpel, beigegeben, sondern einen neuen U-Bahner von etwa dreißig Jahren, der sich als Maik vorstellte. Für Paul M. Pfannenschwarz war damit klar, daß die Stasi hinter Susans Plan gekommen war und ihn nun auf frischer Tat ertappen wollte, vielleicht auch, um eine große Affäre aus der Sache zu machen. Was sollte er jetzt tun? «Was du auch tust, du wirst es bereuen.» Sokrates half ihm da wenig. Aber bei Lichte besehen, hatte er nur eine Wahl: loszufahren und Maik zu eliminieren, bevor sie das Licht im Tunnel erreichten.

Und wenn Maik nun gar kein Stasi-Mann war, sondern ein ehrlicher Vater von drei Kindern, der nur zufällig mit ihm im Einsatz war? Pfannenschwarz fragte sich dies, als sie schon in Richtung Stadtmitte unterwegs waren. Anzusehen war dem Neuen nichts. Er sah nicht anders aus als jeder x-beliebige Fußballspieler des Typs Manndecker: kantig, bieder, brachial, aber nicht eben kriminell. Er sei für Rico eingesprungen, erzählte er, weil der wegen eines Autounfalls in die Charité eingeliefert worden sei. Paul M. Pfannenschwarz nickte und reagierte, indem er David Hume zitierte: «Das Ganze der Welt ist ein Rätsel, ein unerklärliches Mysterium. Zweifel, Ungewißheit, Enthaltung des Urteils sind das einzige Ergebnis, zu dem die schärfste und sorgsamste Untersuchung uns führen kann.»

Zoologischer Garten.

Türen schließen und abfahren.

Wittenbergplatz.

Es war der letzte Bahnhof, bevor es auf die Hochbahn ging, und Pfannenschwarz nutzte die Chance, um einen schnellen Blick in Maiks Aktentasche zu werfen. Richtig, da lag eine Pistole unter der Brotbüchse. Er hatte keine Zeit mehr, sie an sich zu nehmen. Türen schließen und abfahren.

Nollendorfplatz

Türen schließen und abfahren.

Dasselbe Spielchen noch Bülowstraße, Gleisdreieck und Potsdamer Platz.

Das Ausfahrtsignal am Tunnelmund stand eine Ewigkeit auf Halt. Sein Magen krampfte sich zusammen. Ob sie ihn hier schon festnehmen wollten? Es juckte ihn in den Fingern, einfach loszufahren, aber wenn er das tat, obwohl das Signal noch Rot zeigte, wurde er sofort zwangsgebremst – und alles war aus. Grün … Jetzt! Maik klopfte gegen die Scheibe. Türen schließen und abfahren. Pfannenschwarz setzte seinen Zug in Bewegung. Susan hatte die Meter, die er noch zurückzulegen hatte, nicht genau bestimmen können, aber wenn er dem neuen Stadtplan traute, durften es nicht mehr als zweihundert sein. Fast schlich er durch den Tunnel, und jetzt hätte ihn Maik eigentlich fragen müssen, warum er das tat, eine Baustelle mit Langsamfahrgebot sei doch nicht zu erkennen gewesen. Aber er fragte es nicht. Also war er in der Tat ein …

Da war das Licht. Pinkfarben wie eine Orchideenblüte. Rechts an der Tunnelwand. Seine Hand fuhr zum Bremsventil. Da hatte aber sein Zugbegleiter schon die Aktentasche hochgerissen und «Weiterfahren!» gebrüllt.

«Schwein du!» schrie Pfannenschwarz. Bremsen und sich auf den Spitzel werfen, das war eins für ihn. Und er erwischte Maik, bevor der die Waffe auf ihn richten konnte, begünstigt auch dadurch, daß sein Zug mit einem gewaltigen Ruck zum Stehen kam. Genau vor dem Licht im Tunnel.

Maik riß die Tür auf, um ihn auf die Gleise zu werfen. Vom Bahnhof Otto-Grotewohl-Straße her ertönten laute Rufe. Offensichtlich rückten NVA-Soldaten vor. Maik war ein Bulle von Mann, und Pfannenschwarz hatte im Kampf gegen ihn keine größere Chance, als ein Zwerg sie gegen Akebono gehabt hätte, den besten aller Sumoringer. Doch da blitzte ein Bild in ihm auf, wie einmal ein eher schmächtiger Ringer den Yokozuna besiegt hatte: indem er einfach zur Seite ausgewichen war, so daß der Koloß ins Leere gelaufen und umgefallen war. So machte er es nun, als Maik erneut gegen ihn anrannte – und der Stasi-Mann stürzte aus der offenen Tür auf die Gleise hinunter. Und als er sich wieder aufraffen wollte, geriet er an die Stromschiene. Ein Schrei, ein Lichtbogen – und wie eine Papprolle war er verbrannt. Genau vor der Stelle, wo in der Tunnelwand eine rechteckige Öffnung zu erkennen war. Und in der stand Susan.

«Los, spring!»

Pfannenschwarz tat es und flog über die verkohlte Leiche hinweg in ihre Arme.

«So ist es: Jedes Lebewesen trägt Zweck und Ziel in sich selber und entfaltet sich dieser seiner inneren Zielstrebigkeit gemäß», sagte Paul M. Pfannenschwarz drei Wochen später, als sie in einer Interflug-Maschine Hand in Hand über den Atlantik flogen.